Tod im Neandertal.
Akte Ötzi.
Tatort Troja.

Die ungelösten Fälle der Archäologie

DIRK HUSEMANN

TOD IM NEANDERTAL.

AKTE ÖTZI.

TATORT TROJA.

DIE UNGELÖSTEN FÄLLE
DER ARCHÄOLOGIE

Bibliografische Information der Deutschen Nationalbibliothek
Die Deutsche Nationalbibliothek verzeichnet diese Publikation in der Deutschen Nationalbibliografie; detaillierte bibliografische Daten sind im Internet über http://dnb.d-nb.de abrufbar.

Das Werk ist in allen seinen Teilen urheberrechtlich geschützt. Jede Verwertung ist ohne Zustimmung des Verlages unzulässig. Das gilt insbesondere für Vervielfältigungen, Übersetzungen, Mikroverfilmungen und die Einspeicherung in und Verarbeitung durch elektronische Systeme.

Umschlaggestaltung: Stefan Schmid, Stuttgart unter Verwendung eines Ausschnitts aus der Abbildung der plastischen Rekonstruktion eines Ante-Neandertalers von Elisabeth Daynès (©picture-alliance/ZB)

© 2012 Konrad Theiss Verlag GmbH, Stuttgart
Alle Rechte vorbehalten

Lektorat: Carsten Drecoll, Freiburg
Satz und Gestaltung: Satz & mehr, Besigheim
Druck und Bindung: Himmer AG, Augsburg
Gedruckt auf säurefreiem und alterungsbeständigem Papier
Printed in Germany

ISBN 978-3-8062-2273-9

Elektronisch sind folgende Ausgaben erhältlich:
eBook (PDF): 978-3-8062-2653-9
eBook (epub): 978-3-8062-2654-6

Besuchen Sie uns im Internet www.theiss.de

INHALT

Dunkle Punkte, weiße Flecken 7

Menschen und Kulturen 9

Die Neandertaler 9
Der Kennewick-Mann 21
Der Ötztal-Mann 28
Die Etrusker 40

Städte und Paläste 59

Jericho 59
Troja 68
Die Gründung Roms 83

Krieg 91

Die Schlacht am Little Bighorn River 91
Die Varusschlacht 98

Kultstätten 113

Schädelnester in der Großen Ofnethöhle 113
Die Kulte der Druiden 128
Der Opferplatz in Herxheim 144

Mythen der Bibel und des Christentums 159

Der Garten Eden 159
Die Arche Noah und die Sintflut 166

Das Grabtuch von Turin 175
Die Schriftrollen von Qumran 187

Legendäre Leichname 197

Moorleichen 197
Das Petersgrab unter dem Petersdom 208

Literatur 221

Danksagung 227

Bildnachweis 228

DUNKLE PUNKTE, WEISSE FLECKEN

Archäologie liefert Schlagzeilen. Während im Oktober 2011 die letzten Kapitel für dieses Buch entstehen, meldet der Landschaftsverband Westfalen-Lippe eine archäologische Sensation: die Entdeckung eines Römerlagers bei Olfen. Erste Artefakte sind bereits geborgen. Die Untersuchungen werden Jahre dauern, das bisherige Bild über die Römer in Germanien könnte sich verändern. Vielleicht enthält der Fundplatz neue Hinweise auf den geheimnisvollen Ort der Varusschlacht.

Im selben Monat geben irische Archäologen den Fund einer Moorleiche bekannt. Der Tote ist verstümmelt, vermutlich war er einst ein keltischer König, in hohem Alter grausamen Göttern geopfert. Die Spurensicherung im Torf bringt Indizien zutage, die das rätselhafte Schicksal anderer Moorleichen in Europa erklären könnten.

Lager und Leichnam zeigen, dass Archäologie eine lebendige Wissenschaft ist. Erkenntnisse über den Fund von gestern sind nur so lange richtig, bis neu entdeckte Gräber, Körper, Ruinen und Artefakte die Forscher eines Besseren belehren. Bisweilen müssen lange als wahr angenommene Sachverhalte neu überdacht werden, oder sie erweisen sich sogar als falsch:

Seit über 100 Jahren graben Archäologen Troja aus. Die Ruinenstätte bei den Dardanellen soll die legendäre Stadt aus der

Dichtung Homers sein. Dann fand ein Literaturwissenschaftler Hinweise darauf, dass Troja ganz woanders gelegen haben könnte. Die eingestürzten Mauern von Jericho galten lange als Beleg für eine Eroberung der Stadt. Dann stellten Archäologen fest, dass Jericho in einem Erdbebengebiet lag und die Mauern womöglich durch eine Naturkatastrophe zusammenbrachen.

Der Neandertaler galt in der Vergangenheit als dumpfer Kannibale, der den eigenen Artgenossen den Schädel einschlug, um ihn anschließend genüsslich auszulöffeln. Dann fanden Forscher heraus, dass der eingeschlagene Kopf Teil eines komplexen Bestattungsrituals und eine der frühesten Spuren von Religion in der Geschichte der Menschheit sein könnte.

Wer waren die Mörder des Ötztal-Mannes? Woher kamen die Etrusker? Welche Riten praktizierten keltische Druiden? Auf die großen Fragen der Archäologie gibt es immer mehr Antworten. Einige sind nur Fußnoten, andere aber ganze Kapitel, die Teile der Menschheitsgeschichte neu schreiben.

MENSCHEN UND KULTUREN

Archäologen suchen nach Artefakten und finden den Menschen. Jede ihrer Entdeckungen weist auf eine untergegangene Kultur hin. Der Neandertaler verrät durch seine Gene, ob er mit dem modernen Menschen verwandt ist, aber der Vetter aus der Eiszeit verschweigt, warum er ausstarb. Als US-Forscher das Skelett eines toten Mannes fanden, ahnten sie nicht, dass sie vor dem ersten Amerikaner standen, und der stammte von den pazifischen Inseln. Im Mordfall der Eismumie „Ötzi" sammeln Forensiker noch immer Spuren und jagen einen Mörder, der einen Vorsprung von 5000 Jahren hat.

Die Neandertaler

Er war der erste Europäer und ein Genie der Eiszeit. Der Neandertaler tauchte vor 150 000 Jahren hauptsächlich in Europa auf. Er überlebte in einer Umwelt, die den zivilisierten Homo sapiens heutiger Tage getötet hätte. Trotz seiner Widerstandsfähigkeit verschwand Homo neanderthalensis vor etwa 30 000 Jahren auf mysteriöse Weise. Kurz zuvor war der moderne Mensch in Europa aufgetaucht. Das Treffen der hominiden Vettern soll in Mord und Totschlag geendet haben, mit Homo sapiens als Sieger. Dieses Bild des triumphierenden modernen Menschen zeichneten Wissen-

10 MENSCHEN UND KULTUREN

schaftler noch bis ins späte 20. Jahrhundert allzu gern. Dann stellte sich heraus, dass Homo sapiens und Homo neanderthalensis viel zärtlicher miteinander umgegangen waren.

Es war der Fund einer Handvoll zerbrochener Knochen in einer Höhle an der Düssel, der 1856 die Welt veränderte. Der erste wiederentdeckte Neandertaler erblickte in einem Steinbruch bei Mettmann das Licht der Welt – 40 000 Jahre nach seinem Tod. Zwei Arbeiter zerrten einen Haufen Knochen aus einer Höhle und warfen sie achtlos einen Hang hinunter. Das Gebein landete vor den erstaunten Augen der Wissenschaft, die bis dahin für die Entstehung des Lebens nur die Schöpfungsgeschichte zitierte. Frühmenschen, Evolution, Erdgeschichte – davon war nicht einmal in den Utopien der Romantiker die Rede. Plötzlich aber meldete sich aus Elberfeld ein Realschullehrer namens Johann Carl Fuhlrott zu Wort und behauptete, die Knochen aus dem Neandertal gehörten zu einem Menschen „aus vorhistorischer Zeit, wahrscheinlich aus der Diliuvialperiode". Was heute harmlos klingt, hob im 19. Jahrhundert die Welt aus den Angeln. Nicht einmal Charles Darwin, der kurz darauf mit seinem Buch „Über die Entstehung der Arten" die Evolutionslehre begründete, wagte, von Urmenschen zu schreiben. Fuhlrott und sein Mitstreiter, der Bonner Anatom Hermann Schaaffhausen, aber nahmen kein Blatt vor den Mund: Der Neandertaler war eine Menschenart und bewies, dass es eine menschliche Entwicklungsgeschichte gegeben haben musste.

Auf Fuhlrott, Schaaffhausen und den Neandertaler hagelte Widerspruch herab. Gegner der Evolutionslehre konterten mit haarsträubenden Erklärungen für die seltsame Form der Knochen. Einen „Kosaken" erkannte der Anatom Franz Josef Mayer, der die geschwungenen Oberschenkelknochen als Berufskrankheit eines Kavalleristen interpretierte. Auch für die starken Überaugenwülste hatte Mayer eine Erklärung. Wegen einer schmerzhaften Armverletzung – die das Neandertalerskelett tatsächlich aufwies – habe der Reiter ständig die Stirn runzeln müssen. Daraus seien im Laufe der Zeit die Knochenbögen auf der Stirn entstanden, meinte Mayer.

DIE NEANDERTALER 11

Dumpfer Keulenschwinger: Der Neandertaler galt zu Beginn des 20. Jahrhunderts als gewalttätige Bestie; Zeichnung von 1907.

Alles Sträuben nutzte nichts. Der Neandertaler bewies, dass der Mensch eine Entwicklung durchlaufen hatte und nicht – perfekt geformt mit Feigenblatt – dem Garten Eden entstiegen war. Im Gegenteil, die rekonstruierte Gestalt des Homo neanderthalensis erinnerte die Zeitgenossen an ein Gruselkabinett: klein und stämmig, muskelbepackt und rundbeinig, mit Augenwülsten, einer flachen Stirn und großen Nasenöffnungen. Mancher Zeitgenosse Fuhlrotts fühlte sich persönlich beleidigt, wenn jemand behauptete, so sähe ein naher Verwandter aus.

Kraftmeier im Kompaktformat

Die Neandertaler waren blasse Gestalten. Gerade eine Menschenart, die sich im eiszeitlichen Mitteleuropa entwickelt hatte, musste einen hellen Teint haben. Noch heute sind Hellhäutige in Gegenden mit geringer Sonneneinstrahlung im Vorteil, da ihre Körper mehr Wärme aufnehmen können. Beim Auftreffen von Sonnenstrahlen produzieren die Hautzellen den dunkelbraunen Farbstoff

12 MENSCHEN UND KULTUREN

Melanin, der als Lichtschutz dient. Ist die Haut der Sonne längere Zeit nicht mehr ausgesetzt, wandert das Melanin in die oberen Hautschichten und verschwindet nach einiger Zeit. Der Körper stellt sich wieder auf eine geringere Dosis Sonnenlicht ein.

Im Kontrast zu den bleichen Neandertalern werden die ersten Cro-Magnon-Menschen dunkelhäutig gewesen sein. Diese frühen Vertreter der Gattung Homo sapiens wanderten aus Afrika und dem Nahen Osten ein, wo sie jahrtausendelang unter greller Sonne gelebt hatten. Die Pigmentzellen ihrer Haut lagen vermutlich schon von Geburt an dichter beieinander als bei den Neandertalern. Noch heute tragen die Menschen rund um den Globus die Spuren klimatischer Anpassung. Sie sind nicht allein in der Hautfarbe erkennbar. Auch die Beschaffenheit der Haare oder die Körpergröße sind von Bedeutung, wenn es um Anpassung an Kälte oder Hitze geht.

Das zeigt sich am Körperbau der Neandertaler, der sich durch Knochenfunde rekonstruieren lässt. Mit durchschnittlichen 1,65 Metern reichte ein Homo neanderthalensis einem gleichzeitig lebenden Homo sapiens bis ans Kinn. Was sie an Größe vermissen ließen, glichen sie durch Gewicht aus. 80 Kilogramm haben die Neandertaler im Durchschnitt auf die Waage gebracht. Mit ihren kleinen, aber kompakten Körpern waren die Eiszeitjäger bestens an ein Leben am Rand der Gletscher angepasst. Je weniger Oberfläche ein Körper hat, umso weniger Wärme gibt er nach außen ab. Die heutigen Bewohner der arktischen Erdregionen sind aus demselben Grund von kleinem Wuchs. Derartige Beobachtungen im Tierreich haben sogar zu einer wissenschaftlichen Gesetzmäßigkeit geführt, der Allen-Regel. Sie besagt, dass die Größe von Extremitäten wie Ohren oder Schwanz von der Temperatur des Lebensraums abhängig ist. Der Wüstenfuchs hat große Ohren und lange Beine, beim Polarfuchs sind beide hingegen klein.

Ebenso stapften die Neandertaler klein, aber kraftvoll durch die Mammutsteppen Mitteleuropas. Während Homo sapiens in Afrika zu einem grazilen, hoch aufgeschossenen Menschen herangewachsen war, hatten sich die Vettern in Europa zu kleinen Typen mit robuster Statur entwickelt. Ihre Oberkörper waren rund und breit, ihre Muskulatur fest und üppig. Da es an überschüssiger Nahrung wohl meist fehlte, wird Fettansatz selten gewesen sein. Gleichwohl mögen Neandertaler diese als natürlichste Form der Vorratshaltung begrüßt haben. Wer dick war, war glücklich.

Hände wie Schraubstöcke, Arme wie Säulen und mächtige Schultern – der Neandertaler war der Herakles des Eiszeitalters. Noch heute sind auf fossilen Schulterblättern rillenartige Vertiefungen erkennbar. Solche Rillen entstehen, wenn eine große Masse Muskeln an einer entsprechend großen Fläche Knochen befestigt werden muss. Auch an den Schulterknochen moderner Leistungssportler sind solche Riefen erkennbar. Im Gegensatz zur antrainierten Muskelmasse des Homo sapiens aber war der Neandertaler von Natur aus ein Kraftpaket. Das zeigen Skelette von Neandertalerkindern, die schon in jungen Jahren Riefen auf den Schulterblättern aufwiesen. Auch der übrige Knochenbau deutet darauf hin, dass die Kraft der Eiszeitjäger nicht erst durch muskelbildende Aktivitäten entstand, sondern angeboren war. Die Schäfte der Knochen waren kürzer und kompakter als beim modernen Menschen, die Gelenkenden waren massiver und hielten größere Belastungen aus. Hinzu kommt, dass die Knochen sämtlicher Gliedmaßen starke Wände hatten und dadurch nicht so leicht brachen. Ob sich Neandertaler und Homo sapiens auf geistigem Gebiet ebenbürtig waren, lässt sich nicht mehr feststellen. In Sachen Körperkraft aber waren die kleinen Europäer den aufgeschossenen Einwanderern aus Afrika haushoch überlegen.

Die ältesten Gräber der Menschheit

Das Vorurteil, unsere Vettern aus der Eiszeit seien dumpfe, mit der Keule um sich schlagende Grunzer, hat bis heute überlebt und dem Neandertaler einen Platz im Sammelsurium moderner Schimpfworte gesichert – zu Unrecht. Schon das Wenige, was über den Eiszeiteuropäer bekannt ist, lässt staunen. Als erste Menschenart bestattete der Neandertaler seine Toten. Damit bewies er, dass sich

14 MENSCHEN UND KULTUREN

im Geist des Menschen ein Bewusstsein für die Vergänglichkeit des Individuums entwickelt hatte – nach einer gängigen Theorie der Auslöser für kulturelle Äußerungen. Die gab es. Zwar ist monumentale Eiszeitkunst, wie sie der Homo sapiens später in Höhlengalerien anfertigte, vom Neandertaler nicht überliefert. Doch auch der Mensch mit den Augenwülsten legte ein ästhetisches Empfinden an den Tag, überliefert in besonders schönen Rohlingen für Steinwerkzeuge oder winzigen Skulpturen, die jedoch für heutige Betrachter kaum als solche erkennbar sind.

Auch Musik mag bereits in der kühlen Luft der Eiszeit gelegen haben, als der Neandertaler noch in Europa lebte. Überliefert ist eine Flöte aus einem Bärenknochen, auf der sich Töne der diatonischen Tonleiter spielen ließen. Wie do, re, mi wird es trotzdem nicht durch die pleistozäne Nacht geklungen haben. Vermutlich dienten Flöten dazu, Lockrufe zu imitieren. Ob sich aus diesem Überlebenswerkzeug ein musikalisches Instrument entwickelt hat, bleibt vorerst Spekulation.

Das archäologische Inventar der Neandertaler füllt die Magazine der Bodendenkmalämter und Museen und weist den Eiszeitexperten als erfindungsreichen und feinsinnigen Gesellen aus. Eine Keule hingegen ist bislang nicht gefunden worden.

Blutsbrüder oder Todfeinde

Wenn ein Mensch so viele Fähigkeiten an den Tag legt, um in einer unwirtlichen Umwelt überleben zu können, wieso stirbt er plötzlich aus?

150 000 Jahre lang behaupteten sich die Neandertaler in Europa. Warmzeit, Eiszeit, wilde Tiere konnten ihnen nicht ans Leder. Sie hielten zusammen, pflegten die Alten und Kranken, kannten die besten Schlupfwinkel und die reichsten Jagdgründe. Sie waren Genies ihrer Tage, klug und kräftig. Dann, vor etwa 30 000 Jahren, verschwanden sie. Zu dieser Zeit hatte sich Homo sapiens in Europa ausgebreitet. War der anatomisch moderne Mensch der Mörder seines robusten Vetters?

Im Kreuzverhör der Archäologen macht Homo sapiens keine gute Figur. Der schlanke Schwarze aus Afrika erreichte Mitteleuropa vor etwa 40 000 Jahren. 10 000 Jahre später waren die Neandertaler verschwunden. Die Indizien sprechen für gewaltsame Verdrängung, für die Überlegenheit einer Menschenart und die Flucht oder Vernichtung einer anderen. Der Fund von über 800 Knochenteilen bei Krapina ließ Anfang des 20. Jahrhunderts das Gerücht entstehen, Neandertaler und Homo sapiens hätten sich dort die letzte Schlacht eines Jahrtausende währenden Krieges geliefert, aus welcher der anatomisch moderne Mensch als Sieger hervorgegangen sei. Aber die Menschenschlacht von Krapina war bloß Fantasie einer kriegslüsternen europäischen Gesellschaft, die sich 14 Jahre später mit dem Ersten Weltkrieg selbst ein Mahnmal setzen sollte. Bei Krapina aber hatte Homo sapiens noch nicht die Hand im Spiel. Die dort entdeckten Knochen der Neandertaler waren 130 000 Jahre alt. Zu dieser Zeit hatte der moderne Mensch den Weg nach Europa noch nicht gefunden.

Die Wege beider Menschenarten werden sich vermutlich nur selten gekreuzt haben. Als Homo sapiens nach Europa kam, lebten im gesamten eisfreien Raum nur etwa 250 000 Neandertaler – nach einer Theorie der Populationsgenetiker des Max-Planck-Instituts für evolutionäre Anthropologie in Leipzig könnten es sogar nur 10 000 gewesen sein. Die optimistischere Schätzung vorausgesetzt, lebten damit in Deutschland, Frankreich, Spanien und auf dem Balkan so viele Menschen wie heute in einer Stadt von der Größe Aachens. Die Wahrscheinlichkeit, dass sich die kleinen, umherziehenden Sippen begegnet sind, erscheint gering, eine systematische Unterdrückung und Vertreibung der Neandertaler durch Homo sapiens unmöglich. Chris Stringer, Anthropologe am Londoner Naturkundemuseum, hält die Gewalthypothese für überholt: „Die jüngsten Behauptungen, dass wir die Neandertaler ausgebeutet, erstochen und in einigen Fällen sogar gegessen haben sollen, sind ohne bessere Daten nicht haltbar. Angesichts der kleinen Populationen haben sich die Gruppen gar nicht so häufig getroffen."

16 MENSCHEN UND KULTUREN

In der Eiszeit waren Menschen selten, Fortpflanzung war ein Problem. Die Neandertaler erreichten ein Alter von höchstens 40 Jahren, die Kindersterblichkeit war hoch. Ohne Nachkommen war die Sippe verloren. Jüngere mussten sich um Ältere kümmern. Der Fürsorgefall von Shanidar, bei dem ein Mann trotz einer Verletzung viele Jahre überlebte und ein für die damalige Zeit hohes Alter erreichte, oder der Alte von La Chapelle-aux-Saints sind Zeugen dieses Pflegesystems. Auch die außergewöhnlich vielen und sorgsam angelegten Kindergräber der Neandertaler zeigen, wie wichtig der Nachwuchs für die Familie war – und wie tragisch ihr Verlust empfunden wurde. Innerhalb einer Sippe aber waren der Fortpflanzung natürliche Schranken gesetzt. Frisches Blut von anderen Clans muss lebenswichtig gewesen sein. Neandertalersippen mögen sich getroffen und Frauen getauscht haben, um die nächste Generation zu sichern, eine Praxis, die noch heute bei Wildbeutergesellschaften zu beobachten ist. Doch dazu mussten andere Neandertaler in Reichweite gewesen sein. Bei 250 000 Menschen, die auf Millionen Quadratkilometern verteilt waren, waren Treffen, selbst wenn sie geplant gewesen sein sollten, ein Glücksfall. Als Homo sapiens kam, schlugen beide Menschenarten dem Zufall ein Schnippchen.

Statt sich gegenseitig umzubringen, mögen die Arten ihre Chance im Gegenteil erkannt haben. Homo sapiens und Neandertaler vermischten sich. Einige Forscher wollen Liebesbeweise gefunden haben. Ein bei Lagar Velho in Portugal entdecktes Kinderskelett trägt den Schädel eines Homo sapiens, hat aber die Beine eines Neandertalers. Mit einem Kiefer aus den Karpaten kaute einst ein Homo sapiens, die Lücke zwischen Zähnen und Kiefer aber steuerte der Neandertaler bei. Ein Skelett aus Usbekistan gehörte einem Neandertaler, hatte aber keine Überaugenwülste. Auffällig ist, dass alle diese Funde aus der Zeit stammen, in der Homo sapiens bereits in Europa lebte. Aus früheren Tagen sind Hybride nicht bekannt.

Allerdings: Die Genetik konnte Homo sapiens und Homo neanderthalensis kein Schäferstündchen nachweisen. Der deutsche

DIE NEANDERTALER   17

Sympathisches Museumsstück: Anthropologen und Archäologen zeichnen heute ein lebensnahes Bild des Neandertalers; Rekonstruktion im Neanderthalmuseum Mettmann.

18   MENSCHEN UND KULTUREN

Paläogenetiker Matthias Krings wagte 1996 ein Aufsehen erregen-
des Experiment: die Suche nach menschlicher Erbsubstanz in den
Knochen eines Neandertalers. Was Krings fand, war ein langes
DNA-Teilstück, das er mit den bekannten Erbinformationen des
modernen Menschen verglich. Das Ergebnis war erstaunlich: Ne-
andertaler-DNA weicht in 27 Positionen vom Erbgut des Menschen
ab, der heute die Erde bevölkert. Die anatomisch modernen Menschen untereinander, Negride, Mongolide, Europide, Australide
und andere, sind sich nur in acht Positionen ungleich. Damit
scheint das Mitwirken des Neandertalers an der Menschwerdung
ausgeschlossen. Unsere Gene sind neandertalerfrei.

Chris Stringer: „Es gibt zwar keine Indizien in der mitochondrialen DNA, dass sich Menschen und Neandertaler vermischt haben. Aber es könnte möglich sein, dass es eine solche Verbindung
in der Zeit von vor 30 000 Jahren gegeben hat. Die Belege dafür
könnten verschwunden sein, als der Höhepunkt der letzten Eiszeit
viele Populationen auslöschte." Im Mai 2011 widerlegte sich die
Molekularbiologie selbst. Durch den Einsatz neuer Technologien
war es in der Zwischenzeit möglich geworden, das Neandertaler-
Genom komplett zu entschlüsseln. Weitere Testreihen erlaubten
einen tieferen Blick in die Gene der Neandertaler als jemals zuvor.
Die Erkenntnis: Der moderne Mensch könnte ein bis vier Prozent
seiner Gene vom Neandertaler geerbt haben. Doch auch diese Erkenntnis ist nicht unangreifbar. Ian Tattersall, Anthropologe am
American Museum of Natural History in New York, meint: „Wie
auch immer solche Untersuchungen ausfallen, es gibt keinen Beweis für eine biologische bedeutsame Vermischung zwischen Neandertalern und modernen Menschen. Verschiedene Kreaturen,
verschiedene Spezies."

Konservativ im Permafrost

Wenn nicht der Mensch dem Menschen ein Wolf war, warum ging
der Neandertaler dann unter? Anpassung hat ihre Grenzen. Die
Neandertaler waren in der Eiszeit zu Hause und mit der Witterung

vertraut. Ihre Körper hatten sich auf immer härtere Winter und immer kühlere Sommer eingestellt. Dann schlug das Klima Kapriolen.

Die Welt der Jäger veränderte sich. Klimaforscher gingen lange davon aus, dass das Thermometer mal rascher, mal langsamer, aber kontinuierlich fiel, bis das Kältemaximum vor etwa 17 000 Jahren erreicht war. Einen linearen Temperatursturz hätten die Neandertaler vielleicht kaltblütig ertragen. Aber der Fall lag anders. 2004 verglich ein Team aus Archäologen, Anthropologen, Geologen und Klimakundlern Eisproben aus Grönland mit fossilen Knochenfunden und Pflanzenpollen. Ergebnis: Zwischen 50 000 und 30 000 Jahren vor heute wechselten sich Warm- und Kaltphasen der Eiszeit 18 mal ab. Das bedeutet rechnerisch alle 1100 Jahre einen Sprung von einem Klimaextrem ins andere. Kaum war der Organismus von Mensch und Tier auf Kälte geeicht, kehrte die Wärme nach Europa zurück. Der Körper der Neandertaler war im Dauerstress. Die Sippen mögen vor Hitze in die Berge und vor Kälte in die Täler geflüchtet sein. Nach einigen Generationen in der neuen Umgebung hatten sie sich auf das Verhalten der Jagdtiere eingestellt, waren mit den Rohstoffen vertraut und kannten Wind und Wetter – schon mussten sie ihr Revier wieder aufgeben und lernen, in einem anderen zu überleben. Solchen Anforderungen war Homo neanderthalensis nach Ansicht einiger Wissenschaftler auf Dauer nicht gewachsen.

Und Homo sapiens? Er hatte, kannte und konnte. Faustkeile und Levalloisklingen entwickelte der anatomisch moderne Mensch zu winzigen Mikrolithen weiter. Er stapelte Felsen und schuf kurz nach dem Ende der Neandertaler die ältesten Steinbauwerke der Welt. Er schnitzte Skulpturen aus Stein und bemalte die Wände seiner Höhlen. Sogar mit seiner dunkleren Haut mag der Einwanderer aus Afrika im Vorteil gewesen sein. In Zeiten, in denen sich die Ozonschicht der Erde durch die Gase aktiver Vulkane und hydrothermaler Quellen verringerte, stand der Neandertaler wegen seiner hellen Haut ungeschützter in der stärkeren UV-Strahlung als sein dunkelhäutiger Vetter.

20 MENSCHEN UND KULTUREN

Homo sapiens scheint demnach der einfallsreichere Mensch gewesen zu sein. Aber der Schein trügt. Im Labor des anatomisch modernen Menschen herrschte erst Hochbetrieb, als der Neandertaler bereits ausgestorben war. 80 Prozent aller Höhlenmalereien brachten Steinzeitkünstler vor 17 000 bis 12 000 Jahren an – 10 000 Jahre nach den Neandertalern. Revolutionäre Waffentechniken wie Speerschleuder oder Harpune wurden ebenfalls erst spät erfunden. Zuvor aber lebten Homo sapiens und Homo neanderthalensis auf derselben Kulturstufe. Beide Menschenarten begruben ihre Toten, beide nutzten dieselben Jagdstrategien, Werkzeuge und Waffen, beide konnten Musikinstrumente herstellen und kommunizierten mithilfe von Sprache. Eine körperliche oder geistige Überlegenheit des Homo sapiens gegenüber Homo neanderthalensis ist in keinem einzigen Fall erkennbar.

Der Neandertaler war zwar ein Naturtalent mit Wissen, Sprache und Kultur. Was ihm fehlte, war der Sinn für Fortschritt. Für die Neandertaler scheinen einmal entwickelte Ideen in Stein gemeißelt gewesen zu sein. Ihr Werkzeuginventar veränderte sich über Jahrzehntausende nur einmal einschneidend mit der Einführung der Levalloistechnik, einer Methode, Feuerstein zu scharfen Werkzeugen zu schlagen. Horn und Knochen bearbeiteten sie überhaupt nicht, obwohl sie die technischen und geistigen Voraussetzungen dazu mitbrachten. Sie hielten an ihrer fleischhaltigen Kost fest, obwohl Fisch eine Alternative gewesen wäre, als Jagdwild selten wurde. Leben aber bedeutet Entwicklung. Systeme, die auf der Stelle treten, schiebt die Evolution aufs Abstellgleis. Hier kommt der Unterschied zwischen Homo sapiens und Homo neanderthalensis zum Tragen. Den drastischen Klimaschwankungen, die vor 50 000 Jahren einsetzten, hatten die Neandertaler nichts entgegenzusetzen. Sie waren angepasst an eine Welt, deren Veränderungen sie tatenlos mit ansahen, um dann von ihnen überrollt zu werden. Jede Tradition hat ein Verfallsdatum.

Der Kennewick-Mann

Wer war der erste Amerikaner? Als die Wikinger Amerika um 1000
v. Chr. entdeckten, war der Kontinent bereits seit Jahrtausenden
besiedelt. Bis ins 20. Jahrhundert hinein war die Wissenschaft davon überzeugt, die sogenannten Indianer seien amerikanische
Ureinwohner, eine Menschenart, die schon immer in der Neuen
Welt gelebt habe. Erst die Weiterentwicklung von Darwins Evolu-
tionstheorie und die Forschung an den Wurzeln der Menschheit in
Afrika zeigten: Schon die ersten Amerikaner waren Einwanderer.
Woher sie kamen und wann sie Amerika erreichten, wusste niemand genau. Bis 1996 ein mutmaßlicher Zeuge aus dem Schlamm
des Columbia-River auftauchte. Er war seit fast 10 000 Jahren tot.

Es geht um Politik, Landrechte und viel Geld. Die Frage, wer
die amerikanischen Ureinwohner waren und woher sie kommen,
beschäftigt die Regierung der USA seit Jahrzehnten. Ursache dafür
ist der Besitzanspruch der amerikanischen Stämme auf jene Gebiete, die ihnen im 18. und 19. Jahrhundert durch die europäischen Einwanderer streitig gemacht worden waren. Damals breiteten sich die weißen Siedler mit den Mitteln des Kolonialismus in
Nordamerika aus, bisweilen mit Waffengewalt. Heute pochen die
in Reservate abgedrängten Eingeborenen auf ihre alten Landrechte. Die entscheidende Frage lautet: Wem gehört das Land wirklich?

Antworten versprechen Sprachforschung und frühgeschichtli-
che Archäologie. Wissenschaftler beider Disziplinen versuchen seit
den 1970er-Jahren herauszufinden, ob der Anspruch der sogenannten Indianerstämme, die Ureinwohner Nordamerikas zu sein,
gerechtfertigt ist. Der Linguist Joseph Greenberg untersuchte 1987
alle Sprachfamilien des amerikanischen Doppelkontinents, ausge-
nommen die Kolonialsprachen Englisch, Portugiesisch und Spa-
nisch. Greenberg fand heraus, dass sich alle in Amerika gesproche-
nen Zungen auf drei Ursprachen zurückführen lassen: Amerind,
Eskimo-Aleutisch und Na-Dené. Für den Linguisten war das ein
Beleg für die Theorie, dass Amerika in drei Einwanderungswellen

besiedelt worden war. Jede hatte ihre eigenen Sprachwurzeln in die Neue Welt gebracht, alle kamen aus dem Westen.

Zwar stellen sich bis heute viele Kollegen Greenbergs für diese Hypothese taub, Archäologen aber nicken zustimmend. Die Altertumswissenschaftler glauben, anhand von Bodenfunden erkennen zu können, dass Amerika von Asien aus besiedelt worden sein muss, und zwar in drei Wellen. Sprachfetzen, Keramikscherben und Pfeilspitzen aber genügten noch nicht für einen Beweis. Als der Kennewick-Mann kam, warf er alle Theorien über den Haufen.

Fahndung nach dem ersten Amerikaner

Als James Chatters dem Kennewick-Mann zum ersten Mal begegnete, glaubte der Anthropologe noch daran, einen ganz normalen Leichnam vor sich zu haben. In dem Eimer, der in Chatters Büro abgegeben wurde, lag ein Sammelsurium menschlicher Knochen: eine Hirnschale, ein Schädel, ein Brustbein, Hüft-, Hand- und Fußknochen. Entdeckt hatten die Überreste zwei Kanufahrer, die bei den Vorbereitungen für ein Rennen buchstäblich über die Knochen im Schlick des Columbia-River gestolpert waren. Der herbeigerufene Leichenbeschauer des Städtchens Kennewick erkannte rasch, dass es sich um einen Fall für die Wissenschaft handelte, und stattete James Chatters einen Besuch ab.

Chatters erkannte, dass er die Überreste eines Mannes im mittleren Alter vor sich hatte. Zusammen mit dem Leichenbeschauer entwickelte der Wissenschaftler die Theorie, dass der Tote vermutlich im Flussufer gelegen hatte. Dort hatten Überschwemmungen kurz zuvor zu starken Abbrüchen des Uferbereichs geführt. Vermutlich war die Erosion auch schuld daran, dass das Skelett aus dem Erdreich gespült wurde. Bis zu diesem Punkt waren die Erklärungen einfach. Aber dann begann der Kennewick-Mann, wie er von nun an genannt wurde, Schwierigkeiten zu machen.

Markante Stirn, gut entwickelter Rand der oberen Augenhöhle, Eckzahngrube – was Chatters aus dem Eimer zog, war der Kopf eines Weißen. Die Knochen waren alt, daran bestand kein Zweifel.

Sie hätten zu einem Trapper oder einem Pionier aus dem 19. Jahrhundert gehört haben können. Oder doch nicht? Als Jim Chatters das Gebein näher untersuchte, werden ihn Zweifel und eine gewisse Unruhe befallen haben.

Zunächst ließen die Zähne den Anthropologen stutzen. Sie waren flach gekaut – ein typisches Merkmal amerikanischer Ureinwohner. Deren Methoden, Getreide zu mahlen, waren bis zur Ankunft der Europäer und darüber hinaus steinzeitlich und lieferten ein grobes Mehl, das die Zähne abschliff. Die eigentliche Sensation aber war die Spitze eines Speeres, die im Hüftknochen steckte. Ein Vergleich mit der Typologie von Speer- und Pfeilspitzen ergab, dass diese Form steinerner Spitzen nur in Australien und Neuguinea verwendet wurde. Wie passte das zusammen? Entweder war der Kennewick-Mann ein Siedler des 18. oder 19. Jahrhunderts, der sein Glück zunächst in Australien versucht hatte und dort verwundet worden war, oder es handelte sich um einen ungewöhnlichen Paläoamerikaner. Eine Radiokarbondatierung sollte Aufschluss geben.

Die Untersuchung schoss den Toten zurück in die Vorzeit des nordamerikanischen Kontinents. Die Knochen waren 9300 Jahre alt. Wer war der Kennewick-Mann wirklich? Jim Chatters probierte eine Rekonstruktion. Er fand gebrochene Rippen, eine schlecht verheilte Fraktur des Arms, eine weitere auf der linken Seite der Stirn. Solche Verletzungen gibt es auch in der Gegenwart – sie kommen besonders häufig bei Rodeo-Reitern vor. Für Chatters lag der Fall damit klar. Der Kennewick-Mann war ein Jäger, der im Kampf gegen große Tiere Blessuren davongetragen hatte.

Während ein ganzes Team von Anthropologen noch die Knochen maß, verglich und diskutierte, sorgte der Tote bereits für politischen Wirbel. In einem Interview hatte Jim Chatters gesagt, anhand der Knochenformen schätze er, dass der Kennewick-Mann Kaukasier gewesen sei. Das mochte viel bedeuten. Der in den USA gebräuchliche Begriff „Kaukasier" bezeichnet Angehörige einer Menschenart, die heute in weiten Teilen der Welt verbreitet ist. Kaukasier leben in Nordafrika, Europa, West-Asien und Indien.

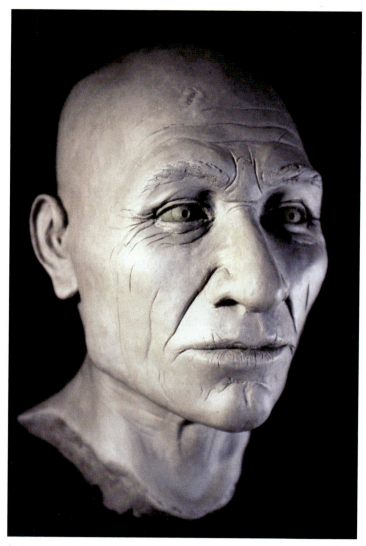

So könnte einer der ersten Amerikaner ausgesehen haben. Die Rekonstruktion folgt der Form des Kennewick-Schädels, das Aussehen der Weichteile wie Nase, Lippen und Ohren ist spekulativ.

Zwar gilt die Einteilung heute als fragwürdig, im allgemeinen Sprachgebrauch ist sie aber noch immer zu finden – ausreichend Zündstoff für ein Missverständnis mit Tragweite.

Die Entdecker und Erforscher des Kennewick-Mannes mögen ihren Augen nicht getraut haben, als sie im Fernsehen Berichte sahen, nach denen der Kennewick-Mann aus Westeuropa gekommen sein sollte. Auch die US-Zeitungen verbreiteten die Sensationsmeldung, der erste Nordamerikaner sei Europäer gewesen. Die Folgen ließen nicht lange auf sich warten. Die seit den 1960er-Jahren geltenden Abmachungen zwischen amerikanischen Ureinwohnern und der US-Regierung über die Verteilung von Land gerieten ins Wanken. Wenn der erste Amerikaner tatsächlich Europäer gewesen sein sollte, dann – so die Schlussfolgerung von US-Lobbyisten – waren die sogenannten Indianer nicht die Ureinwohner Amerikas. Folglich sollte auch ihr Anspruch auf Landrechte juristisch geprüft werden. Die Stämme in Nordamerika reagierten darauf mit der Forderung, die Leiche sei als ihr Vorfahre zu betrachten, gehöre ihnen und sollte nach ihrer Tradition bestattet werden, weitere Untersuchungen seien zudem ausgeschlossen.

In diesem Durcheinander versuchten die Anthropologen kühlen Kopf zu bewahren. Während der Kennewick-Mann ein Gericht in Portland, Oregon, auf Trab hielt und die Richter die Knochen zunächst den Ureinwohnern zusprachen, dann wieder für die Wissenschaft freigaben, kramten die Forscher bereits emsig in den Magazinen der US-amerikanischen Museen. Dort lagerten Knochen der nordamerikanischen Steinzeit, genug Vergleichsmaterial, um die Spuren des rätselhaften Toten vom Columbia-River nachzeichnen zu können – so hofften die US-Forscher. Sie hefteten sich an die Fersen des vermeintlich ältesten Amerikaners.

Die erste Hürde war die Beringstraße. Einer alten Theorie zufolge soll der amerikanische Kontinent von Sibirien aus besiedelt worden sein. Findige Frühmenschen kamen, so das gängige Modell, während der letzten Eiszeit vor etwa 15 000 Jahren über die Beringstraße, der Meerenge zwischen Asien und Amerika, in der

26 MENSCHEN UND KULTUREN

Neuen Welt an. Dazu mussten sie weder schwimmen noch Boote bauen. Während der Eiszeit war so viel Wasser in den gewaltigen Gletschern auf dem Globus gebunden, dass der Meeresspiegel erheblich sank. Teile der Beringstraße ließen sich zu Fuß überqueren. Auf der Fährte der Mammutherden erreichten Jägersippen des Homo sapiens zunächst Alaska und breiteten sich in der Rekordzeit von nur wenigen Tausend Jahren bis nach Feuerland aus. Die ersten Amerikaner wären diesem Modell zufolge Asiaten aus Sibirien.

Wie passte das zu der vermutlich südpazifischen Herkunft des Kennewick-Mannes? Vermutlich gar nicht, fanden die US-Anthropologen heraus. Wenn der Tote vom Columbia-River tatsächlich aus der Südsee gekommen war – und darauf deutete die Speerspitze ebenso hin wie die Form seiner Knochen – könnte er Teilnehmer einer Expedition gewesen sein, die mit dem Boot von Polynesien aus die amerikanische Küste erreicht hatte. Thor Heyerdahl hätte sich gefreut. Die Kon-Tiki fuhr rückwärts.

Hypothesen aber gibt es wie Sand am Meer. Ein anderes Modell beschreibt Fischer des Südpazifiks, die sich entlang der asiatischen Küste nach Norden ausbreiteten, über die Beringstraße schipperten und mit ihren Booten die Küste des amerikanischen Doppelkontinents bis Feuerland hinabfuhren. Damit wäre die verhältnismäßig rasche Besiedlung Südamerikas erklärt. An einen Dauerlauf der Mammutjäger von Süd- nach Nordamerika will bislang kein Anthropologe glauben.

Kopfarbeit leistete 2001 ein Forscherteam der Universität von Michigan. Die Wissenschaftler um den Anthropologen Loring Brace untersuchten 2000 menschliche Schädel. Die Knochen waren zwischen 100 und 10 000 Jahre alt und stammten aus Amerika, Asien und Europa. Brace maß die Länge und Breite jedes Schädels, Länge und Höhe des Nasenknochens, die Breite der Wangenknochen, die Breite der Augenhöhlen und einige weitere Charakteristika. Anschließend verglich der Forscher die Daten und stieß auf eine überraschende Übereinstimmung. Große Ähnlichkeit wiesen die Knochen einiger prähistorischer amerikanischer Schädel mit solchen aus der frühgeschichtlichen Jomon-Kultur auf. Diese Gruppe gehörte zur Jungsteinzeit in Japan. Die Theorie aus Michigan lautete daher: Vor etwa 200 000 bis 170 000 Jahren erreichten Einwanderer aus Europa Asien und besiedelten Japan. Vor 15 000 Jahren wanderten dann die Jomon von Japan aus über die trockengefallene Beringstraße nach Nordamerika ein. Auch der Kennewick-Mann, den Loring Brace nach derselben Methode vermaß, gehört nach Ansicht des Forschers zur Jomongruppe und hatte japanische Vorfahren. Die frühen Japaner aber sind nicht identisch mit jener Ausprägung der Mongoliden, von denen sich die heutigen amerikanischen Ureinwohner ableiten lassen. Demnach gab es eine zweite Auswandererwelle, die vor etwa 5000 Jahren per Schiff von Asien nach Amerika erfolgt sein soll. Zu dieser Zeit lebten auf dem amerikanischen Doppelkontinent vielleicht nur noch wenige Nachkommen der ersten Einwandererwelle. Ob sich die Gruppen jemals begegnet sind, ob sie sich vermischt oder bekämpft haben, davon erzählen die Knochenfunde nichts.

Das Modell aus Michigan hat Schattenseiten. Die vielleicht größte ist die Vergangenheit der sogenannten Kraniometrie, der Vermessung von Schädelmerkmalen. Die Nationalsozialisten missbrauchten das Verfahren für rassistische Zwecke, in Europa ist es seither diskreditiert. Selbst dort, wo es zu Forschungszwecken herangezogen wird, sind die Ergebnisse so zweifelhaft, dass sie eher als Vermutungen gelte, denn als Erkenntnisse mit wissenschaftlichem Fundament. Der Kennewick-Mann bleibt ein Rätsel.

Die Wahrheit über den amerikanischen Ureinwanderer liegt in seinem Erbgut verborgen. Eine Verwandtschaft mit heute lebenden Menschen auf anderen Erdteilen lässt sich mit den aktuellen Methoden der Genetik und der Molekularbiologie dingfest machen. Das gilt auch für den Kennewick-Mann. Doch der Tote vom Columbia-River machte den Molekularbiologen einen Strich durch die Rechnung.

Vergeblich versuchten Wissenschaftler in drei verschiedenen US-Laboren, dem prähistorischen Erbgut auf die Spur zu kommen. Alle Tests gingen schief. Einerseits war die DNA des Kennewick-Mannes in weiten Teilen zu unvollständig, um damit auf populationsgenetischer Basis Vergleiche anstreben zu können. Andererseits stießen die Biologen auf einen hohen Grad von Verunreinigung auf den Knochen. Demnach stammten die winzigen DNA-Schnipsel, welche die Tests hervorbrachten, nicht einmal mit Sicherheit aus dem Erbgut des Kennewick-Mannes.

Zu einer vorübergehend letzten Untersuchung der Knochen kamen Wissenschaftler im Juli 2006 zusammen. Dem Team fiel auf, dass die Knochen keinen Tierverbiss zeigten. Solche Spuren sind üblich, wenn ein Leichnam nicht bestattet wird und längere Zeit im Freien liegt. Die Schlussfolgerung: Der Kennewick-Mann war nach seinem Tod begraben worden. Er war demnach kein Einzelgänger.

Weitere Untersuchungen bleiben womöglich aus. Im März 2010 erklärte die US-Regierung, dass alle Museen und Labore in den Vereinigten Staaten prähistorische Überreste von Menschen an die Verwaltungen der Ureinwohner zurückgeben müssen. Dieses Gesetz betrifft die Gebeine von etwa 40 000 Menschen, einige bis zu 3000 Jahre alt, die künftig nach Stammesriten beigesetzt werden sollen. Ob damit auch der Kennewick-Mann per Gesetz wieder vom Labortisch verschwindet und zur ewigen Ruhe kommt, ist noch nicht letztgültig entschieden. Fest steht aber: Der Tote vom Columbia-River bleibt eine nicht identifizierbare Leiche der Menschheitsgeschichte.

Der Ötztal-Mann

Zunächst glaubten die Behörden an einen Routinefall. Ein Ehepaar, das die Ötztaler Alpen durchwanderte, entdeckte 1991 im abschmelzenden Eis des Similaungletschers einen mumifizierten Toten. Bergwacht und Polizei waren rasch vor Ort und fanden an dem Leichnam nichts Ungewöhnliches. Erst im Innsbrucker Institut für Gerichtsmedizin fielen den Pathologen Merkwürdigkeiten an der Leiche auf. Der herbeigerufene Frühgeschichtler Konrad Spindler schlug sofort Alarm: Der Tote, bald „Ötzi", genannt, war eine

Leiche aus der Jungsteinzeit. Wie sich später herausstellen sollte, hatten die abschmelzenden Gletscher der Ötztaler Alpen einen Kriminalfall der Vorgeschichte freigegeben. Der Gletschermann war ermordet worden. Zwar waren die Täter schon vor 5000 Jahren entkommen. Das Opfer aber erzählte noch immer vom Mord im Gebirge.

Zunächst ahnte niemand etwas von einer Gewalttat. Der Ötztal-Mann galt als Unglücksopfer. Überdies war die Todesursache Nebensache. Der Tote vom Similaun lebte fast eintausend Jahre früher als die berühmten mumifizierten Pharaonen des Alten Ägypten und war damit die älteste gut erhaltene Mumie der Welt. Nie zuvor waren Zeichen menschlicher Aktivität so hoch in den Bergen gefunden worden, weder Reste von Jagdbeute noch die Spuren eines Lagerfeuers hatten bislang darauf hingewiesen, dass die Bergbewohner sich in Höhen bis zu 3200 Metern bewegten. Daraus schmiedeten die Südtiroler einen Mythos: Der Ötztal-Mann, so glaubten viele, sei ein direkter Vorfahre der heutigen Bevölkerung in der Region, der Urahn aller Südtiroler. Einige Legendenschmiede gingen noch einen Schritt weiter und behaupteten, der Tote sei einst ein König gewesen.

Diese Schlagzeilen gingen um die Welt. Die US-Zeitschrift „National Geographic" taufte den Leichnam „Eismann", anderen fiel „Ötzi" ein. Die Postkartenstände in den Alpenstädten zeigten Motive mit dem Konterfei des Toten, Ötzi-Schmuck, Ötzi-T-Shirts und Ötzi-Pop erreichten hohe Umsatzzahlen. Eine Frau aus Deutschland verkündete, sie wolle ein Buch über ihre nächtlichen Séancen mit dem Gletschermann schreiben. Andere hatten die Idee, sich mit dem vermeintlichen gefrorenen Sperma der Mumie befruchten zu lassen. Seit Howard Carter 1922 Tutanchamun entdeckt hatte, hatte keine archäologische Entdeckung so hohe Wellen geschlagen.

Das galt auch in der Forschung. Ein Team internationaler Fachleute aus den Bereichen der Forensik, der Archäologie, der Chemie und Metallurgie reiste nach Innsbruck, um den Leichnam zu untersuchen. Mit Schrecken stellten die Experten fest, dass die ein-

30 MENSCHEN UND KULTUREN

zigartige Mumie bei der Bergung übel zugerichtet worden war. Einer der Gendarmen hatte, um die Mumie aus dem Eis zu befreien, einen Hammer zu Hilfe genommen und ein Loch in die linke Hüfte geschlagen. Später waren Forensiker dem Eismann mit Skistöcken zu Leibe gerückt, ohne Rücksicht auf die stark verwitterten Kleidungsreste zu nehmen. Auch die Genitalien brachen ab, als das Bergungsteam die Leiche davontrug. Viele wichtige Details, die 5000 Jahre im Eis überdauert hatten, waren in wenigen Stunden zerstört worden. Nun galt es, die geborgene Mumie vor weiterem Verfall zu schützen. Zu diesem Zweck simulierten die Mitarbeiter des anatomischen Instituts der Universität Innsbruck die klimatischen Bedingungen im Gletschereis. Der Leichnam ruhte in einer Kühlkammer mit einhundert Prozent Luftfeuchtigkeit und minus sechs Grad Raumtemperatur.

An erster Stelle im Fragenkatalog der Forschung stand das Alter des Eismanns. Der Tote musste eine Gewebeprobe hergeben. Mithilfe der Radiokarbonmethode stellten die Wissenschaftler fest, dass der Mann vom Similaun zwischen 3350 und 3080 v. Chr. gelebt haben musste.

In den folgenden 20 Jahren wurden 6000 Einzeluntersuchungen an dem Körper aus der Steinzeit vorgenommen. Nach und nach gab der Eismann Einblicke in die Kultur der Jungsteinzeit am Fuß der Alpen preis. Ötzi erwachte zum Leben.

Ein Mordopfer taut auf

Die Mumie des Similaun-Mannes war 1,60 Meter groß und 13,5 Kilogramm schwer. Zu Lebzeiten wird der Ötztaler etwas größer gewesen sein, eine heute übliche Körperhöhe von 1,80 Metern wird er aber kaum erreicht haben. Die Gesichtszüge waren nicht mehr zu erkennen, da der Druck des Eises den Körper verformt hatte.

Der Einsatz eines Computertomografen zeigte schon während der ersten Untersuchungen einige Auffälligkeiten im Körper des Toten. So waren die Gelenke stark abgenutzt, ein Zeichen von Arthritis, die dem Ötztal-Mann Schmerzen bereitet haben wird.

Das zwölfte Rippenpaar fehlte – eine anatomische Auffälligkeit, die aber in der Jungsteinzeit durchaus üblich gewesen sein könnte. Andere Rippen waren gebrochen – möglicherweise durch den Druck des Gletschereises. Einige Merkwürdigkeiten offenbarten sich im Mund. Der Tote hatte keine Weisheitszähne, er litt unter Karies und leichter Parodontose – Zeichen mangelhafter Ernährung – und zwischen den oberen Zähnen klaffte eine Lücke. Die Innsbrucker Rechtsmediziner glauben, dass der abgebrochene Zahn des Ötztal-Mannes Dokument eines Kampfes sei. Ob die Schlägerei mit seinem Tod in Verbindung steht, lässt sich nicht mehr feststellen.

Staunend entdeckten die Pathologen und Archäologen auf der gut erhaltenen Haut der Leiche Tätowierungen. Die mit Ruß in die Haut eingebrachten Zeichen stellten einfache geometrische Symbole dar, etwa Linienbündel. Sie waren an Lende, Wade, Knie und Fußgelenken angebracht und sind nicht nur der älteste Nachweis für diese Art von Körperschmuck, sondern überdies Beleg für ein tief gehendes Verständnis für die Funktionen des menschlichen Körpers. Die Tätowierungen liegen allesamt an Körperstellen, die noch heute für die Akupunktur wichtig sind, insbesondere zur Behandlung rheumatischer Erkrankungen. Möglicherweise sollten die Hautzeichen die fortschreitende Arthritis des Ötztal-Mannes lindern.

Als die Mumie in Innsbruck ankam, war sie nackt. Bei der Bergung hatten die Helfer nicht bemerkt, dass der Tote Kleidung und Ausrüstung bei sich getragen hatte, die sich ebenfalls im Gletschereis erhalten hatte. Nun aber lagen die kostbaren Stoff- und Holzreste im Schmelzwasser auf dem Similaun verstreut. Bei einer Nachuntersuchung der Fundstelle staunten die Frühgeschichtler über den prähistorischen Schatz, der sich vor ihnen ausbreitete. Viele der Fundstücke mussten nur eingesammelt werden, andere eisten die Archäologen mit Heißluftgeräten und Dampfstrahlern aus dem Griff des Eises los. Der Wissenschaft öffnete sich ein Fenster in die Steinzeit.

Schon im Neolithikum wussten die Alpenbewohner, welche Anforderungen das Hochgebirge an die Kleidung stellt. Der Ötztal-

32 MENSCHEN UND KULTUREN

Mann trug Schuhe, einen Lendenschurz und Beinkleider gegen die Kälte. Eine Mütze wärmte den Kopf, ein Mantel den Oberkörper. Alle Kleidungsstücke waren aus Tierfellen hergestellt, die Archäologen unterschieden Gams, Bär, Rothirsch, Ziege und Rind. Möglicherweise waren die Pelze einiger Tiere für bestimmte Anforderungen besser geeignet als andere. Belegen lässt sich diese Vermutung jedoch nicht, das Wissen der Steinzeit über die Vor- und Nachteile natürlicher Rohstoffe ist zu weiten Teilen verloren.

An der Ausrüstung des Steinzeitmannes war erkennbar, dass er sich für eine lange und hindernisreiche Reise gerüstet hatte. Sein Gepäck enthielt Messer und Bohrer aus Feuerstein, das der Zivilisationsstufe den Namen gebende Material, eine Knochennadel und einen Dorn aus Hirschgeweih. In einer länglichen Ledertasche trug Ötzi einen Feuersteinschaber und ein Stück Baumharz, an dem Pyrit klebte – damit ließ sich Feuer entfachen. Vervollständigt wurde das Überlebenskit der Jungsteinzeit durch einen Baumschwamm und medizinische Substanzen, die als Reiseapotheke dienten. Vermutlich gehörten alle diese Utensilien zur gängigen Ausrüstung eines Jägers oder Wanderers in alpiner Landschaft.

Auffällig hingegen war, dass der Ötztal-Mann eine Axt aus Kupfer bei sich trug. Der Schaft der Axt war aus dem etwa 80 Zentimeter langen Holz einer Eibe gefertigt und trug an einem Ende eine kurze Gabel, um das Metallbeil aufzunehmen. An der Schwelle zur Bronzezeit war Kupfer ein wertvolles Material. Wie die Fundzusammenhänge anderer Kupferentdeckungen verraten, waren Waffen oder Werkzeuge aus Metall oft Prestigeobjekte. Der Tote vom Similaun mag eine herausragende Position innerhalb seiner Gemeinschaft bekleidet haben.

Eine weitere Waffe aus der Steinzeit war herausragend – wenn auch nur auf den zweiten Blick. Über der Schulter des Eismannes hatte einst ein Bogen gehangen. Zu ihm gehörten 14 Pfeilschäfte und vier Pfeilspitzen aus Feuerstein. Ursprünglich hatte die Munition in einem Köcher gesteckt, dessen Reste in Teilen ebenfalls erhalten waren. Der Bogen war noch nicht fertig geschnitzt und die Sehne fehlte. Angesichts dieser Details kamen die Mutmaßungen über den Zweck von Ötzis Wanderung ins Gebirge zum ersten Mal ins Stocken. Wäre der Steinzeitmann auf die Jagd gegangen, hätte er keinen halb fertigen Bogen mitgenommen. Überdies war der Bogen aus Eibenholz geschnitzt. Ralf Baumeister, Leiter des Federseemuseums in Bad Buchau und Experte für das Leben in der Jungsteinzeit, glaubt nicht daran, dass Bögen aus solchem Holz zur Jagd dienten. Dafür eigne sich Ulmenholz besser, so Baumeister. Erst aus der Zeit, in der Ötzi lebte, sind Eibenbögen bekannt. Das Holz der Eibe ist elastischer als das der Ulme. Die Waffe hat eine höhere Durchschlagskraft und schießt über größere Distanzen. Für Ralf Baumeister sind das Merkmale eines Kriegsgerätes. Möglicherweise waren die Absichten des Similaun-Mannes alles andere als friedlich.

Wer war der Tote? Warum war er so hoch ins Gebirge hinaufgegangen? Warum war er gestorben? Der erste Verdacht, der Ötztal-Mann sei ein Hirte gewesen, der von einem Sturm überrascht worden und in den Bergen gestorben war, bestätigte sich nicht. Hätte der Tote mit Tieren gearbeitet, hätten sich Fellreste an seiner Kleidung finden lassen müssen. Mangels Indizien erklärte die Wissenschaft Ötzi zu einem Jäger, der der Beute bis in 3000 Meter Höhe nachgestellt und dann durch ein Unglück den Tod gefunden hatte. Erst zehn Jahre später ergaben Nachuntersuchungen: Ötzi war erschossen worden.

Henkersmalzeit auf dem Gletscher

In der Zwischenzeit war die Mumie umgezogen. Zwischen den Behörden Italiens und Österreichs war ein Streit darüber entbrannt, auf wessen Hoheitsgebiet der Tote nun tatsächlich gelegen hatte. Die Italiener bekamen Recht und Ötzi. In Bozen erhielt der Eismann ein neues Zuhause mitsamt Kühlkammer und Ötzi-Museum. Zur Ruhe kam er aber auch dort nicht.

Hunderte Male holten Anthropologen, Archäologen und Forensiker die Leiche aus der Klimakammer, um sie zu untersuchen. Niemand bemerkte die immerhin mehrere Zentimeter lange Pfeil-

34 MENSCHEN UND KULTUREN

spitze, die im Schulterblatt steckte. Erst im Sommer 2001 meldete Alex Susanna vom Südtiroler Archäologiemuseum in einer Pressemitteilung den gewaltsamen Tod des Eismannes. Eine computertomografische Aufnahme des gesamten Körpers hatte das Geschoss sichtbar werden lassen und offenbart, welches Drama sich tatsächlich vor 5000 Jahren auf dem Gletscher abgespielt hatte.

Die Pfeilspitze hatte Ötzi von hinten getroffen. Sie durchschlug Nerven und wichtige Blutgefäße, lähmte den linken Arm und zerschmetterte das Schulterblatt. Acht Zentimeter tief drang der Schuss in den Körper ein und blieb nahe der Lunge stecken. Die Pathologen folgerten, dass der Pfeil nicht nur das Schulterblatt, sondern auch die Hauptschlagader durchschlagen hatte. Der Getroffene wäre durch eine solche Wunde verblutet.

Es sollte noch einmal sechs Jahre dauern, bevor die Mediziner ihre Meinung zur Todesursache revidierten. Erst in den 2007 veröffentlichten Auswertungen der Todesumstände tauchte eine weitere Verletzung auf: Schädelbruch.

Die Untersuchungen hatten ergeben, dass das an der Mumie diagnostizierte Schädeltrauma den Tod des Eismannes verursacht hatte. Anfänglich hatten die Pathologen vermutet, die Kopfverletzungen seien durch den beständigen Druck des Gletschereises entstanden. Dann aber ließ sich anhand der Beschaffenheit der Bruchstellen feststellen, dass diese vor der Konservierung des Körpers im Eis entstanden sein mussten. Zurückhaltend blieb der Bericht aus der Pathologie jedoch bezüglich der Ursache für den Schädelbruch. Seither spuken mehrere Varianten über die letzten Minuten des Ötztal-Mannes durch das Bozener Museum. Zwei Theorien sind wahrscheinlich. Da Ötzi von einem oder mehreren Feinden angegriffen worden war, könnte es sein, dass ihn einer der Täter auf den Hinterkopf schlug. Ebenso gut ist es möglich, dass das Opfer, durch den Pfeilschuss aus dem Gleichgewicht gebracht, stürzte und mit dem Kopf auf einen Stein aufschlug.

Die Entdeckung der Gewalttat warf neue Fragen auf. Wer waren die Mörder? War der Eismann vor ihnen ins Gebirge geflüchtet? Johan Reinhard von der National Geographic Society vermutete, dass die Mumie aus dem Ötztal in einem Ritus den Göttern der Berge geopfert werden sollte. Ein Indiz dafür erkannte Reinhard in der Kupferaxt. Seiner Meinung nach hätten Räuber oder Rächer einen so wertvollen Gegenstand als Beute an sich genommen. Zudem sei der Ort auf einem Pass zwischen den beiden höchsten Gipfeln der Ötztaler Alpen ideal für die Opferstätte eines vorgeschichtlichen Bergvolkes. Reinhards Hypothese stieß jedoch auf große Skepsis. Der Pfeilschuss, so die gängige Meinung, müsse profanere Gründe haben.

Die Analyse der Mumien-DNA sollte Aufschluss geben. Ein Forscherteam der australischen Universität von Queensland reiste an. Leiter Ian Findlay entnahm dem Ötztal-Mann einige DNA-Proben. Verwertbares Material bot der Körper genug. Die Molekularbiologen entdeckten überdies DNA-Spuren an Kleidung und Geräten. Am Grasmantel des Eismannes klebte Blut. Wie sich herausstellte, war es fremdes Blut. Zunächst glaubten die Wissenschaftler, weitere Spuren eines Kampfes gefunden zu haben. Erst später stellte sich heraus, dass es sich um Tierblut handelte. Ötzi hatte vor seinem Tod noch Wild erlegt oder zumindest ausgeweidet. Weitere DNA-Spuren scheinen die Mörder nicht hinterlassen zu haben. Trotzdem fand Ian Findlay weitere Indizien, die auf einen Kampf schließen lassen. An den Händen der Mumie waren Schwellungen und Schnitte sichtbar. Solche Wunden entständen vor allem dann, wenn ein Angegriffener versucht, sich mit den Händen gegen Schläge zu schützen, meinte Findlay.

Damit war die Theorie vom rituellen Opfer endgültig entkräftet. Der Grund für das Ende des Eismannes aber war noch nicht gefunden. Gegenüber der BBC äußerte Ian Findlay die Meinung, Ötzi sei möglicherweise in das Revier eines fremden Stammes eingedrungen und von dort gewaltsam vertrieben worden. Kurz darauf meldete sich Franco Rollo von der Università di Camerino zu Wort. Die Italiener hatten eine Genanalyse des Dünn- und Dickdarminhaltes der Eisleiche vorgenommen und herausgefunden, dass der Gletschermann wenige Stunden vor seinem Tod das Fleisch eines Rothirsches verzehrt hatte.

36 MENSCHEN UND KULTUREN

Obwohl der Magen der Mumie nicht zu finden war, verrieten die Darminhalte genug über die letzten Stunden des Ötztal-Mannes. So rekonstruierte das italienische Forscherteam folgendes Szenario: Der Steinzeitler war durch einen Nadelwald gewandert und hatte unterwegs Beeren, Getreide und ein Stück Steinbockfleisch gegessen. Nachdem er in 3200 Meter Höhe aufgestiegen war, hatte er eine weitere Portion Rotwild und Getreidekörner verzehrt. Reste dieser Henkersmahlzeit fanden die Wissenschaftler am Anfang des Verdauungssystems. Sie mussten kurz vor dem Tod in den Körper gelangt sein. Franco Rollo schätzte, dass der Getötete vier Stunden vor seinem Ende die letzte Mahlzeit einnahm. Unter normalen Umständen beginnt sich der Magen eines Menschen etwa zehn Minuten nach der Nahrungsaufnahme zu leeren. Drei bis vier Stunden dauert es, bis die Verdauungsmasse das Ende des Dünndarms erreicht hat. Dort wird sie meist noch eine weitere Stunde gehalten, bevor sie in den Dickdarm übergeht. Stresssituationen können den Prozess verlangsamen. Rollo ging noch davon aus, dass der Gletschermann durch den Pfeilschuss und den daraus resultierenden Blutverlust langsam gestorben war, sodass der Körper durch den Angriff und den nahen Tod unter hohem Stress stand und sich die Verdauung verlangsamte.

Erst später kamen zwei Indizien hinzu, die Franco Rollos Szenario in Teilen revidierten. Zum einen entdeckten die Forensiker das Schädeltrauma und erklärten es zur Todesursache des Eiszeitmannes. Demnach starb Ötzi nicht langsam und die Zeit, die zur Verdauung reichte, musste neu berechnet werden. Zum anderen entdeckten Wissenschaftler in Bozen erst 2009 den Magen des Toten. Paul Gostner, Patrizia Pernter und Gian Pietro Bonatti fanden das Organ bei Nachuntersuchungen. Es war an eine anatomisch ungewöhnliche Stelle im Brustkorb gerutscht und prall gefüllt. Über die letzten Stunden des Eismannes musste nun neu nachgedacht werden.

Wie sich herausstellte, hatte der Steinzeitmann auch unmittelbar vor seinem Tod Steinbockfleisch gegessen. Das könnte bedeuten, dass er sich der bedrohlichen Lage, in der er sich befand, nicht

DER ÖTZTAL-MANN 37

Steinzeit-Tiroler: Die Rekonstruktion zeigt den Ötztal-Mann so, wie er ausgesehen haben könnte, bevor sein Körper im Gletscher mumifiziert wurde.

bewusst war. Demzufolge wäre Ötzi Opfer eines Hinterhalts. Ebenso gut ist es möglich, dass es sich bei dem letzten Mahl tatsächlich um eine Henkersmahlzeit gehandelt hat, die dem Delinquenten vor der Hinrichtung zugestanden wurde. Gegen diese Theorie spricht jedoch der Pfeilschuss in den Rücken.

38 MENSCHEN UND KULTUREN

Die Angreifer, die dem Eismann das Ende brachten, mögen Krieger gewesen sein oder Strauchdiebe, mit Sicherheit aber verstanden sie sich auf die Jagd. Die dänische Wissenschaftlerin Nanna Noe-Nygaard hatte 1974 herausgefunden, wie Jäger des Mesolithikums, der Zivilisationsstufe vor der Zeit des Ötztal-Mannes, ihre Jagdbeute erlegten. Die Bogenschützen der Mittelsteinzeit zielten mit Vorliebe auf das linke Schulterblatt der Tiere, weil diese Stelle die höchste Wahrscheinlichkeit für einen Blattschuss bot. Auch Ötzi war in die linke Schulterpartie getroffen worden. Der Pfeil, durch den der Gletschermann zu Boden ging, war demnach von einem erfahrenen Jäger abgeschossen worden.

Hinterhalt und Todeskampf

Jäger ermorden einen reichen Mann im Hochgebirge. Welche Motive hinter der Tat gesteckt haben könnten, darüber zerbrechen sich bis heute Historiker den Kopf. Der Frühgeschichtler Walter Leitner von der Universität Innsbruck glaubt, der Gletschermann könnte Opfer eines Tyrannenmordes geworden sein. Mit 47 Jahren habe Ötzi ein für steinzeitliche Verhältnisse hohes Alter erreicht, so Leitner. Seine Konkurrenten um die Häuptlingsposition mögen keinen anderen Weg gesehen haben, als ihn gewaltsam aus dem Weg zu räumen.

Nähere Untersuchungen der Leiche ergaben eine hohe Konzentration von Arsen in den Haaren. Da Arsen in Kupfererzen vorkommen kann, ist dies ein Zeichen für die Beteiligung des Toten an der Metallverarbeitung. Selbst wenn der Mann kein Herrscher gewesen ist, als Metallschmied in einer Gruppe aus Steinzeitlern muss er eine wichtige Rolle gespielt haben.

Das meint auch Leitner, der in dem Toten das Opfer einer Intrige erkennt. Gegenüber der Wochenzeitung „Die Zeit" erklärte der Frühgeschichtler: „Der Mann war für seine Zeit in sehr hohem Alter und er war nicht der Gesündeste. Er hatte selbst medizinische Kenntnisse, war vielleicht Schamane. Jedenfalls war er eine Autoritätsperson, vergleichbar mit einem Bürgermeister, und eine solche Person bietet Angriffsflächen. Er hatte wohl Feinde in der Gruppe." Ein Mördertrupp habe dem schmiedenden Anführer außerhalb der Siedlung aufgelauert. Möglicherweise habe sich ein Angreifer dem Alten in den Weg gestellt und es sei zu einem Kampf gekommen, bei dem sich der Ötztal-Mann die Wunde an der Hand durch eine Abwehrbewegung zugezogen habe, so der Innsbrucker, der vermutet: „Der Angreifer muss Helfer gehabt haben, und es muss zu einem brachialen Getümmel gekommen sein." Und die Wertgegenstände, die niemand an sich nahm? Auch dafür hat Leitner eine Erklärung. Der Tod der Autoritätsperson musste wie ein Unfall aussehen. Deshalb ließen die Angreifer den tödlich Verwundeten fliehen, meint der Frühgeschichtler. Das Kupferbeil wird im Dorf bekannt gewesen sein. Seine Benutzung in der Öffentlichkeit wäre einem Geständnis gleichgekommen.

Was aber war mit dem Pfeil, der in der Schulter des Toten steckte? Er hätte jedem Entdecker der Leiche sofort einen gewaltsamen Tod verraten. Der Schaft ragte aus der linken Schulter heraus – das Fanal eines Anschlags. Herausziehen konnte ihn der Verwundete kaum von selbst. Auch für dieses Problem kennt Leitner eine Lösung: Nachdem das Opfer zusammengesunken war, brachen die Täter den Pfeil ab, um ihre Spuren zu verwischen.

Bleibt die Frage nach dem Fundort. Der Mann aus der Jungsteinzeit muss die Risiken gekannt haben, die mit einem Aufstieg in solche Höhen einhergingen. Allein wird er nicht auf das Hauslabjoch hinaufgeklettert sein. Vielmehr muss er Teil einer Gruppe gewesen sein, möglicherweise begleitete er ahnungslos seine Mörder in eisige Höhen. Für diese Vermutung spricht die üppige Kleidung. Wie Pollenreste in der Lunge der Leiche verrieten, starb der Ötztal-Mann im Frühsommer. In den Tälern des Vinschgaus, wo das Dorf vermutlich stand, werden zu dieser Jahreszeit im Neolithikum Temperaturen wie heute geherrscht haben. Mit einer Hose aus Ziegenfell, einer Mütze aus dem Pelz des Braunbären, Schuhen mit Oberleder aus umgedrehtem Hirschfell und Sohlen aus Bärenleder sowie einem Umhang aus geflochtenem Pfeifengras am Kör-

40 MENSCHEN UND KULTUREN

per wäre der Mann für einen Aufenthalt im Tal unpraktisch geklei-
det gewesen.

Die Mörder mussten sich des Leichnams entledigen. Eine Ver-
lochung mag ihnen nicht sicher genug gewesen sein. Also schlepp-
ten sie den Toten in eisige Höhen. Dafür spricht die Lage der Leiche
in einer drei Meter tiefen Felsmulde. Dorthin legten die Täter ihr
Opfer und deckten es möglicherweise mit Schnee zu. Sie müssen
gewusst haben, dass sich niemand aus der Umgebung in solche
Höhen wagte.

Damit waren alle Spuren verwischt. Selbst wenn ein Wanderer
die Leiche entdeckt hätte, hätte er an einen Unfall geglaubt. Sollte
Leitners Theorie stimmen, waren die Mörder aus der Jungsteinzeit
Meister im Verwischen ihrer Spuren. Selbst die mit Röntgenappa-
raten und Magnetresonanztomografie ausgestatteten Gerichtsmediziner der Gegenwart brauchten zehn Jahre, um die Spuren der
Gewalttat zu entdecken.

Die Etrusker

Plötzlich waren sie da. Im 9. Jahrhundert v. Chr. tauchten die Etrusker an den Gestaden Italiens auf, pflanzten zwölf Städte an die
Küste und auf die Hügel des Inlands und errichteten eine Hochkultur, als Rom noch ein Traum war. Die Neuankömmlinge schmiedeten das heißeste Eisen am Mittelmeer, errichteten riesenhafte
Steinmauern und waren die besten Zahnärzte ihrer Zeit. Mit ihnen
erwachte Italien endgültig aus dem Schlummer der Bronzezeit.
Künftig kreuzten Handelsschiffe vor der tyrrhenischen Küste, Tempel und Paläste schmückten große Städte; Schrift, Kunst und Musik verbreiteten sich, wo zuvor nur Hirten ihre Flöten geblasen
hatten. Aber woher die Etrusker und ihre große Kultur kamen,
weiß bis heute niemand.

Mit dem Namen Etrusker konnten die so Bezeichneten nicht
viel anfangen. Sie nannten sich „Rasenna". Erst die Römer sprachen von Etruskern oder Tusci, so benannt nach der Landschaft,

in der das rätselhafte Volk siedelte. Heute ist ein Überbleibsel des Namens noch in der Toskana zu erahnen, in der die Heimat der Etrusker einst lag.

Schon die Römer zerbrachen sich darüber den Kopf, wie die Etrusker an die Westküste Italiens gelangt waren und woher sie kamen. Bis heute ist dieses Rätsel nicht gelöst. Die Rasenna selbst geben kaum Hinweise über ihre Herkunft. Sie sind verschwunden, überrannt von ihren südlichen Nachbarn vom Tiber. Zwar haben sie eine umfangreiche materielle Kultur hinterlassen, die heute die Forschung beschäftigt, doch ein stichhaltiger Hinweis auf ihre Ursprünge fehlt. Was über die Geschichte des seltsamen Händlervolkes erzählt wird, stammt aus den Quellen der Griechen und Römer – und ist voller Widersprüche.

Einheimische gegen Zuwanderer

Gewiss ist: Die Etrusker waren schon ein altes Volk, als die Griechen die Geschichtsschreibung erfanden. Herodot, Hellene und Vater aller Historiker, erwähnt sie im 5. Jahrhundert v. Chr. und klassifiziert sie als Zugewanderte aus Lydien, einer Landschaft, die heute Westanatolien heißt. Dort liegt auch jener Hügel Hisarlik, in dem die Forschung Troja vermutet. Troja, Westanatolien, Etrusker – diese Verbindung zog auch Herodot. Der Gelehrte berichtet, die Etrusker seien von Lydien über das Meer bis Italien gefahren und hätten sich dort niedergelassen. Die Völkerwanderung soll kurz nach dem Trojanischen Krieg stattgefunden haben. Als Auslöser des Exodus nennt Herodot eine Hungersnot. Ob diese Katastrophe eine Kriegsfolge war, ist ungewiss. Eine Anekdote liefert Herodot gleich mit: Er meint zu wissen, dass der Anführer der großen Überfahrt ein Mann namens Tyrsenos war. Der Name dieses mediterranen Mose schwimmt noch heute im tyrrhenischen Meer vor der italienischen Küste.

Herodot lag falsch, meinte 400 Jahre später Dionysios von Halikarnassos. Der Gelehrte schrieb eine Geschichte des römischen Altertums und hielt fest: Die Etrusker waren keine Einwanderer.

42 MENSCHEN UND KULTUREN

Ihre Wiege stand schon immer zwischen Arno und Tiber. Demnach waren sie das Urgestein Italiens.

Dionysios oder Herodot, Einheimische oder Zuwanderer – zwischen diesen Polen pendelt die Etruskerforschung seit Jahrhunderten. Wer Herodot Glauben schenkt, verweist auf die orientalischen Elemente in der etruskischen Kunst. Tatsächlich weisen viele Ornamente und Stilmittel Verbindungen in den Osten auf, etwa Grabstelen, auf die Krieger im Profil graviert sind. Ähnliche Werke sind auch aus dem Vorderen Orient bekannt, auch die frühe Kunst der Griechen kennt Vergleichbares. Anhänger von Dionysios' Eingeborenen-These lauschen hingegen auf die Sprache der Etrusker. Denn die ist überliefert. Verstehen kann sie jedoch niemand.

Gemurmel aus der Vergangenheit

Etruskisch war eine Hochsprache mit einem Alphabet und einer ausgefeilten Grammatik. Sie ist auf über 7500 Objekten überliefert, geritzt in Stein, gemalt auf Vasen und Schalen. Das Entziffern dieser meist einzeln stehenden Worte bereitet kaum Schwierigkeiten, die etruskische Schrift ähnelt dem Altgriechischen. Ratloser stehen Linguisten vor komplexen Sätzen. Zum einen ist die Grammatik mit keiner heute bekannten Sprache verwandt. Zum anderen gibt es kaum Untersuchungsmaterial. Die wenigen erhaltenen Texte sind Skurrilitäten der Archäologie, etwa die Mumienbinde aus Zagreb.

Bei diesem Artefakt handelt es sich um ein Leinentuch, auf das einst ein Etrusker einen längeren Text schrieb, um ihn dann zu einer Art Buch zusammenzufalten – in Etrurien war diese Form des Textträgers gängige Praxis. Stoff aber gehört zu den Substanzen, die Archäologen nur selten finden, da das Material rasch vergeht. Trotzdem überdauerte der etruskische Text die Zeit, weil er eine Reise nach Ägypten unternahm und dort fachgerecht, wenn auch unbeabsichtigt, konserviert wurde. Die Umstände, unter denen der Stoff an den Nil gelangte, werden immer unbekannt bleiben. Ungewiss ist auch die Zeit, in der ein ägyptischer Einbalsamierer nach dem Text griff, um einen Leichnam darin einzuwickeln. Aber dank seiner Mumifizierungstechnik blieben Binde und Schrift im Grab eines Ägypters erhalten. Im 19. Jahrhundert tauchte der Stoff im Kunsthandel auf und wurde bis nach Zagreb verhandelt, wo Fachleute seine Bedeutung erkannten. Heute können von den 1300 erhaltenen Wörtern des alten Etruskerbuches 500 gelesen werden. Immerhin steht fest: Die zwölf senkrecht angeordneten Schriftkolumnen waren einst ein Opferkalender mit Daten, Opferformeln und Götternamen.

Solange keine weiteren Texte auftauchen, steckt die Erforschung des Etruskischen fest. Da die Stoffbücher der Rasenna aber nur in Ausnahmefällen wie jenem der Mumienbinde von Zagreb überliefert werden, ist die Hoffnung auf mehr Untersuchungsmaterial gering. Ohne handfeste Belege drehen sich die Meinungen über das Etruskische um Spekulationen. Eine davon ist, dass die Sprache der Etrusker in gerader Linie von einer Ursprache abstammen könnte, die einst im gesamten Mittelmeerraum gesprochen wurde. Einige Linguisten meinen, Reste einer solchen Sprache identifizieren zu können. Die Spur der Etrusker führt auf die griechische Insel Lemnos.

Das Eiland im Norden des Ägäischen Meeres hat heute etwa 18 000 Einwohner und ist 476 km² groß. Die fruchtbare Insel gefiel schon den Menschen der Jungsteinzeit, Spuren von Dörfern sind seit dem 4. Jahrtausend v. Chr. nachgewiesen. Die Athener unter Miltiades eroberten Lemnos im 6. Jahrhundert v. Chr. von den Einheimischen. Seither siedelten attische Kolonisten auf der Insel. Die einheimische Kultur ging in der griechischen auf. Wer die ursprünglichen Lemnier waren, weiß niemand.

Allerdings hinterließen die Ureinwohner Spuren. Eine davon ist die sogenannte Stele von Lemnos. Die Steinplatte diente vermutlich einst als Grabstele. Wie bei vergleichbaren Stelen aus Etrurien, etwa aus Volterra, zeigt sie einen Krieger mit Speer in Profilansicht. Die Figur ist umgeben von Schriftzeichen. Entdeckt wurde die Platte 1885. Sie war in einer Kirchenwand im Dorf Kaminia eingemauert und nur noch in der oberen Hälfte vorhanden.

44 MENSCHEN UND KULTUREN

Aber noch die beiden erhaltenen Inschriften waren von enormem Wert für die Erforschung der Sprachentwicklung in Europa. Die Linguisten, die die Stele untersuchten, konnten weder das verwendete Alphabet identifizieren, noch die Sprache, die kurzerhand den Namen „Lemnisch" erhielt. Einer Theorie zufolge war diese Sprache vor Beginn der Antike im gesamten Mittelmeerraum zu hören und vielerorts auch zu lesen – das Esperanto der Bronzezeit. Zwar ist diese Annahme strittig, gewiss aber ist, dass sich das Lemnische und das Etruskische ähnlich sind. Beide Schriften kennen nur vier Vokalzeichen: a, e, i, o im Lemnischen gegenüber a, e, i, u im Etruskischen. Noch deutlicher treten die Gemeinsamkeiten bei den Konsonanten zutage. In beiden Sprachen gibt es zwei verschiedene S-Laute, beide haben keine Zeichen für die stimmhaften Verschlusslaute b, d und g. Im Etruskischen steht die Vokabel „machs" für die Zahl vier, im Lemnischen heißt das Zahlwort „mav". Das Vergleichsmaterial beschränkt sich auf einige Dutzend Wörter, dennoch gilt die Stele von Lemnos in der Sprachforschung heute als Dokument für die Verwandtschaft zwischen den beiden Sprachen.

Die Verwandtschaft der Zungen gibt den Theorien über die Herkunft der Etrusker Rückenwind. Allerdings profitieren beide Thesen gleichermaßen. Für die Anhänger des Herodot belegt die Stele von Lemnos, dass das Etruskische aus dem Osten stammt, möglicherweise aus Westanatolien, über die Ägäis bis nach Italien gesprochen wurde und sich im Laufe der Jahrhunderte an der Quelle und den Mündungen der Sprache unterschiedlich entwickelte. Wer es mit Dionysios hält und darauf pocht, die Etrusker seien dort entstanden, wo sie lebten, verweist darauf, dass das Lemnische eine Universalsprache gewesen sein könnte und das Etruskische sich vor Ort am Tyrrhenischen Meer daraus entwickelte – Reisen war nach dieser Theorie nicht nötig. Die Etrusker wären demnach alteingesessene Italer.

Die Diskussion um die Herkunft der Etrusker wuchs sich im 19. Jahrhundert zu einer europäischen Frage aus. Mit dem Beginn des Zeitalters der Nationalstaaten war auch der Nationalismus entstanden. Aus patriotischen Ideen wurden nationale Symbole. Dazu gehörte der Wunsch, die eigene Nation auf ein uraltes kulturelles Erbe zurückverfolgen zu können. Die Herkunft antiker und frühgeschichtlicher Völker erhielt mit einem Mal politische Brisanz. Abwechselnd wurden die Etrusker zu Orientalen, Griechen, Römern und Germanen erklärt, bis 1947 Massimo Pallottino die Diskussion vom Tisch fegte. Der italienische Etruskologe meinte, die geografische Herkunft eines Volksstamms sei unbedeutend. Was zähle, seien die Leistungen, welche eine Gruppe Menschen zu einer Kultur machten. „Volkswerdung" nannte Pallottino das. Was heute als etruskisch etikettiert wird, gilt seither als Urwuchs aus Italien.

Die heißesten Eisen am Mittelmeer

Die ältesten Städte der Etrusker lagen an der Küste. Populonia, Caere, Tarquinii entstanden vermutlich im 9. Jahrhundert v. Chr. und begannen als winzige Siedlungen. Keine 200 Jahre später hatten die Etrusker neun weitere Städte ins Binnenland gepflanzt. Auf den Hügeln der Toskana lebten sie wie Zeus auf dem Olymp.

Die Ausbreitung der etruskischen Kultur zwischen dem 9. und 7. Jahrhundert v. Chr. erscheint rasant. Aber die Rasenna stemmten die Gewichte der Zivilisation nicht allein. Hilfe bekamen sie von den Griechen. Mitte des 8. Jahrhunderts v. Chr. waren Schiffe aus Hellas in Kampanien gelandet und hatten dort Stützpunkte gegründet. Anders als später die Römer waren die Griechen nicht auf gewaltsame Expansion aus. Stattdessen gründeten sie Städte entlang der Mittelmeerküste, um ihren Seehandel zu stärken. Aus einer solchen Gründung ging die französische Hafenstadt Marseille hervor. Handelspartner der umtriebigen Hellenen waren die Kelten, die Phönizier und die Etrusker.

Von Kampanien aus streckten die Griechen ihre Fühler entlang der italienischen Küste nach Norden aus, bis sie auf die Rasenna stießen. Von kriegerischen Zusammenstößen der Gruppen ist nichts überliefert. Vermutlich prüften die Neuankömmlinge genau,

46   MENSCHEN UND KULTUREN

ob die Rasenna geeignete Handelspartner oder unbedeutende Bauern waren. Dabei werden die griechischen Kaufleute auf den großen Schatz der Etrusker gestoßen sein: Eisen.

Im etrurischen Boden lagerten gewaltige Erzvorkommen. Das Schwermetall war zur Zeit der griechischen Kolonisation einer der größten Schätze der Welt. Nur wenige Jahrhunderte zuvor hatten Menschen gelernt, Eisen zu verhütten. Damit war die bis dahin gängige Bronze zweitrangig geworden – eine Metalllegierung, deren Elemente Kupfer und Zinn schwer zu beschaffen waren und die wegen ihrer relativ weichen Beschaffenheit zwar als Schmuck, aber nur bedingt für Waffen und Rüstungen geeignet war. Eisen war das beliebteste Material der Zeit, und die Etrusker saßen auf großen Lagerstätten.

Sie hatten mehr als nur Eisen im Feuer. Auf der nahen Insel Elba bauten die Rasenna neben Eisen auch Blei und Zinn ab, schifften es zum Festland und verhütteten die Metalle am Fuß des Stadthügels von Populonia zu Waffen, Rüstungen und Handwerksgerät.

Griechen und Etrusker wurden handelseinig. Die Einheimischen bauten das Eisenerz ab, verhütteten es und verkauften es an die Kolonisten, die im Gegenzug mit Waren bezahlten. Ein großes Interesse hatten die Etrusker offenbar an den prachtvollen Luxusgütern der Griechen. Aber neben Statuen, Geschmeide und erlesenen Speisen und Getränken kam auch die griechische Kultur nach Etrurien – und damit ein viel wertvolleres Gut als alle Preziosen Hellas'.

Von ihren Handelspartnern lernten die Etrusker zu schreiben, Wein anzubauen, Statuen zu bosseln, Olivenbäume zu setzen und eine Gesellschaft nach griechischem Vorbild aufzubauen. Fortan gab es in den zwölf etruskischen Städten einen Adel, der seine bequemen Quartiere am höchsten Punkt der Stadt, der Akropolis, bezog – Hierarchie als Importware.

Begeistert von der Fülle der griechischen Kultur scheinen die Etrusker das Savoir-vivre der Griechen regelrecht aufgesogen zu haben. Das wird besonders deutlich am Beispiel der attischen Keramik. Töpfe, Schalen, Becher nach dem Stil Athener Künstler brannten auch in den Töpferöfen der Toskana. Heute sind mehr attische Vasen aus Etrurien bekannt als aus ihrem Ursprungsort Athen. Bezeichnenderweise klassifizieren Archäologen etruskische Keramik heute nach denselben Kriterien wie die griechischen Vorbilder in etruskisch-geometrisch, etruskisch-korinthisch, ionisierend, attisch, großgriechisch oder schwarz gefirnisst. Die Kopisten konnten es mit ihren Vorbildern aufnehmen.

Das galt auch für etruskische Bildhauer. Als Griechen und Etrusker miteinander die ersten Güter tauschten, befand sich die griechische Kunst im Stadium der Archaik. Die in dieser Periode geschaffenen Bildwerke waren noch von steifer, aufrechter Gestalt mit standardisierten Gesichtern. Die Kunst, einen steinernen Körper samt Gliedmaßen bewegt aussehen zu lassen, war noch nicht herangereift. Entsprechend unbeweglich wirken auch die frühen Statuen aus Etrurien, die bisweilen lebensgroßen Plastiken sind Imitate einer benachbarten Kultur – dennoch wirken sie eigenständig. Das liegt vor allem daran, dass die Etrusker ihre Statuen nur selten aus Stein schlugen. Stattdessen formten sie ihre Bildwerke aus gebranntem Ton und Metall. Als die Griechen im 5. Jahrhundert v. Chr. ihren Statuen Leben einhauchten und die vormals parallel nebeneinanderstehenden Beine zu einem Stand- und einem Spielbein umgestalteten, verwandelte sich auch die etruskische Kunst. Der Apoll aus der Etruskerstadt Veji zeigt zwar noch den starren Oberkörper der Archaik, schreitet aber bereits kräftig aus in Richtung Klassik.

Aber der Kulturtransfer aus Griechenland hatte Grenzen. Bei aller Begeisterung für die Errungenschaften griechischer Zivilisation blieben die Etrusker stets sie selbst. Manches Griechische scheint erst lange beargwöhnt worden zu sein, bevor es zaghaft in die etruskische Kultur übernommen wurde. So ist im archäologischen Fundgut erkennbar, dass sich Etrurien dem klassisch-griechischen Stil eine Zeit lang verschloss. Auch entwickelte sich in den zwölf Städten der Rasenna neben griechisch beeinflusster Kunst ein eigenständiger Stil. Er ist noch heute in der schwarzglänzenden Buccherokeramik erkennbar.

48 MENSCHEN UND KULTUREN

Vorbild Hellas: Mit dem „Apoll von Veji" zeigten die Etrusker, wie sehr ihre Bildhauer sich an den Statuen griechischer Jünglinge (Kuroi) orientierten. Waren die Originale noch starr (rechts), gingen die Bildnisse aus Etrurien schon einen Schritt weiter (links).

In einigen Disziplinen waren die Etrusker ihren Handelspartnern aus Hellas haushoch überlegen. So gilt noch heute die Kunst der etruskischen Granulation als unerreicht. Bei dieser Technik der Schmuckherstellung schneidet ein Goldschmied winzige Stücke aus Goldfäden, schmilzt sie zu Kügelchen und klebt diese auf Armreifen, Medaillons oder Halsketten. Etruskisches Granulat erreichte eine Feinheit von unter 0,1 Millimeter. Auf einer Goldfibel, die

Die etruskischen Goldschmiede waren Meister ihres Fachs. Bis heute können ihre Arbeiten ohne technische Hilfsmittel nicht kopiert werden.

in der Grabanlage von Regolini-Galassi in Cerveteri gefunden wurde, sind 120 000 solcher Kügelchen aufgeklebt – eine bis heute unerreichte Leistung. In der Renaissance versuchte sich der berühmte Goldschmied Benvenuto Cellini an der etruskischen Staubgranulation und scheiterte. Bis heute ist es keinem Goldschmied gelungen, ohne Zuhilfenahme elektronischer Feingeräte an die

Leistungen der etruskischen Kollegen heranzureichen. Noch im Kleinsten bewiesen die Etrusker Größe.

Das unterstreicht auch eines der bekanntesten Denkmäler eigenständiger etruskischer Kunst, das trotz seiner Bedeutung nur 57,3 Zentimeter hoch ist. „Ombra della sera", „Abendschatten", nannten die italienischen Archäologen die Bronzestatuette, als sie sie fanden. Der Name erwies sich als so dauerhaft wie das Kunstwerk. Irgendwann zwischen dem 4. und 1. Jahrhundert v. Chr. goss ein Etrusker das Stück in einem Stil, der in der Geschichte der Antike einzigartig ist. Der Name beschreibt, was der Künstler möglicherweise darstellen wollte: eine menschliche Gestalt, vielleicht die eines Kindes, mit verzerrten Proportionen und überlangen Gliedmaßen – dem Schatten eines Menschen bei tief stehender Sonne ähnlich. Zunächst wollten italienische Etruskologen ihren Augen nicht trauen. Sie sprachen dem Schöpfer des „Abendschattens" schlichtweg die Fähigkeit ab, einen Menschen proportionsgerecht darzustellen und stempelten die Statuette als verunglücktes Experiment eines Amateurs ab. Heute weiß es die Forschung besser. In der Toskana sind viele Verwandte der Statue aufgetaucht, alle zeigen die typischen überlangen Gliedmaßen. Der Etruskerexperte Friedhelm Prayon erkennt in der Figur ein Dokument für die Veränderung der Weltanschauung bei den Rasenna: „Nicht der Gleichklang der Körperproportionen ist verbindlich, sondern ein expressives Menschenbild." Dieser antike Expressionismus endete jedoch in einer Sackgasse. Während die Kunst der Griechen sich auch nach der Klassik noch weiterentwickelte und mit dem Hellenismus sogar im Römischen Reich en vogue war, blieben die künstlerischen Ideen der Etrusker stecken, entwickelten sich nicht weiter und fanden auch keine Nachahmer in anderen Regionen oder Ländern. Für die ausdrucksstarken Bildwerke aus Etrurien war die antike Welt noch nicht reif. Die Saat des „Abendschattens" ging erst im 20. Jahrhundert auf, als der schweizerische Bildhauer Alberto Giacometti Skulpturen mit dünnen, überlangen Proportionen formte. Von der „Ombra della sera" will Giacometti nie zuvor gehört haben.

„Ombra della sera", Abendschatten, heißt eine etruskische Statuette, die in der toskanischen Stadt Volterra gefunden wurde.

DIE ETRUSKER **53**

Die Figuren des schweizerischen Künstlers Alberto Giacometti sind den etruskischen Statuetten ähnlich. Zwischen den Bildwerken liegen 2500 Jahre.

54 MENSCHEN UND KULTUREN

Dekadenz und Zahnersatz

Auch den Handel über den Seeweg, ein weiteres Erbe der Griechen, entwickelten die Etrusker weiter und trieben Geschäfte an allen Küsten des Mittelmeeres. Noch heute finden Archäologen etruskische Waren in Frankreich, Kleinasien, der Levante und Ägypten. Entsprechend wenig verwundert es Forscher, in etruskischen Gräbern den Tauschwert für die Exportgüter zu finden: Fayencen der Ägypter, Gold der Phöniker, Bernstein von der Ostsee. Etruskische Segel dominierten den mediterranen Horizont, bisweilen wurde es den konkurrierenden seefahrenden Völkern zu viel und sie begannen, die etruskischen Kaufmänner als Diebe zu verunglimpfen – eine in der Geschichte oft wiederholte Praxis. Vielerorts galten Etrusker fortan als Piraten.

Die Kaufleute aus der Toskana mag das kaum gestört haben. Sie waren erfolgreich und lebten in ihren zwölf Städten in Saus und Braus. Einzig, wenn die Konkurrenz zu frech wurde, ließen auch die sonst friedliebenden Rasenna die durchaus vorhandenen Muskeln spielen.

Auch davon erzählt Herodot: Der Historiker überliefert die Geschichte der Phokäer, einer Gruppe von Griechen, die in Kleinasien lebten. Als die Perser im 6. Jahrhundert v. Chr. die Herrschaft über die griechischen Städte an der Küste der heutigen Türkei an sich rissen, flohen die Phokäer aus dem Krisengebiet. Phokäische Flüchtlinge landeten an vielen Küsten des Mittelmeers, einige auf Korsika. Die Insel schien gut geeignet, um den Vertriebenen als Heimat zu dienen – allerdings lag sie vor der Haustür der Etrusker. Die schauten von der Küste des Tyrrhenischen Meeres aus der Entwicklung auf Korsika eine Weile zu. Als die Griechen dort aber immer erfolgreicher Handel trieben, wurde es den Rasenna zu bunt. Ein angeblicher Überfall der Phokäer auf etruskische Kauffahrer lieferte den Grund zum Angriff. Im Jahr 540 v. Chr. fuhren 120 etruskische und verbündete karthagische Schiffe ins Sardische Meer und machten mit der Flotte der Phokäer kurzen Prozess. Die anschließende Steinigung der gefangenen Phokäer in Caere zeigt,

Das Leben als Fest: Auf Wandbildern in ihren Gräbern hielten die Etrusker fest, wie üppig sie zu feiern gewusst hatten; Grab aus Tarquinia.

wie wenig verbunden sich die Etrusker den Griechen noch fühlten. Etrurien war auf dem Höhepunkt seiner Macht angelangt.

Die Gelage, die in dieser Zeit auf den Hügeln der Toskana veranstaltet wurden, waren sogar den feierfreudigen Griechen zu wild. Der griechische Autor Theopompos rümpfte angesichts der sexuellen Ausschweifungen der Etrusker die Nase und klagte im 4. Jahrhundert v. Chr. über die Lottersitten der nördlichen Nachbarn. Die ließen es sich noch recht lange gut gehen. Noch im 1. Jahrhundert v. Chr. berichtet der Grieche Poseidonios, ein Lehrer des Cicero, dass sich zwischen Tiber und Arno in den vergangenen 200 Jahren wenig verändert habe. Belege dafür hinterließen die Etrusker in ihren Gräbern. Die dort erhaltenen prächtigen Wandmalereien zeigen, wie üppig die Bestatteten zu feiern verstanden, wie sie sich von Gauklern unterhalten ließen und sich die Zeit mit der Jagd vertrieben.

Rom mag neidisch nach Norden geblickt haben. Während sich die Römer mit Kriegen gegen innere und äußere Feinde zur Wehr

56 MENSCHEN UND KULTUREN

setzen mussten, wurden die Etrusker durch ihren meist friedlichen Handel immer reicher. Sogar in der Wissenschaft legten die nördlichen Nachbarn einen Zahn zu. Wie eine Entdeckung aus dem Jahr 2000 zeigte, waren die Rasenna die besten Zahnärzte der Antike. Sie kannten den Zahnersatz und hatten die medizinische Technik bereits perfektioniert. Ein italienisches Wissenschaftlerteam, bestehend aus dem Anthropologen Gaspare Baggieri, dem Physiker Giovanni Gigante und dem Chemiker Pino Guida, nahm etruskischen Zahnersatz unter die Lupe und analysierte seine Zusammensetzung. Wie sich herausstellte, ähnelten die dritten Zähne Etruriens jenen Prothesen, die in Europa in den 1940er- und 1950er-Jahren getragen wurden. Baggieri: „Die Etrusker benutzten eine unserer Zeit nicht unähnliche Legierung aus Gold, Silber und Kupfer in fast genau der Zusammensetzung, die heute von den internationalen Gesundheitsorganisationen empfohlen wird."

Kein Wunder also, dass sich die Römer an Etrurien die Zähne ausbissen. Der Hartnäckigkeit der Tiberrepublik aber gaben schließlich auch die Mauern der Etruskerstädte nach. Um die erste etruskische Stadt, Veji, zu erobern, brauchten die Römer noch zehn Jahre. Danach brachen die Dämme. 264 v. Chr. fiel Volsinii in die Hand Roms. Damit verloren die Etrusker ihr zentrales Heiligtum, das dem Gott Voltumna geweiht war. Erst vor wenigen Jahren glückte Archäologen die Entdeckung der Überreste jenes sakralen Ortes im heutigen Orvieto. Noch bis 90 v. Chr. rangen die beiden Kulturen miteinander, danach erhielten alle Etrusker das römische Bürgerrecht. Etrurien als Region mit eigenständigem Charakter hörte auf zu existieren.

Keineswegs aber bemächtigten sich die Römer nun des Gebietes und beuteten es aus. Vielmehr ließen die Herrscher vom Tiber das Land der Etrusker verkommen. Davon erzählen die Rückstände in den etrurischen Schmelzöfen. Vor Populonia rauchten einst einige Dutzend dieser Anlagen, um Erz auszuschmelzen. Aus der Zeit, in der die Etrusker reich und mächtig waren, sind Schlacken überliefert, in denen kaum Eisenrückstände zu finden sind. Die

Schmiede arbeiteten so sorgfältig, dass sie jedes Quäntchen Eisen aus dem Erz herausholten. Unter der Herrschaft der Römer änderte sich das. So mussten die etrurischen Hochöfen vor allem im 1. Jahrhundert v. Chr. im Akkord arbeiten, um Waffen für den Afrikafeldzug des römischen Feldherrn Scipio herzustellen. Die Schlacken Populonias, die diesem Zeitraum zugeordnet werden können, weisen große Mengen Eisenrückstände auf. Die Kunst der Eisenverhüttung hatte bei den Etruskern ihren Zenit überschritten.

Auch die Landschaft verfiel. Waren die Rasenna zuvor stets darum bemüht gewesen, Sümpfe und Flussmündungen zu regulieren, hatten die neuen Herren kein Interesse daran, Etrurien weiterhin als blühende Landschaft am Leben zu halten. Die Täler versumpften. Die Geschichte kehrte sich um: Als Etrurien reich geworden war, war Rom noch eine Sumpfsiedlung gewesen. Jetzt stand den Etruskern der Morast bis zum Hals. Als die Völkerwanderung im 5. Jahrhundert n. Chr. plündernde Horden in die Region spülte, warnten die Chronisten der Barbaren, die Gegend sei ein trostloses, unwirtliches und ungesundes Land. Das Geheimnis um die Herkunft der Etrusker war zu dieser Zeit bereits in den Malariasümpfen Etruriens untergegangen.

Verräterische Kühe

Erst 2007, die rätselhafte Kultur war seit 2100 Jahren untergegangen, entdeckten Genetiker aus Italien und den USA, wer die Etrusker wirklich waren. Das Rätsel, an dem sich Generationen von Historikern, Archäologen und Linguisten die Zähne ausgebissen hatten, löste nun ein Biologenteam. Die Naturwissenschaftler entschieden sich dafür, der Theorie des Herodot auf den Zahn zu fühlen. Dessen Berichte stammen zwar aus dem 5. Jahrhundert v. Chr. und sind gespickt mit Anekdoten, trotzdem gilt Herodot unter Altertumswissenschaftlern als erstaunlich gut informiert, wenn es um die Geschichte des Mittelmeerraums geht. Das konnte das italienisch-amerikanische Biologenteam bestätigen. Die Mitglieder verfolgten die Spur Herodots nach Lydien und fanden Kühe.

58 MENSCHEN UND KULTUREN

Die Spuren der Etrusker waren in der DNA von Rindern erkennbar. Das ergaben Proben von Tieren aus der Toskana, die anschließend mit dem Erbgut von Artgenossen aus Europa, dem Nahen Osten und Afrika verglichen wurden. Tatsächlich war eine bestimmte Sequenz der mitochondrialen DNA nur in toskanischen Rindern und in jenen aus dem Nahen Osten vorhanden. Demnach war die Herkunft der Tiere aus Lydien möglich.

Was für die Verwandtschaft von Rindern möglich war, sollte auch bei Menschen funktionieren. Eine Genanalyse heutiger Einwohner der Toskana und ein Blick ins Erbgut moderner Anatolier offenbarte tatsächlich Parallelen – Verwandtschaft nicht ausgeschlossen. Zwar ist damit noch nicht bewiesen, dass die Wiege der Etrusker tatsächlich im Vorderen Orient stand, aber die Indizien sprechen eine deutliche Sprache. Einwohner Griechenlands und der Balkanhalbinsel tragen die charakteristischen Genmarker jedenfalls nicht. Damit scheint ausgeschlossen, dass die Etrusker mit diesen Völkern in der Antike überhaupt Berührung hatten. Das wiederum passt zur Seefahrer-Theorie. Wenn sich die Ahnen der Etrusker über das Meer von der Küste Kleinasiens aus eingeschifft haben sollten, werden sie unterwegs kaum mit anderen Gruppen in Kontakt getreten sein. Eine Völkerwanderung auf dem Landweg hingegen hätte deutlichere Spuren hinterlassen. So aber blieben die Etrusker unter sich.

STÄDTE UND PALÄSTE

Einst Metropolen, heute Ruinen – die großen Städte der Frühgeschichte und Antike sind vom Erdboden verschwunden. In den Überresten liegt die Geschichte ganzer Reiche verborgen. Die ersten Siedler des späteren Rom bauten Pfahlhäuser und lebten in der Eisenzeit, eine jüngst entdeckte Grotte aber belebt die uralte Legende von Romulus und Remus neu. Seit 100 Jahren graben Archäologen Troja aus, möglicherweise aber lag die antike Stadt gar nicht bei den Dardanellen, sondern in der Südtürkei. Jericho, die älteste Stadt der Welt, fiel angeblich einem Krieg zum Opfer, bei dem auch die Mauern einstürzten. Wie sich jedoch herausstellte, waren keine göttlichen Posaunen im Spiel, sondern ein Erdbeben.

Jericho

... und die Mauern stürzten ein. Die biblische Gestalt Josua soll durch die Kraft Gottes und den Schall von sieben Widderposaunen die Mauern der Stadt Jericho zum Einsturz gebracht haben. Jericho hat tatsächlich existiert und war einst von hohen Wällen umgeben. Als Archäologen die Stadt entdeckten, gruben sie auch eine gewaltige Mauer aus. Teile des Bollwerks waren eingestürzt. Was ist wahr an der Erzählung aus dem Alten Testament?

60 STÄDTE UND PALÄSTE

Die Bibel erzählt die Geschichte vom Fall Jerichos im Buch Josua. Nach dem Auszug aus Ägypten erreichen die Israeliten endlich das Gelobte Land. Ihr Ziel ist Jerusalem. Zuvor aber gibt Gott den Befehl, Jericho zu erobern. Kurz darauf stehen die Einwanderer vor der Stadt am Jordan:

„Jericho aber war verschlossen und verwahrt vor den Israeliten, sodass niemand heraus- oder hineinkommen konnte. Aber der Herr sprach zu Josua: ‚Sieh, ich habe Jericho samt seinem König und seinen Kriegsleuten in deine Hand gegeben. Lass alle Kriegsmänner rings um die Stadt herumgehen einmal, und tu so sechs Tage lang. Und lass sieben Priester sieben Posaunen tragen vor der Lade her, und am siebenten Tage zieht siebenmal um die Stadt, und lass die Priester die Posaunen blasen. Und wenn man die Posaune bläst und es lange tönt, so soll das ganze Kriegsvolk ein großes Kriegsgeschrei erheben, wenn ihr den Schall der Posaune hört. Dann wird die Stadtmauer einfallen, und das Kriegsvolk soll hinaufsteigen, ein jeder stracks vor sich hin.‘ [...] Als Josua das dem Volk gesagt hatte, trugen die sieben Priester sieben Posaunen vor der Lade des Herrn her und gingen und bliesen die Posaunen, und die Lade des Bundes des Herrn folgte ihnen nach. Und die Kriegsleute gingen vor den Priestern her, die die Posaunen bliesen, und das übrige Volk folgte der Lade nach, und man blies immerfort die Posaunen. [...] So taten sie sechs Tage. Am siebenten Tage aber, als die Morgenröte aufging, machten sie sich früh auf und zogen in derselben Weise siebenmal um die Stadt; nur an diesem Tag zogen sie siebenmal um die Stadt. Und beim siebenten Mal, als die Priester die Posaunen bliesen, sprach Josua zum Volk: ‚Macht ein Kriegsgeschrei! Denn der Herr hat euch die Stadt gegeben. Aber diese Stadt und alles, was darin ist, soll dem Bann des Herrn verfallen sein. [...] Aber alles Silber und Gold samt dem kupfernen und eisernen Gerät soll dem Herrn geheiligt sein, dass es zum Schatz des Herrn komme.‘ Da erhob das Volk ein Kriegsgeschrei, und man blies die Posaunen. [...] Da fiel die Mauer um, und das Volk stieg zur Stadt hinauf, ein jeder stracks vor sich hin. So eroberten sie die Stadt und vollstreckten den Bann an allem, was in der Stadt war, mit der

Darstellung der Einnahme Jerichos von Raffaello Santi 1515, Vatikan.

Schärfe des Schwerts, an Mann und Weib, Jung und Alt, Rindern, Schafen und Eseln."

Sesshaft im Bienenkorb

Heute ist Jericho eine Ruinenstätte, ein Dokument frühen Städtebaus und Zeugnis einer untergegangenen Kulturgruppe. Den Menschen am Jordan gelang es vermutlich als ersten auf der Welt, eine Stadt zu bauen – jedenfalls kennt die Archäologie bis heute keine Belege für ältere Anlagen dieser Größe.

Als die Siedler im Westjordanland im späten 9. Jahrtausend v. Chr. die ersten Lehmziegel aufeinanderschichteten, hatte der Ort vermutlich schon Tradition. Die Stadt entstand an einer fruchtbaren Oase, die schon ein Jahrtausend zuvor Jäger und Sammler dazu verleitet haben könnte, das Leben als Nomaden aufzugeben und sich an der fruchtbaren Stelle niederzulassen.

62 STÄDTE UND PALÄSTE

In dieser Periode der Geschichte begann die Jungsteinzeit. Der Mensch entdeckte Hausbau, Ackerbau, Keramik, Viehzucht, Vorratshaltung. Diese Umwälzungen veränderten das Leben. Aus nicht sesshaften Jägern wurden ortsansässige Bauern. Es dauerte mehr als 5000 Jahre, bis sich die neue Lebensweise über Südosteuropa bis nach Skandinavien verbreitet hatte.

Jene Oase in der Levante füllte sich allmählich mit Menschen, die sich von den Vorteilen der Sesshaftigkeit überzeugen wollten – und blieben. Wasser, fruchtbarer Boden und die Sicherheit einer großen Gemeinschaft waren Hunderten Neugieriger Anreiz genug, das Nomadenleben aufzugeben. Sieben Kilometer von den Ufern des Jordans entfernt wuchs in kurzer Zeit eine der größten Lebensgemeinschaften der damaligen Welt heran.

Bereits um 8000 v. Chr. zählte Jericho zwei- bis dreitausend Einwohner. Gemessen an den schätzungsweise sechs Millionen Menschen, die weltweit zu Beginn des Neolithikums lebten, entspricht das dem Verhältnis der Einwohnerzahl Berlins zur Weltbevölkerung im November 2010.

In Jericho wohnten die Menschen in bienenkorbartigen Rundhäusern von vier bis sechs Metern Durchmesser, errichtet aus luftgetrockneten Lehmziegeln. Bei dieser Bautechnik vermengten die Architekten der Jungsteinzeit feuchte Tonerde mit Stroh und formten aus dem Gemenge Quader, die sie in der Sonne trockneten. Die Oberflächenstruktur und Restfeuchtigkeit des Baumaterials erlaubte es, die Ziegel ohne weitere Bindemittel aufeinanderzuschichten. Das funktionierte bis in Höhen über zehn Meter. Allerdings barg die Bauweise einen Nachteil: Die Ziegel waren nicht wasserfest. Regnete es anhaltend oder trat der Jordan über die Ufer, weichte der Lehm auf, die Ziegel brachen auseinander und die Häuser mussten neu errichtet werden. Dennoch war die Bautechnik so erfolgreich, dass sie noch Jahrtausende später die Ägypter anwendeten. Im Delta des Nils riss das Hochwasser des großen afrikanischen Stroms ägyptische Siedlungen in der Pharaonenzeit ebenso nieder wie noch zu Beginn des 20. Jahrhunderts.

Wasser war auch in Jericho oft mehr Fluch als Segen. Bei Ausgrabungen in der Ruinenstätte stellten Archäologen fest, dass die Eingänge der Häuser erhöht lagen. Stufen führten ins Hausinnere und sorgten für trockene Füße, wenn der Jordan über die Ufer trat. Aber die Natur war nicht der einzige Feind, gegen den sich die Einwohner Jerichos zur Wehr setzen mussten.

Mauerfall der Jungsteinzeit

War die Entdeckung Jerichos 1867 bereits eine Sensation, erlaubte doch erst die Grabungskampagne der Britin Kathleen Kenyon zwischen 1952 und 1961 Einblicke in das Leben in der Stadt – und sorgte für Staunen in der Geschichtsforschung. Kenyon entdeckte: Schon in der Jungsteinzeit war Jericho befestigt gewesen. Eine Mauer, vermutlich die älteste der Welt, hatte die Siedlung umzogen. Die Forscherin stieß auf die Überreste eines monumentalen Bauwerks von 1,75 Metern Breite und mindestens drei Metern Höhe – die Archäologin schätzte dieses Maß anhand der höchsten überlieferten Stellen. Es ist anzunehmen, dass die Mauer ursprünglich noch höher war, vielleicht ragte sie bis zu sieben Meter in die Höhe. Teile der Mauer waren eingestürzt. Entsprach der Mythos der Bibel der Wahrheit?

Das Bollwerk war aus demselben Baustoff errichtet wie die Bienenkorb-Hütten: aus luftgetrockneten Lehmziegeln. Deshalb mochten die Spuren von Ausbesserungen, die die Ausgräber an den Mauerresten entdeckten, ihre Ursache in Wasserschäden gehabt haben. Andererseits war es auch möglich, dass Feinde die Stadt angegriffen und belagert hatten und die Mauer noch immer die Narben der Kämpfe trug.

Weitere Ausgrabungen sollten Aufschluss geben. Am Fuß der Befestigung kamen weitere Elemente der Wehranlage zutage. Vor der Mauer verlief ein Graben um Jericho, der einen Sturm auf die Stadt zu einem fast aussichtslosen Unterfangen hatte werden lassen. Gräben dieser Art sind auch von anderen Bauwerken des Neolithikums bekannt, den sogenannten Erdwerken, die in großen

64 STÄDTE UND PALÄSTE

Der Fuß eines Turms ist noch erhalten. Es könnte sich um einen Wachturm oder ein Sonnenobservatorium handeln.

Teilen Europas zu finden sind und vermutlich als Fluchtburgen dienten. Allerdings fehlen diesen Erdwerken Mauern und gegenüber der monumentalen Anlage von Jericho wirken sie geradezu winzig. Der Graben im Jordanland war acht Meter breit und zwei Meter tief. Der Boden bestand in Teilen aus Fels, in den die Vertiefung hineingeschlagen werden musste. Die Ausschachtungen dauerten vermutlich mehrere Jahre. Möglicherweise erschwerten zugespitzte Pfähle auf dem Grund des Grabens das Überqueren – eine Schutzmaßnahme, die im archäologischen Befund allerdings nicht mehr erkennbar ist.

Ein weiterer Beleg für die Vorsicht der Menschen von Jericho scheint ein Wachturm zu sein, dessen Überreste sich im Schutt der Stadt 10 000 Jahre lang erhalten haben. Er hat die Form eines Kegelstumpfes und erhebt sich heute in seiner zerbrochenen Gestalt mit immerhin noch acht Metern Höhe und neun Metern Durchmesser über den Ruinen. Möglicherweise ragte der Turm noch einige Meter weiter hinauf, über die Mauerkrone, und erlaubte von einer ebenfalls nicht erhaltenen Plattform den Blick auf die Jericho umgebende Landschaft – der erste Wolkenkratzer der Geschichte.

Der Turm muss kein Einzelfall gewesen sein. Jericho breitete sich über eine Fläche von drei Hektar aus. Um eine so große Stadt zu sichern, waren mehrere Wachtürme notwendig. Dafür spricht auch die Verbindung von Turm und Mauer, die ein geschlossenes Befestigungssystem ergaben – auch dieses Prinzip tauchte im Westjordanland zum ersten Mal in der Geschichte auf und war bereits so perfekt durchdacht, dass es später noch in der Neuzeit beim Bau von Burgen und Schlössern Anwendung fand.

Von Erdbeben und göttlichen Trompeten

Mauer, Turm und Graben – Jericho scheint auf Angreifer vorbereitet gewesen zu sein. Ereignisse wie der Einzug der Israeliten ins Gelobte Land haben sich in der Geschichte hundertfach wiederholt. Er beschreibt eine typische Landnahmesituation: Nahrungsmangel, Verfolgung oder Verdrängung treibt eine Gruppe Menschen aus ihrem angestammten Gebiet. Erreichen die Auswanderer eine Sicherheit versprechende Region, müssen sie sich mit der dort ansässigen Bevölkerung auseinandersetzen. Das kann durch friedliche Assimilierung geschehen oder durch Unterdrückung, Auslöschung oder Vertreibung einer der beiden Gruppen. Europa erlebte Prozesse dieser Art während der Völkerwanderungszeit so

66 STÄDTE UND PALÄSTE

intensiv, dass die meisten ethnischen und politischen Gefüge von Skandinavien bis Nordafrika zusammenbrachen beziehungsweise neu entstanden.

Wann die Israeliten vor Jericho gestanden haben könnten, weiß niemand genau. Die Bibel nennt keine Daten. Historiker haben versucht, anhand der im Alten Testament genannten Persönlichkeiten zu errechnen, wann die Flucht aus Ägypten begann und wann sie im Gelobten Land endete. Schätzungen deuten auf das 14. oder 13. Jahrhundert v. Chr. Das stimmt zwar in etwa überein mit den alten Datierungen der historischen Schichten Jerichos. Doch neue Untersuchungen haben gezeigt, dass die Stadt bereits im 16. Jahrhundert v. Chr. untergegangen sein muss. Wer trotzdem noch an den Einfall der Israeliten als Ursache für die Zerstörung der Stadt glaubt, rechnet mit vielen Unbekannten.

Die Jungsteinzeit war zu diesem Zeitpunkt lange vorüber und es herrschten unruhige Zeiten: Troja ging in diesem Abschnitt der Geschichte unter, Horden seefahrender Krieger fielen aus der Ägäis kommend über die großen Reiche des Altertums her, Ägypten konnte sich ihrer nur mit Mühe erwehren, die Hethiter gingen beim Kampf gegen die Seevölker in die Knie und waren anschließend für ihre Gegner leichte Beute. Ein Stamm namens Peleset ließ sich im östlichen Mittelmeerraum nieder, erscheint als Philister in der Bibel und stand Pate für das Land Palästina. Viele dieser Ereignisse können die gewaltsame Zerstörung Jerichos ausgelöst haben. Die eingestürzten Wehranlagen und Häuser im Jordantal sprachen Bände. Doch am 11. Dezember 1997 erhob sich auf der Herbsttagung der American Geophysical Union der Geophysiker Amos Nur, betrat das Podium und erzählte eine ganz andere Geschichte.

Nur kannte die meisten Ruinen in Griechenland und Israel. Überall hatte er die Hinterlassenschaften alter Kulturen studiert, die in der Bronzezeit zerstört worden waren. Eingestürzte Mauern als Untersuchungsobjekte gab es viele. Die meisten wiesen eine Gemeinsamkeit auf: Sie waren auf einer langen Strecke gleichzeitig zusammengestürzt und hatten dabei Menschen unter sich begraben. Die Toten trugen oft noch Schmuck, bisweilen sogar goldene Artefakte bei sich. Amos Nur meint, dass ein kriegerisches Heer solche Schätze nicht liegen gelassen hätte.

Krieg, so der Geophysiker, war vermutlich nicht der Grund für den Einsturz all dieser Mauern gewesen. Vermutlich seien viel größere Kräfte am Werk gewesen: Erdbeben.

Tatsächlich liegen viele zerstörte Städte der Bronzezeit in Erdbebenregionen. Auch Jericho stand auf einer tektonischen Spalte. Der Befund der Mauern scheint die Theorie von Amos Nur zu belegen. Auch Jerichos Bollwerk war über eine weite Strecke eingestürzt. Der Angriff eines Feindes hätte die Mauer aber nur punktuell beschädigt. Zudem lagen die meisten Ziegel der Mauer außerhalb der Stadt. Eine Armee, die die Wehranlage berannt hätte, hätte die Steine nach innen drücken müssen. Für die Theorie des Amos Nur sprechen mehr Indizien als für die Legende von Krieg und Posaunen. Aber die Überlebenden der Katastrophe von Jericho mögen ein schweres Erdbeben als gottgewolltes Ereignis interpretiert und Berichte entsprechend ausgeschmückt haben.

Andere Wissenschaftler stoßen ins selbe Horn. Eine Theorie aus dem Jahr 2010 spricht dem Turm jede Funktion als Wehranlage ab und sieht ihn durchaus als Einzelerscheinung des Neolithikums. Ran Barkai, Archäologe an der Universität Tel Aviv, versuchte, der Turmruine mithilfe einer Computerrekonstruktion ihre ursprüngliche Gestalt wiederzugeben. Die daraus resultierende Form und Lage des Turms führte den Wissenschaftler zu dem Schluss, dass der höchste Punkt des Turms den Stand der Sonne am Tag der Sommersonnenwende markierte. An diesem Tag sank die Sonne hinter einem nahen Berg und der Bergschatten fiel exakt auf den Turm, um sich von dort über die gesamte Stadt auszudehnen. Barkai: „In jenen Tagen begannen Hierarchien und Regentschaften. Wir glauben, dass dieser Turm ein Mechanismus war, der die Menschen an ein Gemeindeleben glauben lassen sollte."

Israel Finkelstein von der Universität Tel Aviv und Experte in Bibelarchäologie kennt alle Theorien über Jericho: „Es hat in den vergangenen Jahren viele Meinungen dazu gegeben, einige Forscher halten die monumentale Anlage Jerichos für ein Meisterstück

68   STÄDTE UND PALÄSTE

steinzeitlicher Propaganda, andere glauben, dass etwa der Graben
nicht Angreifer abhalten, sondern Hochwasser auffangen sollte."
Propaganda meint Finkelstein auch im Alten Testament entdeckt
zu haben. Die Heilige Schrift berichtet, wie Josua nicht nur Jericho,
sondern viele andere Städte auf einem gottgewollten Eroberungs-
zug einnahm. Israel Finkelstein hat diese Orte untersucht: „Die
meisten Städte, die im Alten Testament genannt werden und die
zu den Eroberungen Josuas zählen sollen, waren in der späten
Bronzezeit überhaupt nicht mehr bewohnt. Es war nichts mehr da,
was sich zu erobern gelohnt hätte."

Troja

Wühlen nach Wahrheit: Seit 1870 graben sich Forscher durch den
Hügel Hisarlik in der Türkei. Sie suchen Troja, jene Stadt, der der
Dichter Homer mit seinem Epos „Ilias" Unsterblichkeit eingehaucht
hat. Dass Troja existiert hat, darüber ist sich die Wissenschaft heute einig. Die entscheidenden Fragen aber sind: Wo? Stand einst vor
den Toren der anatolischen Siedlung tatsächlich das hölzerne Pferd
des Odysseus, das der Stadt das Verderben brachte? Oder war Homers Troja nur ein Traum?

Homer schrieb im 8. Jahrhundert v. Chr. In seiner Versdichtung
„Ilias" erzählt der angeblich blinde Dichter vom Kampf der Griechen gegen die Troer in einem zehn Jahre währenden Krieg. Aber
Homer liefert nur einen Ausschnitt der Ereignisse. Kein Wort verliert er über das hölzerne Pferd, über den Fall Trojas, die Flucht
des Aeneas. Auch über die Ursache des Krieges schweigt sich Homer aus, allenfalls in Nebensätzen verweist der Urvater der europäischen Literatur auf jene Ereignisse, die zur Belagerung Trojas
führten. Den Zeitgenossen Homers mag die Geschichte hinlänglich
bekannt gewesen sein.

Alles beginnt mit einem Wettstreit unter Göttern. Paris, Sohn
des trojanischen Königs Priamos, wird von der Göttin Aphrodite
bestimmt, Schiedsrichter in einem Wettstreit auf dem Olymp zu

sein. Auf dem Sitz der Götter kriselt es: Die Göttinnen Athene, Hera und Aphrodite halten ihre Schönheit für die jeweils größte. Um Miss Olymp zu küren, sucht Götterbote Hermes einen Unparteiischen. Dieser Schiedsrichter soll Paris sein. Bevor der Trojaner aber eine Entscheidung fällen kann, versuchen ihn die Göttinnen zu bestechen. Hera verspricht Macht, Athene Ruhm und Aphrodite die Liebe der Helena, der schönsten Sterblichen auf Erden. Paris entscheidet sich für das Angebot Aphrodites, wählt die Göttin zur Schönsten und reist nach Sparta, um sich seinen Preis abzuholen. In dieser Stadt lebt die schöne Helena.

Unglücklicherweise ist die Braut bereits vergeben. Ihr Ehegatte ist Menelaos, König von Sparta. Paris missbraucht die Gastfreundschaft des Königs und entführt dessen Frau.

Menelaos tobt. Außer sich vor Wut und Eifersucht sucht er Hilfe bei seinem Bruder Agamemnon, dem König von Argos und einem der mächtigsten Männer Griechenlands. Agamemnon kann Menelaos zunächst besänftigen. Boten machen sich auf den Weg nach Troja, um die Herausgabe Helenas zu fordern. Aber die Diplomatie versagt. Die Troer bleiben stur, die Griechen greifen zu den Waffen.

Eine gewaltige Flotte sticht von Griechenland aus in See Richtung Troja. Viele berühmte Helden schließen sich dem Feldzug an, darunter der für seine Listen berüchtigte Odysseus, der fast unbezwingbare Achill, Aias, Diomedes, Idomeneus, Nestor – was Rang und Namen hat in der griechischen Mythologie, ist an Deck versammelt. Den Helden zur Seite steht Göttin Hera, die auf Rache sinnt für die Schmach, die ihr Aphrodite und Paris bereitet haben. Homer nennt 100 000 Mann in 1186 Schiffen, die vor der Küste Kleinasiens auftauchen.

Troja erweist sich als uneinnehmbares Bollwerk. Das vereinigte Griechenheer berennt die Mauern vergebens. Eine lange Belagerung beginnt. Um den Trojanern die Ressourcen zu nehmen, plündern und zerstören die Griechen alle Siedlungen im Umland. Aber ständige Unterstützung aus ganz Kleinasien rettet Troja vor der Kapitulation. Zehn Jahre dauert der Kampf um die Stadt. Dann

70 STÄDTE UND PALÄSTE

inspiriert Athene den Helden Odysseus zu der berühmten List mit dem hölzernen Pferd. Die Belagerten lassen sich täuschen und ziehen das Pferd in die Stadt – in der Annahme, es handele sich um ein Weihegeschenk der abrückenden Griechen. Nachts schleichen die im Pferdebauch versteckten Helden durch die Stadt und öffnen die Tore. Troja fällt.

Nur 51 Tage des Geschehens liefern den Hintergrund für die Ilias des Homer. Zwar ist der Krieg Motor der Handlung, aber er bleibt stets Kulisse. Das Thema der Ilias ist der Zorn des Achill, der sich bei der Beuteverteilung von Agamemnon hintergangen fühlt. Über dieses Motiv transportiert Homer epochale Fragen: Was macht einen Menschen aus? Ist ein Mann von Adel einem einfachen Krieger gleichwertig? Welche Rolle spielen individuelle Bedürfnisse gegenüber den Belangen der Gruppe? An diesen Themen und ihren Spielarten versuchten sich alle literarischen Größen der folgenden Jahrtausende. Bis heute hat niemand eine Antwort gefunden. Troja selbst blieb ein Mythos – bis ein deutscher Kaufmann die Stadt entdeckte.

Mit Dynamit durch Trojas Mauern

Als der Knabe Heinrich Schliemann um 1830 in einem Band griechischer Sagen blätterte, stieß er auf einen Kupferstich, der sein Leben prägen sollte. Auf dem Bild floh Aeneas aus dem brennenden Troja. Der Kupferstich traf den achtjährigen Heinrich ins Herz. Fortan verschlang er alles, was er zu Troja finden konnte. Bald fand er heraus: Niemand wusste, wo die Stadt einst gelegen hatte. Dieses Rätsel zu lösen, wurde zu Heinrich Schliemanns Lebensaufgabe.

Doch bis dahin war es ein weiter Weg. Schliemann erlernte den Beruf des Kaufmanns. Im kalifornischen Goldrausch und im Krimkrieg verdiente der Mecklenburger die erste Million, bevor er 30 Jahre alt war. Dann zog sich Schliemann aus dem Geschäftsleben zurück. Er hatte genug Geld, um seinen Traum zu verwirklichen. 1870 reiste er an die Dardanellen, um Troja zu finden.

Wie viele Körnchen Wahrheit steckten in den uralten Texten Homers? Heinrich Schliemann glaubte seinem antiken Dichter jedes Wort. Er nahm die Landschaftsbeschreibungen wörtlich und prüfte jeden Ort der Ilias persönlich.

Die entscheidende Beschreibung las der Hobbyforscher im XXII. Gesang der Ilias, Vers 147–152:

„Und sie erreichten die zwei schönsprudelnden Quellen,
    woher sich
Beide Bäche ergießen des wirbelnden Skamandros.
Eine rinnt beständig mit warmer Flut, und unter ihr
Wallt aufsteigender Dampf, wie der Rauch des brennenden Feuers;
Aber die andere fließt im Sommer auch kalt wie der Hagel,
Oder des Winters Schnee, und gefrorene Schollen des Eises."

Diesen Text hatten viele Forscher vor Schliemann gelesen und auf unterschiedliche Weise interpretiert. Nach geläufiger Gelehrtenmeinung sollte Troja in der Nähe des Dorfes Bunarbaschi liegen, in dessen Nähe zwei Quellen sprudelten. Schliemann stattete dem Dorf einen Besuch ab und stellte fest: Die Stätte lag drei Stunden von der Küste entfernt. Damit konnte Bunarbaschi unmöglich Troja sein, denn die Helden Homers waren mehrmals täglich in voller Rüstung von den Schiffen zur belagerten Stadt gelaufen. Überdies zählte der Deutsche nicht zwei, sondern 40 Quellen in der Region, die deshalb auch „Die vierzig Augen" genannt wird. Troja musste andernorts gefunden werden.

An diesem Punkt ließ Schliemann die Meinungen anderer Forscher endgültig hinter sich und folgte konsequent dem einzigen Gewährsmann, dem er vertraute: Homer. Von Bunarbaschi waren es zweieinhalb Stunden Fußweg zur Küste. Dort fand Heinrich Schliemann seinen Schicksalsberg.

Der Hügel von Hisarlik lag nur eine Stunde von der Küste entfernt und damit in Reichweite der angelandeten griechischen Flotte. Auf der Kuppe erstreckte sich ein viereckiges, ebenes Plateau von 233 Metern Seitenlänge – ausreichend Platz für eine Burg von

72 STÄDTE UND PALÄSTE

Heinrich Schliemann, der Entdecker Trojas. Rechts: Schliemanns Frau Sophie mit dem Schatz des Priamos.

den Ausmaßen, wie sie Homer beschrieb. Nur die beiden Quellen fehlten.

Aber für dieses Phänomen fand Heinrich Schliemann eine Erklärung. Der Boden war vulkanischen Ursprungs. Das erklärte zum

einen die Wärme der einen Quelle, zum anderen ihr Verschwinden. Der US-Amerikaner Frank Calvert, dem ein Teil des Hügels von Hisarlik gehörte, hatte bei seinen Besuchen beobachtet, wie Quellen in dem vulkanischen Boden erschienen und wieder verschwun-

74 STÄDTE UND PALÄSTE

den waren. Zudem flossen der Skamandros und der Simoeis nahe des Hügels.

Noch einmal verglich Schliemann Hisarlik mit dem Text der Ilias. Homer lässt beim Kampf zwischen Hektor und Achill die beiden Helden um den Fuß der Burg rennen. Die Recken „kreisten dreimal um Priamos Feste". Schliemann umrundete den verdächtigen Hügel selbst. Während bei Bunarbaschi die Abhänge des mutmaßlichen Hügels zu steil waren, um darauf zu gehen, fanden die Füße des Forschers bei Hisarlik Halt. Schliemann rechnete nach: Wenn Hektor und Achill dreimal um den Berg gelaufen waren, hätten sie bei Hisarlik 15 Kilometer zurücklegen müssen – nach Meinung Schliemanns war das nicht zu viel für Krieger in der Hitze des Zweikampfes.

Den letzten Hinweis lieferten die Götter. Schliemann notierte: „Von Hisarlik aus sieht man auch den Ida, von dessen Gipfel Jupiter die Stadt Troja überschaute!" Danach ging der Deutsche zu Werke, stach den Hügel 1870 an und grub sich in ihn hinein. Tatsächlich fand Schliemann eine antike Stadt, bei der es sich um das Troja Homers handeln könnte. Die Ausgrabungen dauern bis heute an und haben ein Gemenge von insgesamt 46 Siedlungshorizonten hervorgebracht. Welcher davon das Troja der Ilias gewesen sein könnte, ist umstritten.

Heinrich Schliemann selbst kannte keinen Zweifel. Er grub so lange, bis er etwas entdeckte, das ihn an seine Vorstellung der homerischen Sage erinnerte. In diesem Fall den angeblichen Schatz des Priamos. In seinen Grabungsnotizen hielt Schliemann fest, wie er den Goldfund barg. Das Dokument ist zugleich Urkunde einer großen historischen Entdeckung und Zeugnis barbarischer Grabungsmethoden, wie sie im 19. Jahrhundert üblich waren:

„Ich stieß auf einen großen kupfernen Gegenstand von sehr merkwürdiger Form, der sogleich meine ganze Aufmerksamkeit umso mehr auf sich zog, als ich glaubte, Gold darin schimmern zu sehen. Wollte ich den wertvollen Fund für die Altertumswissenschaft retten, so war es zunächst geboten, ihn mit größter Eile und Vorsicht vor der Habgier meiner Arbeiter in Sicherheit zu bringen;

deshalb ließ ich denn, obgleich es noch nicht die Zeit der Frühstückspause war, unverzüglich zum Paidos rufen. Während nun meine Leute durch Ausruhen und Essen in Anspruch genommen waren, löste ich den Schatz mit einem Messer aus seiner steinharten Umgebung, ein Unternehmen, das größte Anstrengung erforderte und zugleich in höchstem Maße lebensgefährlich war, denn die große Befestigungsmauer, unter welcher ich graben musste, drohte jeden Augenblick herabzustürzen. Aber der Anblick so zahlreicher Gegenstände, deren jeder einzelne für die Archäologie von unschätzbarem Wert sein musste, machte mich tollkühn und ließ mich an die Gefahr gar nicht denken. Doch würde trotzdem die Fortschaffung des Schatzes mir nicht geglückt sein, wenn nicht meine Gattin mir dabei behilflich gewesen wäre; sie stand, während ich arbeitete, neben mir, immer bereit, die von mir ausgegrabenen Gegenstände in ihren Shawl zu packen und fortzutragen."

Schliemann kratzte Schätze aus Löchern und sprengte sich mit Dynamit durch Mauern, von denen er meinte, sie gehörten nicht zum historischen Troja. Der Urvater der deutschen Archäologie fand zwar eine antike Stadt und öffnete seinen Nachfolgern die Tore zum Verständnis der kleinasiatischen Antike. Aber er hinterließ auch ein schweres Erbe. 24 Jahre arbeitete der Mecklenburger, unterstützt von dem Architekten Wilhelm Dörpfeld, auf Hisarlik, bis er endlich der Überzeugung war, Troja in der vorletzten Schicht des Hügels gefunden zu haben. Heute weiß die Wissenschaft: Wenn es Homers Troja jemals gegeben hat, hat Heinrich Schliemann daran vorbeigegraben.

Schichtarbeit im Grabungshügel

Troja hatte viele Gesichter: Zehn übereinanderliegende Schichten haben Archäologen identifiziert. Sie gliedern sich wiederum in mindestens 46 Bauphasen und erzählen die Geschichte des Ortes über mehr als 3000 Jahre.

Die ersten Siedler ließen sich vermutlich um 2950 v. Chr. an dem Ort in der Nähe der Dardanellen nieder. Die Stadt genoss die

76   STÄDTE UND PALÄSTE

beste Lage der Region. In der Nähe Trojas liegt die Beşikbucht, heute in einiger Entfernung, doch im Altertum in der Nähe der Stadt. Hier ankerten Seeleute ihre Schiffe, um auf günstige Winde für die Durchfahrt durch die Dardanellen zu warten. Die Zeit vertrieben sich Matrosen, Kapitäne und Kauffahrer in der nahe gelegenen Stadt – und sorgten damit für deren Reichtum. Zwar ist dieses Szenario bloße Theorie, aber die zahlreichen Handelswaren, die im Schutt Trojas gefunden wurden, sprechen für eine solche Möglichkeit. Immerhin wurde Troja erst in byzantinischer Zeit um 500 n. Chr. verlassen. Ein Ort, an dem 3500 Jahre lang Menschen leben, muss Vorteile gehabt haben.

Die Kontinuität der Besiedlung macht es Archäologen nicht leicht. Die frühen, auf dem Grund Trojas errichteten Bauten bestanden aus Lehmziegeln. Dank der Verwendung dieses Baumaterials konnten baufällige Häuser schnell abgerissen werden. Neubauten entstanden auf dem Schutt des alten Gebäudes. Das war praktisch für die Menschen des Altertums – Schliemanns Erben aber stehen vor einem Wirrwarr historischer Schichten, die über-, unter- und durcheinanderlaufen.

Kein Wunder also, dass der Mecklenburger irrte. Er hielt Schicht II für das Troja Homers. Heute gilt Schicht VI/VIIa als das Troja, das zu der Zeit existierte, in der der sagenhafte Kampf um die Stadt getobt haben soll. Das könnte nach heutiger Forschermeinung im 13. Jahrhundert v. Chr. gewesen sein.

Nach neuen Forschungsergebnissen hieß die Siedlung in dieser Periode aber nicht Troja, sondern Wilusa und war eine Vasallenstadt der Hethiter. Es ist ebenfalls möglich, dass der Name Wilusa nicht die Stadt, sondern den gesamten Landstrich bezeichnete. Nachdem in den vorangegangenen Siedlungen Brände immer wieder Teile der Stadt zerstört hatten, errichteten die Bewohner sie um 1700 v. Chr. (Schicht VI) in ihrer prächtigsten Form neu. Der Reichtum der Stadt nahm in den nächsten 450 Jahren zu. Vor allem das Handwerk muss eine große Rolle für den Luxus in der Stadt gespielt haben. Keramik in trojanischem Stil entdeckten Archäologen in vielen Städten der griechischen Bronzezeit, darunter in

Mykene. Wie sich herausstellte, waren die mykenischen Stücke aber nicht aus trojanischer Tonerde gebrannt, sondern aus heimischer. Die Mykener kopierten die Gefäße Trojas. Das kann nur bedeuten, dass die Keramik von den Dardanellen ein begehrtes Statussymbol war – und so kostspielig, dass man selbst in mächtigen Reichen wie Mykene lieber Imitate herstellen ließ, als für die Originale zu bezahlen.

Das lässt sich auch am Geschirr erkennen, das aus Schicht VI geborgen wurde. Keramik mit prachtvollen Vasenmalereien war nicht länger ein Privileg der Oberschicht. Auch die Handelsbeziehungen griffen bis in entlegene Teile Europas aus: Nephrit, ein Mineral zur Herstellung von Werkzeugen und Waffen, kauften die Trojaner im Mündungsgebiet der Donau. Lapislazuli für die Herstellung von Geschmeide kam aus dem Zweistromland, Zinn für die Bronzelegierungen aus Usbekistan, Keramik aus Mykene, Zypern, Syrien, Sizilien, Anatolien und von den Kykladen. Luxusgüter wie diese lagen sowohl in der Burg als auch in der Unterstadt verstreut. Das Wohnviertel von Troja VI am Fuß der Festung war auf 180 000 Quadratmeter angewachsen, 12 000 Menschen lebten in den Häusern. Die Stadt an den Dardanellen war zu einer Metropole der Bronzezeit angewachsen.

Das Troja dieser reichen Periode ging um 1250 v. Chr. unter. Zwar existierten noch über 1000 Jahre Siedlungen am selben Ort. Den Reichtum der bronzezeitlichen Stadt aber erreichte keine mehr.

Was um 1250 v. Chr. geschah, ist nicht bekannt. 140 Jahre Ausgrabungen und Rekonstruktion lassen ein schemenhaftes Bild der Ereignisse erkennen: Die Bevölkerung, die bis dahin vor den Mauern in der Unterstadt lebte, zog sich in die Befestigungsanlagen zurück. Dort drängten sich Tausende Menschen über einen langen Zeitraum. Aus Vorratslagern wurden Elendsquartiere. Das Handwerk, einst Motor des Lebens in der Stadt, verschwand weitgehend. Nur noch die nötigsten Erzeugnisse verließen die Produktionsstätten. Flohen die Troer vor den Griechen auf die Burg und harrten dort aus, während die Feinde die Mauern zehn Jahre lang berannten?

78   STÄDTE UND PALÄSTE

Wilhelm Dörpfeld glaubte, dass Achill und Agamemnon den Troern das Leben schwer gemacht hatten. Dörpfeld hatte nach dem Tod Heinrich Schliemanns 1890 die Grabungsleitung in Troja übernommen und kam zu anderen Schlüssen als sein berühmter Vorgänger. Hatte Schliemann noch Schicht II für das Troja gehalten, das er suchte, war Dörpfeld der Erste, der Schicht VI verdächtigte, die Ruine der homerischen Stadt zu sein. Als Indiz diente ein Brandhorizont, der auf ein großes Feuer schließen ließ. Dörpfeld notierte: „Diese stattliche Burg ist durch Feindeshand gründlich zerstört worden." Der US-Forscher Carl Blegen, der den Hügel von Hisarlik 1932 bis 1938 untersuchte, unterstützte zwar die Kriegstheorie, vermutete aber gleichzeitig, dass auch andere Kräfte als rohe Gewalt den Untergang Trojas herbeigeführt haben könnten.

Die bebende Stadt

Troja stand in einem Erdbebengebiet. Geophysikalisch lag die Stadt am Rand der großen anatolischen Verwerfung und überdies im Raum der Ägäis, in dem die eurasische und die afrikanische Platte aufeinandertreffen. 30 starke Erdbeben haben diese Region allein im 20. Jahrhundert erschüttert. Viele davon mit Stärken von 6 bis 7 auf der Richterskala. Gebäude halten Erschütterungen von solcher Stärke selten stand. Auch der Untergang der prächtigen Handelsmetropole in der Bronzezeit mag von einer Naturkatastrophe verursacht worden sein.

Anzeichen für ein verheerendes Beben fand Blegen im archäologischen Befund. Viele Mauern der Schicht VI wiesen Löcher auf. Diese Lücken hatten bereits Schliemann und Dörpfeld Kopfzerbrechen bereitet, denn sie waren absichtlich im Mauerwerk ausgelassen. Blegen erkannte: Die Baumeister der Bronzezeit hatten versucht, Mauern und Häuser weniger massiv zu errichten, damit sie Erdstöße abfangen konnten. Das war auch bei der Hauptmauer erkennbar. Sie war auf gewachsenem Fels errichtet und damit weniger anfällig für Erdstöße als jene Befestigungsanlagen, die auf

Lehmboden standen. Erdbebensichere Architektur gab es demnach schon vor über 3000 Jahren.

Wie sein Vorvorgänger Schliemann schlug auch der US-Forscher in der Mythologie nach und entdeckte dort ebenfalls Hinweise auf eine Naturkatastrophe: Poseidon, der Meeresgott, sei Troja nie wohlgesonnen gewesen, heißt es in den griechischen Sagen. Diese Legende mochte nach Meinung Blegens daher rühren, dass Poseidon den Beinamen Erderschütterer trug und für Beben verantwortlich gemacht wurde.

Carl Blegen fand nicht nur Baumaßnahmen gegen Erdstöße, sondern auch Spuren von Zerstörung, die nicht von Kriegseinwirkungen stammen konnten, sondern von Katastrophen herrühren mussten. Ein Turm, der ebenfalls auf Felsboden stand, blieb zwar bei einem Beben stehen, bekam aber Risse, die noch heute zu erkennen sind. Andernorts neigte sich ein ganzer Mauerabschnitt nach innen und große Steinbrocken fielen von der Mauerkrone in die Stadt. Eine ähnliche Fundlage gibt es auch in Jericho. Auch dort lautete die Diagnose Erdbeben.

Die Indizien sprechen für eine Naturkatastrophe. Aber das schließt einen Krieg nicht aus. Der britische Historiker Michael Wood liest in den Überresten von Schicht VII, dass die Trojaner nach dem Erdbeben nicht wieder zu ihrer ursprünglichen Gesellschaftsform zurückkehrten. Das Leben im Luxus war vorbei. Viele Gebäude wurden nicht wieder aufgebaut. Auf Eroberer muss eine wehrlose Stadt mit fruchtbarem Umland wie ein Geschenk gewirkt haben.

Zweifellos waren Krieg und Eroberungen reale Bedrohungen für eine reiche Stadt wie Troja VI. Das belegt ein umfassendes System von Verteidigungsanlagen, so gewaltig, dass es bis heute noch nicht vollständig ausgegraben ist. Dazu gehörten Rinnen im Boden, die zwar wie Gräben aussehen, aber unmöglich zur Bewässerung gedient haben können, da sie in Abständen von Dämmen unterbrochen wurden und zu flach waren, um viel Wasser führen zu können. Der Tübinger Archäologe und Troja-Ausgräber Manfred Korfmann erkannte in diesen zum Teil mühevoll in den Fels getriebenen Gräben eine Antwort auf den Streitwagen. Ein Heer, das sich

80 STÄDTE UND PALÄSTE

gegen eine Kolonne heranrasender Streitwagen schützen musste, verbarg sich am besten hinter Schlaglöchern. Wo keine natürlichen Mulden im Gelände zu finden waren, ließen sich Gräben ausheben. Ein Streitwagen war zwar schnell und wendig, die Speichenräder aber brachen rasch. In ein Netz aus Rinnen, Gräben und Dämmen mögen sich Wagenlenker nicht hineingewagt haben.

In den Gräben liegt auch eine Antwort auf eine der publikumswirksamsten Fragen der Trojaforschung: Gab es das Trojanische Pferd wirklich? Sollten die Griechen tatsächlich ein Holzpferd gezimmert haben, in dem sich eine Handvoll Krieger verbergen konnte, so muss es unmöglich gewesen sein, das Ungetüm vor die Burgtore zu bugsieren. Das Pferd wäre in einer der Rinnen stecken geblieben oder vielleicht sogar umgefallen. Eine ähnliche Geschichte ist keine Legende, sondern historisch überliefert. Sie stammt aus Rhodos.

Diese Insel wollte der Diadoche Demetrios I. 304 v. Chr. in seine Gewalt bringen. Da aber die Rhodier erfolgreich Widerstand leisteten, ließ Demetrios einen 30 Meter hohen Turm anfertigen. Auf diesem „Helépolis" genannten Eichenholzriesen waren Rammböcke und Katapulte aufgestellt. Auf dem oberen der neun Stockwerke konnte sich ein Heer von Bogenschützen verschanzen und Pfeile auf die Verteidiger der Stadt regnen lassen. Der griechische Historiker Diodor berichtet, dass 3400 Mann benötigt wurden, um die „Helépolis" von der Stelle zu bewegen. Weit kam die Maschine nicht. Die Rhodier hatten ihre Stadt mit Gräben umzogen, der Turm geriet in eine der Rinnen und stürzte um.

In der Unterstadt Trojas warten noch viele Einblicke auf die Archäologen. Erst fünf Prozent des Areals sind untersucht. Grabungsleiter Ernst Pernicka von der Universität Tübingen: „Da gibt es noch viel zu tun. Ich glaube, dass das Areal der Unterstadt ziemlich dicht besiedelt gewesen ist. Der Graben war von 1500 bis 1300 v. Chr. in Funktion. Dann ist er zugeschüttet worden. Etwas weiter haben wir bereits einen neuen Graben entdeckt." Auch der wird, so glaubt der Wissenschaftler, zu einem Verteidigungssystem gehört haben.

Zunächst aber wartet ein ganz anderer Berg Arbeit auf Pernicka und sein Team. 2006 starb Manfred Korfmann, der 18 Jahre lang die Grabungen in Troja geleitet hatte. Viel von Korfmanns Arbeit liegt unpubliziert im Magazin. Bis 2013 will Pernicka das Material ausgewertet und veröffentlicht haben. Erst danach sollen bei Grabungskampagnen wieder neue Erkenntnisse gesammelt werden. Troja kann warten.

Prüfstein für Helden und Historiker

Wenn es das Trojanische Pferd jemals gegeben hat, kam es entweder gar nicht bis vor die Tore der Stadt – oder Troja lag ganz woanders. Diese Meinung vertritt Raoul Schrott. Der österreichische Schriftsteller und Komparatist veröffentlichte 2008 eine Neuübersetzung von Homers Ilias. Bei der Arbeit am Text nahm Schrott auch Passagen aus der Genesis des Alten Testaments und altassyrische Texte zu Hilfe und tauchte auch mit einer neuen Verortung Trojas aus der Textarbeit wieder auf. Schrotts Meinung: Troja lag nicht bei den Dardanellen, sondern in Kilikien, einer antiken Landschaft im Südosten Kleinasiens, die heute ebenfalls zur Türkei gehört. Wie Schliemann vor ihm, nahm auch Schrott die Landschaftsbeschreibungen Homers ernst und fand die im Text erwähnten Landmarken in der Region um die Ruinenstadt Karatepe in der Ebene von Adana. Homer, so der Autor, sei ein griechischer Schreiber in assyrischem Dienst gewesen, der den alten Mythos vom Trojanischen Krieg den dortigen Gegebenheiten und Geschmäckern angepasst und niedergeschrieben habe.

Die Veröffentlichung dieser Hypothese schlug Wellen. Viele Altphilologen winkten angesichts der neuen Theorien ab. Der Innsbrucker Gräzist Joachim Latacz meint, die Theorien Schrotts gehörten „zu den nie versiegenden Fantasien", die Homer den Menschen entlocke. „Die gegenwärtige Troja-Forschung läuft international auf einem gänzlich anderen interdisziplinären Niveau ab", so Lactacz. Aber nicht alle standen der Kilikien-Theorie so ablehnend gegenüber.

82 STÄDTE UND PALÄSTE

Der Althistoriker Christoph Ulf hält Schrotts Idee für „horizonterweiternd": „Das unbezweifelbare Verdienst von Raoul Schrott liegt darin, darauf hingewiesen zu haben, dass die Ilias mit der oral poetry/tradition-Theorie allein nicht verstanden werden kann. Schrott hat als Schriftsteller und Poet ein ungemein gutes Gespür dafür, wie ein Text funktioniert. Daher ist es für ihn sofort denkbar, dass der Autor des Textes sich verschiedener Informationen bedient, um seinen Text zu formulieren. Vor diesem Hintergrund wird es durchaus denkbar, dass Motive, Textteile, Anstöße aus dem Bereich der zeitlich parallelen Kulturen, die ans Mittelmeer angrenzen, vom Dichter aufgegriffen werden und zu einem neuen Text geformt werden. Wiederum davon ausgehend wird es nachvollziehbar, dass die Orte im Text, die der Dichter für historisch ausgibt, sich tatsächlich aus verschiedenen Elementen zusammensetzen. Schrott ist kein Altertumswissenschaftler und nimmt das auch gar nicht in Anspruch. Daher unterlaufen ihm auch etliche Fehler, die von denjenigen, welche den grundsätzlichen Gedanken ablehnen, in den Vordergrund gerückt werden – mit dem Ziel, auf diese Weise ihn lächerlich zu machen. Wer Schrott darauf reduziert, würde ich sagen, ist selbst schuld."

Noch im Jahr der Buchveröffentlichung reisten Gräzisten, Althistoriker, Assyrologen, Hethitologen nach Innsbruck, um die Kilikien-These zu diskutieren. Zwar schenkte nach dem Symposium noch immer niemand Raoul Schrott Glauben, aber die Idee, Troja liege gar nicht bei den Dardanellen, hatte wissenschaftliche Relevanz bekommen.

Homers Prüfstein für Helden und Historiker aber bleibt nach wie vor verschollen. Vielleicht für immer. Christoph Ulf: „Das in der Ilias geschilderte Troja lässt sich nicht in irgendeinem historischen Ort tatsächlich finden – auch in Hisarlik nicht."

Die Gründung Roms

Tief unter der Oberfläche Roms suchen Archäologen nach dem wahren Kern der Tiberstadt. Am Fuße eines der sieben Hügel sollen sich die Ereignisse zugetragen haben, die zur Gründung der Stadt und des gewaltigen Römischen Reiches geführt haben. Historiker begeben sich auf die Spuren von Romulus und Remus.

Macht wird nicht auf Sand gebaut. Uralte Städte wie Rom, Athen, Paris stehen auf dem Fundament eines Mythos – der Gründungslegende der jeweiligen Stadt. In diesen Sagen ringen Helden mit Göttern und das Gute mit dem Bösen. Das Resultat des universalen Kampfes ist die Stadtgründung und die mythologische Legitimation von Macht: Eine Stadt, die durch das Eingreifen der Götter entstanden ist, ist unbezwingbar, meist steht der Herrscher mit den Göttern in Kontakt oder ist selbst gottgleich. Aber Gründungslegenden haben eine Achillesferse: Während Wunder keine Spuren hinterlassen, ist der Mythos einer Stadtgründung in den archäologischen Schichten unter den Metropolen greifbar – wenn man ihn zu finden weiß.

Die Legende der Gründung Roms beginnt im brennenden Troja. Nach zehn Jahre währendem Krieg war es den Griechen gelungen, die Stadt einzunehmen. Während die Eroberer Troja in Brand steckten, gelang einem der größten Helden der Stadt die Flucht. Aeneas rettete sich, seinen Vater und einige Getreue auf ein Schiff. Nun begann eine Irrfahrt über das Mittelmeer, die Aeneas bis nach Karthago in Nordafrika und schließlich nach Italien verschlug. Die Flüchtlinge landeten an den Gestaden Latiums, Aeneas gründete mit der Königstochter Lavinia eine Dynastie und die Stadt Lavinium. Dieser Ort liegt heute etwa 25 Kilometer südlich von Rom. Dreizehn Könige folgten auf Aeneas, die in der Stadt Alba Longa am Fuß der Albaner Berge geherrscht haben sollen. Dann entspann sich im Königshaus ein Familiendrama mit Folgen für die Weltgeschichte.

Zwischen den Brüdern Amulius und Numitor entbrannte Streit um das Thronerbe, der damit endete, dass Amulius seinen Bruder

84 STÄDTE UND PALÄSTE

entmachtete. Um dem Entthronten jede Hoffnung auf Nachkom-
menschaft zu nehmen, machte Amulius die Tochter seines Bruders,
Rhea Silvia, zur Vestalin und damit de facto unfruchtbar. Frauen
dieses Ordens, die ihr Keuschheitsgelübde brachen, wurden zur
Strafe lebendig begraben.

Aber der Thronräuber hatte die Rechnung ohne die Götter gemacht. Der Kriegsgott Mars vereinte sich mit Rhea Silvia und zeugte mit ihr die Zwillinge Romulus und Remus. Amulius wagte nicht,
die Kinder des Mars zu töten, stattdessen setzte er sie in einem Korb
auf dem Tiber aus. Der Strom spülte die Kinder an den Fuß des
Palatinhügels. Dort nahm sich eine Wölfin der Findlinge an und
säugte sie.

Schon dem römischen Historiker Titus Livius erschien diese
Legende zu dick aufgetragen: „Es hält sich die Sage, als das seich-
te Wasser den schwankenden Trog, in dem die Knaben ausgesetzt
waren, aufs Trockene gesetzt hatte, habe eine durstige Wölfin aus
den umliegenden Bergen auf das Wimmern der Kinder hin ihren
Weg geändert. Sie habe den Kindern ihre Zitzen gereicht und sei
dabei so sanft gewesen, dass der Aufseher der königlichen Herden
– man sagt, er habe Faustulus geheißen – sie fand, wie sie die Knaben mit der Zunge leckte. Er habe diese zu den Stallungen gebracht
und seiner Frau Larentia zum Aufziehen gegeben. Manche glauben
auch, Larentia sei, weil sie sich jedem hingab, bei den Hirten ‚Wölfin‘ genannt worden; das sei der Ansatzpunkt für das Wundermär-
chen gewesen.“

Als die Jungen herangewachsen waren, rächten sie ihren Groß-
vater und eroberten den Thron von Alba. Ihre Pläne aber reichten
noch weiter. Dort, wo die Wölfin sie genährt hatte, gründeten sie
eine Stadt. Hunderte von Menschen aus Alba und Latium, darunter viele Hirten, waren von dem Plan begeistert und wollten helfen,
die Stadt zu bauen. Aber die Brüder gerieten in Streit über die Lage
der Grenzen und darüber, wer der Stadt den Namen geben sollte.
Romulus erschlug seinen Bruder und zog nach seinen Vorstellungen einen Graben um den Palatin: Roma quadrata war gegründet,
die Keimzelle Roms. Das war 753 v. Chr.

Rom schlüpft aus dem Ei

Viele bekannte Elemente durchziehen die Legende von der Gründung Roms. Der Brudermord, das regulierende Eingreifen der Götter, das Aussetzen von Kindern auf einem Fluss, die wunderbare Rettung durch ein Tier – solche Themen sind aus der antiken Erzähltradition hinlänglich bekannt, finden sich bisweilen in der Bibel wieder (das Mosekind auf dem Nil, Kain und Abel) und sind noch heute in modernisierter Form Teil von Romanen und Filmen.

Von derlei Erzähltraditionen entkleidet, bleibt von der Gründung Roms ein Gerüst, das überprüft werden kann. Zweifel am Wahrheitsgehalt der Sage hegten schon Historiker des 16. Jahrhunderts. In den ersten Versuchen, Romulus und Remus auf die Spur zu kommen, äußerten Forscher den Verdacht, die Römer wollten mit der dramatischen Geschichte um die Gründung der Stadt die tatsächlich viel schlichteren Abstammungsverhältnisse bemänteln. Seither helfen Soziologie, vergleichende Mythenforschung und Archäologie, die wirklichen Geschehnisse zu erahnen und gelegentlich Elemente der Sage zu bestätigen.

Heute weiß die Archäologie: Der Palatinhügel war in der Tat bereits im 8. Jahrhundert v. Chr. von Siedlern bewohnt, die aus Alba stammten. Der Legende nach soll Stadtgründer Romulus hier eine Hütte bewohnt haben, die auch nach seinem Tod immer wieder aufgebaut und ausgebessert worden sein soll. Später stand nahe bei diesem Ort das Haus des Kaisers Augustus. Tatsächlich kamen bei Grabungen an der Südwestseite des Hügels Reste eisenzeitlicher Hütten ans Tageslicht – die ältesten Spuren von Besiedlung auf dem römischen Stadtgebiet, in der Datierung deckungsgleich mit der Legende.

Diese Hütten, deren Spuren heute besichtigt werden können, tragen die Zeichen einer frühen menschlichen Zivilisationsstufe. In den Tuffstein des Palatins schlugen die Menschen der Eisenzeit Löcher, in denen sie Holzpfosten verankerten. Zwischen diese zogen sie Wände aus Streu und Lehm. Ein Pfosten in der Mitte der Konstruktion stützte das Dach. Einziger Zierrat war ein Vordach,

86 STÄDTE UND PALÄSTE

Auf dem Palatinhügel sind noch immer Spuren der frühen Besiedlung Roms erkennbar. Die Löcher im Tuffstein stammen von Bohrungen für Pfosten. Die Rekonstruktion zeigt, wie Rom in der Eisenzeit ausgesehen haben könnte.

vermutlich aus Stroh – ein bescheidenes Zuhause für die Gründer einer der mächtigsten Städte der Welt.

Mit der Entdeckung der eisenzeitlichen Hütten um 1940 wuchs im 20. Jahrhundert unter Historikern die Hoffnung, mehr Mythos in Realität übersetzen zu können. Im Fokus der Archäologie stand fortan die Grotte, in der Romulus und Remus von der Wölfin gesäugt worden sein sollen.

Römer im Wolfspelz

Am Fuß des palatinischen Hügels soll diese Lupercal genannte Höhle gelegen haben. Der Name führte bereits in der Antike zu Verwirrung. Das lateinische Wort lupus bedeutet Wolf. Heute sind sich Altphilologen indes einig, dass zwischen den Worten lupercal und lupus keine etymologische Verbindung besteht. Demnach wäre die römische Wölfin ein Hirngespinst.

Was steckt wirklich hinter der Geschichte der rätselhaften Höhle? Historischen Quellen zufolge fanden die alten Römer tatsächlich eine Grotte am Fuß des Palatin. In der Annahme, dass es sich hierbei um den legendären Ort handele, an dem die Wölfin Romulus und Remus aufgezogen hatte, verwandelten die Römer die Höhle in einen Schrein und feierten hier einmal im Jahr das Fest der Lupercalia – einen Fruchtbarkeitskult. An jedem 15. Februar liefen die Luperci nackt um den Palatin und schlugen insbesondere junge Frauen mit Riemen aus dem Fell eines Ziegenbocks, der in der Grotte geschlachtet worden war – ein Ritus zur Aufrechterhaltung der Fruchtbarkeit.

Noch in der Renaissance war die Lage einer Höhle bekannt, die man für den Lupercal aus den historischen Quellen hielt. Dann versank die Grotte in Vergessenheit – bis 2007. Bei Arbeiten an den Überresten des Hauses des Augustus entdeckten Forscher einen Schacht, der in eine Halle mit Kuppel hinabführte. Die Decke der Kuppel war mit Bildern, Stuck und Muscheln dekoriert. Die Vermutung lag nahe, dass es sich hier um die sagenhafte Grotte handelte, die von Kaiser Augustus prachtvoll ausgeschmückt worden war.

STÄDTE UND PALÄSTE

Die 2007 gefundene Grotte am Palatin.

Am Lupercal scheiden sich die Geister. Nicht alle Archäologen vertreten die Ansicht, dass es sich bei der wiedergefundenen Höhle um jene legendäre Grotte handelt. Noch im Jahr der Entdeckung kommentierte der italienische Wissenschaftler Adriano La Regina, der Schacht unter dem Haus des Augustus würde in ein Nymphäum, ein Brunnenhaus, führen. Hier habe sich der Kaiser erfrischt, meint La Regina – keine Spur von Romulus und Remus.

Wölfin im Zwielicht

Kritische Blicke fallen auch auf die Statue der kapitolinischen Wölfin. Die berühmte Skulptur soll aus dem 5. Jahrhundert v. Chr. stammen und zeigt eine Wölfin, die zwei Knaben säugt. Ihren Namen erhielt die Bronzeplastik von ihrem Standort auf dem Kapitol, wo sie ab 1471 zu sehen war. Aber auch dieser Mythos wankt.

Heute ist gewiss, dass die Kinderfiguren von einem Künstler der Renaissance, vermutlich Antonio Pallaiuolo, angesetzt wurden. Die Wölfin selbst trägt Züge etruskischer Kunst. Sollten schon die

DIE GRÜNDUNG ROMS 89

Rätsel um Bronzeguss: Bis heute ist unklar, ob die kapitolinische Wölfin tatsächlich aus der Antike stammt.

Etrusker, die frühesten Herrscher in der Stadt, von einer mythischen Wölfin gewusst haben? Bis 2006 galt diese Annahme als wahrscheinlich. Dann gab die italienische Forscherin Anna Maria Carruba bekannt, dass die kapitolinische Wölfin ebenfalls nicht aus der Antike stamme, sondern ihrer Meinung nach eine Fälschung sei.

Die Metall-Expertin konnte nachweisen, dass die berühmte Skulptur der Wölfin mit der Technik des verlorenen Gusses nach einer Wachsvorlage gefertigt worden war. Diese Methode erlaubt den Guss in einer einzigen Form – eine Technik, die in der Antike unbekannt war und erst von den Künstlern des Mittelalters angewandt wurde.

Macht ist der Motor, der dafür sorgt, Ursprungslegenden über Jahrhunderte zu verfolgen. Noch heute saugt Rom aus der Verbindung zur glorreichen Vergangenheit Ruhm und Ansehen. Das ist allerorten in der Stadt sichtbar: Noch im 21. Jahrhundert schmückt sich die italienische Hauptstadt mit Hinweisen auf das antike Erbe,

90 STÄDTE UND PALÄSTE

etwa wenn sie öffentliche Einrichtungen mit den Buchstaben S.P.Q.R. markiert, der in der Antike gängigen Abkürzung für das lateinische „Senatus Populusque Romanus" (Der Senat und das Volk Roms).

Nur vor diesem Hintergrund sind Forschungsergebnisse verständlich, die wie im Fall der Lupercal-Grotte für Streit sorgen. Erst die Annäherung an einen Mythos verwandelt die wissenschaftliche Entdeckung zur Sensation; erst die Sensation sorgt dafür, dass ein Forschungsprojekt finanziert wird. Mythos und Wissenschaft bedingen einander. Das letzte Wort über Romulus und Remus ist noch nicht gesprochen.

KRIEG

Der Krieg verwischt seine Spuren. Zwar bleiben von großen Schlachten schriftliche und mündliche Berichte zurück, doch gehören die Autoren meist zur Partei der Gewinner. Die Wahrheit über Sieger und Besiegte bleibt im Boden verborgen. Die noch junge Disziplin der Schlachtfeldarchäologie lotet alte Kriegsschauplätze aus, erkennt die Ursache für den Untergang der siebten Kavallerie am Little Bighorn River und die Wahrheit über die Varusschlacht.

Die Schlacht am Little Bighorn River

Alte Schlachtfelder sind Neuland für die Wissenschaft: Schauplätze großer Schlachten sind seit der Antike bekannt: Issos, Waterloo, Stalingrad. Die Strategien der Feldherren, die Größe der Heere und der Verluste sind in vielen Fällen überliefert. Weniger bekannt aber sind die Schicksale der Menschen, die an der Schlacht teilnahmen oder in der Nähe lebten. Erst im 21. Jahrhundert haben Archäologen Methoden ersonnen, mithilfe derer sie die Ereignisse um eine Schlacht detailgenau wie nie zuvor rekonstruieren können. Seither kommt die Schlachtfeldarchäologie manchem Mythos auf die Schliche. Einer davon ist der mutmaßliche Heldentod von General George Armstrong Custer in der Schlacht am Little Bighorn River.

92 KRIEG

George Armstrong Custer führte seine Truppen durch eine Fehlentscheidung in den Tod, galt aber trotzdem in den USA als Märtyrer der Indianerkriege.

Der Kampf, bei dem eine Gruppe nordamerikanischer Ureinwohner eine gut ausgerüstete Truppe von US-Soldaten besiegte, stand am Ende einer Folge von Ereignissen, die für die Zeit der Indianerkriege typisch verliefen.

1868 hatten die Stämme der Sioux den Vertrag von Fort Laramie unterzeichnet. Das Schriftstück garantierte, dass die Region um die Black Hills (heute im US-Bundesstaat South Dakota) den Indianern gehörten. Aber der Frieden in den Black Hills war trügerisch. Vier Jahre später verbreitete sich das Gerücht, in der Region sei Gold zu finden. Goldsucher strömten in das Reservat, es kam zu Zusammenstößen mit den Ureinwohnern. Bei Untersuchungen der Vorfälle verwiesen die Sioux auf die Übereinkunft von 1868, die Goldsucher forderten, den Vertrag rückgängig zu machen. Bevor eine Entscheidung getroffen werden konnte, sollte herausgefunden werden, ob tatsächlich Gold in den Black Hills zu finden war. Die US-Regierung schickte einen Prospektionstrupp in das Gebiet. Leiter der Expedition war der Militär George Armstrong Custer.

Die Gerüchte bestätigten sich. Die Geologen in Custers Truppe fanden Hinweise auf reiche Goldvorkommen. Als die Nachricht bekannt wurde, brach das Goldfieber aus. Glücksritter aus allen Teilen der USA kamen in die Black Hills. Städte wurden aus dem Boden gestampft. Die Ureinwohner waren im Weg. 1876 entschied die Regierung, die Stämme der Sioux und Cheyenne in ein anderes Gebiet zu verlegen. Drei Kompanien machten sich auf den Weg, um die Indianer mit Gewalt zu deportieren, eine davon brach von Fort Abraham Lincoln auf. Mit der Truppe ritt Custer.

Der Plan sollte nach bewährtem Muster verlaufen. Die drei Gruppen bildeten jeweils eine Seite eines Dreiecks, um den Ausbruch der Ureinwohner zu verhindern und, im Fall von Widerstand, den jeweils anderen schnell zu Hilfe eilen zu können. Einzig die Kommunikation unter den Zügen war schwierig. Nur so ist es zu erklären, dass zwei der drei Trupps nicht bemerkten, dass ein Flügel, geleitet von General George Crook, schon kurz nach Beginn des Unternehmens von Indianern am Rosebud Creek im südlichen Montana angegriffen worden war und sich ins Hinterland Montanas zurückgezogen hatte. Damit war eine Seite des Dreiecks schutzlos.

Unterdessen erkundete Custer mit der Siebten Kavallerie die Region am Little Bighorn River. Am Morgen des 25. Juni entdeckten die Soldaten dort ein großes Indianerlager. Warum Custer das Lager angreifen ließ, ist bis heute nicht geklärt. Einer Theorie zufolge hatte er den Eindruck, die Ureinwohner wollten fliehen. Der

Der Tross von Custers Expedition 1874 war groß. Dennoch blieben die Ureinwohner in der Übermacht.

General schmiedete einen Plan und verteilte seine Männer. Dann gab er den Befehl zum Angriff.

Noch während die Soldaten das Lager umrundeten und sich in Stellung brachten, scheint Custer seinen Fehler bemerkt zu haben. Denn erst jetzt konnte er das nördliche Ende des Lagers erkennen und musste feststellen, dass es viel größer war, als er vermutet hatte. Um seine Männer zurückzurufen, war es zu spät. Hastig schrieb Custer eine Notiz an die Truppen, die er bei Beginn seines Erkundungsritts zurückgelassen hatte und bat dringend um Unterstützung. Der Bote, ein Mann namens John Martin, war der Letzte, der Custer und seine Soldaten lebend sah. Was im Folgenden geschah, ist bis heute ein Rätsel und mythologisch verklärt.

Nationalheld auf vier Hufen

Gewiss ist, dass die von Custer auf die Flanken des Lagers gestellten Truppen gegen die Ureinwohner kämpften. Die durch den Boten angeforderte Verstärkung erreichte das Schlachtfeld, wurde aber in schwere Kämpfe verwickelt. Knapp zwei Tage später zogen sich die Eingeborenen zurück. Von Custer fehlte jede Spur. Ein Kundschafter fand die Leichname des Generals und seiner Männer auf einem Abhang über dem Little Bighorn River.

Die Schlacht am Little Bighorn zählt zu den berüchtigtsten Beispielen US-amerikanischer Kolonialgeschichte. Der Schauplatz ist bis heute ein Anziehungspunkt für Touristen und gilt als Ort von nationaler Bedeutung in den USA. Custer, so die gängige Meinung, starb den Heldentod für die Nation. Damit nicht genug. Neben großflächigen Hinweistafeln am Rand der in der Nähe vorbeiführenden Straße errichteten die Amerikaner den gefallenen Soldaten ein einzigartiges Monument: das Pferd „Comanche".

„Comanche" gehört zu den wenigen Überlebenden der Schlacht. Obwohl das Tier sieben schwere Verletzungen erlitt, blieb es am Leben. Das genügte, um „Comanche" zur lebenden Legende zu erklären. Per Sonderbefehl durfte fortan niemand mehr auf dem Pferd reiten, es wurde bei Paraden feierlich vorgeführt und durfte bei allen Militärstationen frei herumlaufen. „Comanche" starb am 9. November 1893 im Alter von 30 Jahren. Seine Innereien wurden feierlich bestattet, der Rest ausgestopft und konserviert. In dem luftdichten Kasten vor einem künstlichen Hintergrund aus Gras und Erde ist es bis heute im Museum für Naturgeschichte der University of Kansas in Lawrence zu bewundern.

Ähnlich feierlich behandelten die Amerikaner George Armstrong Custer, der über 100 Jahre lang als Märtyrer und Streiter für die gute Sache galt. Zwar wurde Custer nicht mumifiziert, dafür feierte er als Held Auferstehung in Romanen und Westernfilmen. Erst in den 1970er-Jahren gelang es Historikern, den zweifelhaften Charakter Custers und sein skrupelloses Vorgehen gegenüber den amerikanischen Ureinwohnern bekannt werden zu

Ross ohne Reiter – das Pferd „Comanche" überlebte die Schlacht und wurde ein nationales Symbol. Auf ihm zu reiten, war verboten.

lassen. Allmählich wurde der Ruf nach Aufklärung von „Custers letztem Gefecht" laut. Dann verwüstete 1983 ein Feuer die Landschaft am Little Bighorn – und öffnete Archäologen die Tür für eine großflächige Bodenuntersuchung.

Panik im Angesicht der Übermacht

Die Flammen zerstörten Bäume, äscherten Wiesen ein und rissen eine Wunde in das Gebiet, das von der US-Regierung zum Nationalpark erklärt worden war. Aber das Loch im Naturschutzgebiet hatte einen Vorteil. Es zeigte Archäologen, was unter der Grasnarbe verborgen gelegen hatte: die Überreste von „Custers letztem Gefecht".

Davon war erstaunlich viel erhalten. In sechs Grabungskampagnen fanden die Forscher über 5000 Objekte, darunter Patronenhülsen, mit denen die Ereignisse der Schlacht rekonstruiert werden konnten. Chef-Archäologe Douglas Scott konnte die Hülsen verschiedenen Gewehrtypen zuordnen und daraus schließen, welche

Abteilung der US-Truppen wo stand und in welche Richtung geschossen hatte. Anhand von ballistischen Untersuchungen ließen sich in einigen Fällen bestimmte Gewehre sogar einzelnen Soldaten zuordnen, und so die Bewegung der Einheiten über das Schlachtfeld nachvollziehen. Fazit: Die US-Truppen verloren die Schlacht gegen die Ureinwohner, weil Custer eine taktische Fehlentscheidung getroffen hatte. Douglas Scott: „Die interdisziplinäre Arbeit zeigt deutlich, dass Custer die Siebte Kavallerie während der frühen Phase der Schlacht in drei Segmente aufteilte und dann sein eigenes Kommando in Flügel gliederte. Diese Teilung der Truppe im Angesicht einer Übermacht von Indianern mag nicht seine beste Entscheidung gewesen sein, aber es war eine allgemein übliche und erprobte Taktik, jedenfalls bis zum Tage dieser Schlacht."

Den Archäologen geht es um mehr als Strategie. Die archäologischen Forschungsergebnisse über die Schlacht am Little Bighorn lassen sich mit historischen Berichten vergleichen und erlauben Rückschlüsse auf ihre Verfasser und deren Kultur. „Die archäologischen Studien", sagt Douglas Scott, „haben Historikern und anderen Wissenschaftlern einen neuen Blickwinkel eröffnet auf die Dokumente über die Schlacht, auf die mündliche Überlieferung der Ureinwohner und auf die Bedeutung ethnohistorischer Quellen." Aus Krieg wird Kulturwissenschaft.

Belegen konnten die Archäologen viele Berichte, die von überlebenden Ureinwohnern erhalten sind. In einigen wurde Custer nicht als rational handelnder Militär, sondern als ein von Panikattacken getriebener Mann dargestellt, der angesichts der indianischen Übermacht die Kontrolle über sich und die Situation verlor. Diese Darstellung galt seit den Ereignissen als falsche Darstellung der siegreichen Eingeborenen. Die Archäologie aber zeichnet ein Bild, das dieser oft als falsch interpretierten Einschätzung durchaus nahekommt. Keine Bestätigung hingegen gibt es für den Bericht eines Sioux, der behauptete, die Soldaten seien betrunken in die Schlacht geritten.

Im Schlachtfeld liegen die Falltüren der Fehlinterpretation. Zu viele Zusammenhänge lassen sich nicht mehr wiederherstellen und führen zu Entdeckungen, die unerklärlich sind. Im Fall Little Bighorn sind das Säbel. Obwohl der Säbel zur Standardausrüstung des US-amerikanischen Offiziers gehörte, fanden die Archäologen kein einziges Exemplar auf dem Kampfplatz in Montana. Die siegreichen Ureinwohner schienen die Waffen aufgelesen zu haben, als Trophäen oder um sie selbst zu benutzen. Diese Begründung lag auf der Hand, erwies sich jedoch als falsch. Wie Douglas Scott in Quellen jener Zeit las, war es bei taktischen Manövern üblich, die Offiziers-Säbel an einem Ort zu deponieren, damit die Waffen nicht klirrten und dem Feind die Stellung verrieten. Die Mechanismen des Krieges lassen sich bisweilen nur mit Glück rekonstruieren.

Little Bighorn war das weltweit erste Schlachtfeld, das von Archäologen erfolgreich erforscht werden konnte. Bis dahin gehörte die Untersuchung solcher Orte in das Metier der Militärgeschichtler und Hobbyhistoriker. Jetzt müssen sich die Vertreter dieser Disziplinen die Schlachtfelder mit Archäologen teilen.

Die Varusschlacht

Rangelei mit Folgen: Vor 2000 Jahren lockten gewiefte Germanen drei römische Legionen in einen Hinterhalt und töteten 22 000 Soldaten. Ihr Anführer Arminius – von den Deutschen Hermann der Cherusker getauft – galt seit dem 16. Jahrhundert als Symbol deutschen Heldentums. Über Varus, dem Kommandeur der unterlegenen Römer, schlugen die Wellen der Schande zusammen. Eine Schlacht mit Nachwirkung: Als sich das Ereignis 2009 zum 2000. Mal jährte, rangen Römer und Germanen auf den Titelblättern von Zeitschriften vor schwarz-rot-goldenen Fahnen. Begann mit der Varusschlacht die Geschichte der Deutschen?

Rom ließ die Muskeln spielen. Schon seit den Tagen Cäsars hielt die Macht vom Tiber weite Gebiete links des Rheins besetzt. Am rechten Ufer aber lag die Germania Magna, ein Urwald, bewohnt von Teufeln – so glaubten jedenfalls die römischen Legionäre. Es gab Versuche, die wilden Gebiete zu erobern. Vom Rhein aus bogen

In der Historienmalerei erscheint Arminius oft als Lichtgestalt, die hoch erhoben über die am Boden liegenden Römer triumphiert; Ölgemälde von Friedrich Gunkel, 1862.

Römerschiffe in die Lippe ab und glitten auf dem Fluss bis tief in die Gebiete der Cherusker, Brukterer und Senonen – germanischer Stämme, die bisweilen wie wild gegen die Römer kämpften, manchmal aber auch bereit waren, friedlich mit ihnen zu handeln.

Entlang des Flussufers pflanzten die Römer Lager in den Lippesand: In Holsterhausen, Haltern, Oberaden, Anreppen lagen imposante Befestigungen, wie sie die Germanen bislang nur auf dem jenseitigen Rheinufer gesehen hatten. Fuß fassten die Römer aber nie. Dann kam Publius Quinctilius Varus. Der Karriereoffizier hatte von Kaiser Augustus den Befehl erhalten, als Statthalter Germaniens den römischen Adler in die Dörfer der unbesiegten Germanen zu rammen – ein folgenschwerer Auftrag.

Im September des Jahres 9 n. Chr. zog Varus mit drei Legionen durch Germanien. Die Truppen waren bis zur Weser vorgestoßen und marschierten nun wieder zurück, um über Haltern die Rheinlager zu erreichen, wo sie überwintern wollten. Was sich unterwegs abspielte, erschütterte die Weltpolitik so nachhaltig, dass es bis heute einer der großen Forschungsgegenstände der Altertumswissenschaften ist.

100 KRIEG

Der Zug des Varus mitten durch das Herz der Germania Magna war eine Unverfrorenheit gegenüber den Germanen. Um 9 n. Chr. waren die schlimmsten Schlachten um Germanien bereits geschlagen, es gab zwar keine Sieger, aber die Waffen schwiegen. In dieser Ruhe klirrten die Kettenpanzer der marschierenden Römer besonders laut – vielleicht mit Absicht. Vermutlich wollte der neue Statthalter den Germanen die Macht Roms vor Augen halten. Vielleicht suchte er auch nur nach einem geeigneten Ort für ein neues Legionslager. Die Beweggründe des Varus sind im Sand des Schlachtfeldes versickert. Gewiss ist, dass der Römer vom Weg abkam.

Drei Legionen marschierten in einer Reihe von 14 Kilometern über einen kleinen Pfad durch den westfälischen Forst. Dann gab Varus das Signal zum Abbiegen. Die Kolonne schlug sich in die Büsche.

Über diesen Irrweg des Varus grübeln viele. Der Historiker Wilm Brepohl witterte ein Kultfest der Germanen, von dem Varus Wind bekam. Zu dieser Feier wären alle Germanen der umliegenden Stämme zusammengekommen, ist Brepohl sicher. Für den römischen Statthalter könnte sich hier eine Gelegenheit geboten haben, die Macht des römischen Militärs vor der versammelten Germanenschar zu demonstrieren. Aber der Plan ging nicht auf. Als die Römer erschienen, griffen die Germanen zu den Waffen. Unter Führung eines Mannes namens Arminius machten 5000 Krieger 22 000 Legionäre in einer drei Tage währenden Schlacht nieder. Varus stürzte sich ins Schwert.

Schwergewichte versinken im Schlamm

Wie war das möglich? Die Germanen waren schlecht ausgerüstete Bauern, nur die Elite trug wertvolle Schwerter oder kämpfte zu Pferde. Der durchschnittliche Germane warf mit Holzspeeren – schon der Name der Stämme leitete sich vermutlich vom Ger, dem Speer ab. Auf der anderen Seite: die Römer; schwer gepanzerte Kämpfer in Eisen, gedrillt auf gefürchtete Manöver wie die Testudo, die Schildkröte, bei der die Soldaten eine Festung aus Schilden um ihre Einheit bildeten. Gegen diesen Goliath konnte der germanische David eigentlich keine offene Feldschlacht gewinnen.

Vermutlich gewannen die Germanen durch eine List. Arminius war Söldner im Heer des Varus und genoss das Vertrauen des Römers. Der Sohn eines Cheruskerhäuptlings mag den Statthalter gezielt in unwegsames Gelände gelockt haben, wo sich die ohnehin lockere Marschformation der Römer vollends auflöste. Ging es durch unwegsames Gelände, schrieb die römische Militärtaktik eine feste Marschfolge vor: Vorhut – erste Legion – Tross der ersten Legion – zweite Legion – Tross der zweiten Legion – dritte Legion – Tross der dritten Legion – Nachhut. Dieser Formation drückten Strategen den Stempel „agmen impeditum" auf – für den Kampf verhindert. Als die Römer ins germanische Unterholz abbogen, muss sich auch diese Ordnung noch aufgelöst und Tross und Truppe vermischt haben. Zenturionen bummelten neben Köchen, Dekurionen stapften neben Schreinern. Der römische Historiker Cassius Dio stellte sich das so vor: „Sie führten auch wie im Frieden viele Wagen und Lasttiere mit, ferner folgten ihnen nicht wenige Kinder und Frauen und zahlreiche Trossknechte; auch dies trug zur Auflösung der Marschordnung bei." Das von seinen Feinden gefürchtete disziplinierte Heer hatte sich in einen bunten Haufen verwandelt. Als die Germanen angriffen, muss es Stunden gedauert haben, bevor jede Einheit in dem gewaltigen Zug überhaupt wusste, was geschah. An sinnvolle Kommandos und Formationen war nicht zu denken. Jeder kämpfte für sich allein.

Das westfälische Wetter war auf der Seite der Germanen. Die Schlacht ereignete sich im September – bei germanischem Herbstwetter. Das bedeutete Kälte, Dauerregen und aufgeweichten Boden – Umstände, mit denen die Einheimischen aufwuchsen, die Römer aber zu kämpfen hatten. Überdies trugen die Germanen Leinen und Leder und bewegten sich entsprechend leichtfüßig auf dem unsicheren Terrain. Dagegen waren die Römer langsam wie Elefanten, die von Mücken umschwirrt werden. Kettenpanzer, schwere Waffen und Traggeschirr – ein voll ausgerüsteter Legionär trug bis zu 30 Kilogramm Material am Körper. Damit waren die

Krieger der Tibermacht leichte Ziele für die Holzspeere der Angreifer.

Das Gemetzel am Ende der Welt wies die Römer in die Schranken. So meinten jedenfalls Historiker im 19. und 20. Jahrhundert.
Vor allem in deutschen Studierstuben wurden Arminius und seine
Horden zu edlen Wilden verklärt, die einer Supermacht die Stirn
boten. Heute zeichnet die Geschichtsforschung ein anderes Bild
von den Folgen der Varusschlacht.

Krieg ohne Sieger

„Varus, Varus, gib mir meine Legionen wieder!" Diese Worte legt
die Geschichtsschreibung dem römischen Kaiser Augustus in den
Mund. In dem Moment, in dem der Imperator von der Niederlage
seines Statthalters erfuhr, soll er sich die Haare gerauft haben. Die
Schmach war groß, viel schlimmer aber war der finanzielle Schaden. Drei Legionen zu verlieren – das war teuer.

Trotzdem war der Schock nur von kurzer Dauer. Schon ein Jahr
nach der Niederlage ersetzten die Römer die verlorenen Legionen
am Rhein und verstärkten das Truppenkontingent. Wo vorher sechs
Legionen den Barbaren die Stirn geboten hatten, standen nun acht
im Feld – fast ein Drittel der römischen Armee drängte sich an der
Rheingrenze zusammen. Die Botschaft an die Germanen war deutlich: Rom ließ sich nichts gefallen.

Aus den germanischen Wäldern rechts des Rheins zogen sich
die Römer zurück, aber nur widerwillig. Zwar wurden im Römer-
lager Haltern noch im Jahr der Varusniederlage die Kisten gepackt
und die Gebäude verlassen, aber vermutlich planten die Römer die
Rückkehr, sobald sich die Situation beruhigt hatte. Das lassen Hort-
funde bei Haltern vermuten, etwa ein Schatz mit so vielen Münzen,
wie sie ein Legionär in einem Jahr verdienen konnte, oder eine
Kiste mit 3000 Geschützpfeilen. Im Jahr 9 n. Chr. war für Rom das
letzte Wort an der Lippe noch nicht gesprochen.

Schon vier Jahre später zogen wieder römische Legionen durch
Germania Magna. Unter dem Feldherrn Germanicus verwüsteten

DIE VARUSSCHLACHT 103

Karte des römischen und des freien Germaniens. Der Weg des Varus entlang der Lippe ist hypothetisch.

Truppen in den Jahren 13 und 16 n. Chr. Teile des Germanenge-
biets. Strafexpedition folgte auf Strafexpedition. Die Römer waren
aggressiv, die Germanen hielten dagegen. Das Schlachten ging
weiter.

Roms Ziel, die Reichsgrenze nach Osten bis an die Weser zu
verlegen, rückte allerdings in weite Ferne. Nach dem Tod des Augustus trat Tiberius die Nachfolge als römischer Kaiser an. Er hatte persönlich in Germanien gekämpft und kannte Land und Leute.
Aber auch der Germanenprofi auf dem Thron konnte den Krieg
nicht gewinnen. Die Erfolge waren spärlich. Schließlich machte
der römische Senat dem Kaiser einen Strich durch die Rechnung.
Kein Geld mehr, kam 17 n. Chr. die Nachricht aus der Kurie. Tiberius musste die Rheingrenze akzeptieren. Die Welt der Römer hörte künftig am Ufer des Flusses auf.

Urknall der deutschen Geschichte

Zwar erzählen literarische Quellen und archäologische Funde eine
andere Geschichte, trotzdem gilt die Varusschlacht als Ende der
römischen Expansion im Norden, als Befreiungsschlag des germanischen Davids gegen Goliath. Hans Ottomeyer, damaliger Direk-
tor des Deutschen Historischen Museums in Berlin, gab der
Schlacht im Jahr 2006 das Prädikat „deutsches Troja, unser Ur-
knall".

Damit reihte sich Ottomeyer in eine lange Reihe begeisterter
Historiker ein, die dem Kampf des Arminius weltpolitische Dimensionen beimessen. Eine wenigstens in Teilen national bedingte
Auffassung: Die meisten Cheruskerenthusiasten haben einen deutschen Pass. Hingegen ist die Varusschlacht im Geschichtsverständ-
nis der europäischen Nachbarstaaten kaum verankert. In Italien
ist sie sogar weitgehend unbekannt.

Auch in Germanien scheint das Ereignis nach einigen Jahrhunderten vergessen worden zu sein – oder es verschwand in den Lücken der nur mündlich überlieferten germanischen Geschichte. Als
auch Rom unterging, erinnerte sich niemand mehr an die Varus-

schlacht. Tausend Jahre vergingen. Mit dem Aufkommen der Renaissance besannen sich die Europäer wieder auf die Kulturen der Antike. Bücherjäger fahndeten in alten Klöstern nach Aufzeichnungen der Römer, die als Kopien in den Schreibstuben der Mönche die Zeiten überdauert haben könnten. Unter den kapitalen Beutestücken waren auch Texte des römischen Historikers Tacitus. Was der über jene denkwürdige Schlacht auf germanischem Boden zu berichten wusste, ließ die Herzen der Deutschen höher schlagen.

In den Notizen des Tacitus endete die Varusschlacht bereits nach wenigen Zeilen. Den Römern mag das genügt haben. Für die Deutschen war es zu wenig. Das Geschehen verlangte Ausschmückung. Deutschsprachige Dichter spitzten die Federn und schrieben sich ein Schlachtereignis vom Herzen, das nie stattgefunden hatte.

Die Pioniertat floss aus der Feder eines dichtenden Ritters. Ulrich von Hutten lebte, kämpfte und schrieb zu Beginn des 16. Jahrhunderts. Die Spitze seiner Feder und die seines Schwertes traf in erster Linie die römisch-katholische Kirche. Ein Vertreter des römischen Papstes schrieb 1521 über Hutten: „Dieser Hutten ist nur eine wenig vermögende Bestie, die höheren geistlichen Würdenträgern Deutschlands zittern vor der Satire dieses Starrkopfs, indessen ein Haufen verschuldeter Edelleute ihn vergöttert. In verschwörerischem Mutwillen gebärdet sich dieser ruchlose Schurke, dieser elende Bösewicht und Mörder, dieser lasterhafte Lump und arme Schlucker als Staatsverbesserer." Als Hutten Arminius entdeckte, legte er den Fehdehandschuh beiseite und schrieb dem Germanenkrieger feinsinnige Verse auf den Leib. Was Hutten erkannte: Den Deutschen fehlte eine Heldenfigur. Die Franzosen verehrten Jeanne d'Arc, die Schweizer Wilhelm Tell, die Böhmen hatten Johannes Hus und den heiligen Wenzel. In den deutschen Fürstentümern aber waren Helden selten und wenn überhaupt, dann nur als Reflexe mittelalterlicher Herrscher wie Karl der Große oder Friedrich Barbarossa vorhanden. Ein Nationalheld vom Schlage eines Vercingetorix aber ließ auf sich warten. Hutten schuf

Arminius. Triumphierend zog der Cherusker in die Kulturgeschichte der Neuzeit ein.

Den Literaten der folgenden Jahrhunderte wuchs der Cherusker und seine mutmaßliche Heldentat ans Herz. Daniel Caspar von Lohenstein schrieb 1689 ein Werk von 3280 Druckseiten mit dem Titel „Daniel Caspers von Lohenstein Großmüthiger Feldherr Arminius oder Herrmann als ein tapfferer Beschirmer der deutschen Freyheit, nebst seiner durchlauchtigen Thußnelda in einer sinnreichen Staats-, Liebes- und Helden-Geschichte, dem Vaterlande zu Liebe, dem deutschen Adel aber zu Ehren und rühmlichen Nachfolge. In zwey Theilen vorgestellet, und mit annehmlichen Kupffern gezieret". Ein deutscher Dichter nach dem anderen reihte sich ein. Johann Elias Schlegel versuchte sich 1743 an dem Stoff der germanischen Ursuppe mit „Hermann, ein Trauerspiel". Der Osnabrücker Justus Möser legte 1749 „Arminius. Ein Trauerspiel" nach. Friedrich Gottlieb Klopstock erfand sogar eine eigene Versform, die Bardiete, die – so machte Klopstock glauben – eine literarische Form war, die den germanischen Barden gefallen hätte. Klopstock selbst trug „Hermanns Schlacht", die „sehr warm aus meinem Herzen gekommen ist", stilecht im Eichenhain vor. 1771 erinnert sich der Göttinger Dichter Christian Graf zu Stolberg an eine solche Lesung, bei der er „so lebhaft und so ganz gefühlt" habe, dass er ein Deutscher sei. Heinrich von Kleist schließlich erfand in seiner „Hermannsschlacht" dazu, was noch gefehlt hatte: Einen Antagonisten für den Helden Arminius. Das war Napoleon. Nachdem der Franzosenkaiser bei Jena und Auerstedt 1806 die Preußen geschlagen hatte, litt Kleist körperlich am nationalen Zusammenbruch des Reiches. In seinem Drama über Arminius stieg Napoleon zum Varus auf. Beiden Figuren war gemeinsam, die größten Feinde der Deutschen zu sein.

Arminius kam immer wieder. Er begegnete den Deutschen auf der Opernbühne, im Film, im trivialen Roman und sogar in Überlebensgröße als Hermannsdenkmal auf einer Bergkuppe bei Detmold. Je mehr die Deutschen den Mythos mästeten, umso weniger blieb von den wahren historischen Gegebenheiten. Keine Geschich-

te von Arminius erwähnt, dass der Cherusker zehn Jahre nach
seinem Husarenstück von den eigenen Leuten erschlagen worden
war. Die Gründe für den Mord am vermeintlichen Befreier suchen
Historiker bis heute. Machtpolitik mag im Spiel gewesen sein.
Ebenso gut ist es vorstellbar, dass die Varusschlacht den Germanen
mehr Nachteile gebracht haben könnte, als das heute mythologisch
verklärte Ereignis durchblicken lässt.

Gewinner der Varusschlacht waren die Germanen, das ist gewiss. Unklar ist hingegen, ob es die Germanen auf der linken oder
auf der rechten Rheinseite waren. Rom investierte die nach dem
Germanenkrieg frei gewordenen Ressourcen an Männern, Geld
und Energie in die Entwicklung des anderen Ufers. Hier wuchsen
kleinen Lagern trubelige Dörfer an die Seite, aus denen bald Städte entstanden: Nijmegen, Xanten, Köln, Bonn und Mainz. An der
Mosel kam später Trier hinzu, das sich sogar zur Kaiserstadt mau-
serte und es an Bedeutung mit Rom aufnahm. In den Mauern dieser Metropolen tobte das pralle Leben. Die Germanen auf der rechten Rheinseite schauten zu – der Ostblock der Antike.

700 Varusschlachten

Manche Unklarheit nagt am deutschen Mythos. Wer war Arminius
wirklich? Wie gelang es den Germanen, die Römer zu besiegen?
Wo schlugen die Germanen zu? Antworten versprechen sich Historiker vom Schlachtort. Doch wo der lag, weiß niemand genau.

Die Suche nach der Walstatt begann bereits im 16. Jahrhundert.
Seither sind 700 Orte als Schlachtfeld identifiziert worden. Wenigstens 699 Vorschläge sind falsch. Das südlichste der mutmaßlichen Schlachtfelder liegt bei Augsburg, das nördlichste an der
Nordseeküste.

Als Erfolg versprechend gilt seit dem 18. Jahrhundert der Teutoburger Wald, ein Höhenzug an der Grenze des Münsterlands.
Immerhin gibt es einen Gewährsmann, der die Schlacht an diesen
Ort verlegt: Tacitus. Der römische Geschichtsschreiber war zwar
selbst nie in Germanien, aber er könnte in Rom noch Veteranen

der germanischen Kriege befragt haben. Wenn jemand wusste, wo der Schlachtort lag, dann Tacitus. In seinen Annalen erwähnt der Gelehrte tatsächlich einen „teutoburgiensis saltus". Das würde die Suche nach dem Schlachtort einfach gestalten, wenn es den heutigen Teutoburger Wald schon damals gegeben hätte. Wo der echte teutoburgiensis saltus aber lag, weiß niemand. Die römischen Landkarten jener Zeit waren grobe geografische Skizzen, auf denen zwar die Dauer von Marschrouten für die Legionäre verzeichnet war, die Namen von Landmarken aber interessierten die antiken Militärs nicht. Der Teutoburger Wald wurde nirgends verzeichnet. Die Region, die heute diesen Namen trägt, hieß im Mittelalter noch Osning. Erst der Paderborner Fürstbischof Ferdinand von Fürstenberg taufte den Osning in „teutoburgiensis saltus" um, nachdem er Tacitus gelesen hatte. Fürstenberg gehörte nicht nur der zwielichtige Höhenzug, sondern auch eine große Landkartenmanufaktur, die durch den Einfallsreichtum ihres Besitzers wohl über Kundschaft nicht klagen konnte. Wahr oder nicht: Die Schlacht im Teutoburger Wald trug fortan diesen Namen.

Dem Diskurs schadete das nicht. Weiterhin versuchten Heere von Heimatforschern den Schlachtort genau zu verorten, am liebsten vor der eigenen Haustür. Theodor Mommsen hatte von dem Trubel um die Varusschlacht als Erster die Nase voll. Der Berliner Historiker und spätere Literatur-Nobelpreisträger beklagte sich 1885 über Privatforscher, die „verdrießlichen Ortsgelehrten", die „mit den beliebten patriotisch-topographischen Zänkereien die kleinen und großen Klatschblätter [...] füllen und durch Kirchthurmscontroversen die unbefangenen Zuschauer [...] erheitern".

Mommsen zählte lieber Münzen. Seine Schrift „Die Örtlichkeit der Varusschlacht" ignorierte fast alle herkömmlichen und abwegigen Vorschläge zum Schlachtort aus den vergangenen 100 Jahren. Für Mommsen war Barenau in Niedersachsen der Schlachtort. Dort waren einige Jahre zuvor römische Münzen gefunden worden. Die gab es zwar auch andernorts. Aber Mommsen hatte sich die Topografie der Region um Barenau angesehen und fand, dass es für den Hinterhalt der Germanen keinen besseren Ort habe geben können.

Wie sich herausstellen sollte, hatten sich Römer und Germanen tatsächlich genau dort ein Gefecht geliefert, wo es der Berliner vermutete. Aber davon wollte in Mommsens Tagen niemand etwas wissen. Der historische Verein in Osnabrück winkte ab, legte Münzen und Worte auf die Goldwaage und bescheinigte Mommsen ein Fehlurteil – es ist vorstellbar, dass seine Polemik gegenüber der Heimatforschung Mommsen die Akzeptanz verwehrte. Ebenso gut mag es für die Historiker in Osnabrück und Münster unerhört gewesen sein, dass ein Berliner zu wissen glaubte, was Generationen von Ortskundigen übersehen haben sollten. So dauerte es noch einmal mehr als 100 Jahre, bis die Ideen Mommsens über das Gut Barenau begannen, Keime auszutreiben.

Mister Clunn sucht nach Münzen

Der Entdecker des antiken Schlachtfelds kam ebenfalls nicht aus dem Osnabrücker Land, sondern war Brite. Tony Clunn war in den 1980er-Jahren als Leutnant in der Nähe Osnabrücks stationiert und begeisterter Sondengänger. Mit dem Metalldetektor hatte Clunn schon in der Heimat nach römischen Münzen gesucht. Zwar brachte er als Beute meist Nägel, Spielzeugautos und Coladosen heim, die Freude an der Schatzsuche verlor der Brite jedoch nie.

Dann traf Tony Clunn auf Theodor Mommsen. Die Aufzeichnungen des Berliner Historikers über die Münzen bei Barenau weckten das Interesse des Briten. In der Nähe der Fundstelle kam des Offiziers Detektor „Fisher 1265x" noch einmal zum Einsatz. Die Hoffnung, es könnten weitere Münzen im Boden liegen, erfüllte sich: Tony Clunn fand nicht nur antikes Geld, sondern gleich ein ganzes Schlachtfeld.

Der Entdecker alarmierte die Archäologen, die große Augen machten: Drei kleine Objekte aus Blei präsentierte Clunn dem damaligen Osnabrücker Kreisarchäologen Wolfgang Schlüter in einem Plastiktütchen. Tony Clunn hatte nicht gewusst, was er von

110 KRIEG

den Objekten zu halten hatte. Schlüter aber war sofort aus dem Häuschen: „Was wie gammelige Minzbonbons aussah, waren Schleuderbleie aus der Römerzeit." Mit solchen Geschossen griffen Legionäre zur Zeit des Augustus ihre Feinde von ferne an. „300 Meter Reichweite, auf kurze Distanz tödlich", erklärt Schlüter. Tony Clunn hatte eine Waffe gefunden. Dass die Schleuderbleie aufgetaucht waren, war seltenes Archäologenglück. Tony Clunn hatte alle drei Exemplare an einem Wochenende an drei verschiedenen Fundorten aufgestöbert. Danach kam nichts mehr. Bis heute sind die drei tödlichen Bleibonbons die einzigen ihrer Art im Fundgebiet Kalkriese. Hätte der Brite die Waffenteile nicht entdeckt, wäre das Areal Kalkriese vermutlich nicht in großem Stil untersucht worden.

Die drei Schleuderbleie haben Zuwachs bekommen. Annähernd 23 000 Fundnummern haben die Forscher bislang auf Objekte verteilt, die im Kalkrieser Boden steckten. Großartigkeiten fehlen. Schwerter, Helme, Leichname gibt es in Kalkriese nicht. Stattdessen warten ganze Magazine voller Kleinteile darauf, ausgewertet zu werden. Einig sind sich die Forscher darin, dass an dieser Stelle eine Schlacht zwischen Römern und Germanen getobt hat. Anhand von Münzfunden kann das Geschehen in die Zeit der Varusschlacht datiert werden. Ob aber an dieser Stelle tatsächlich Varus und Arminius die Schwerter kreuzten, darüber wird noch immer gestritten. Indizien gibt es viele, Belege aber fehlen. Joseph Rottmann, Leiter des Kalkrieser Museums, winkt ab: „Solange wir Varus nicht persönlich finden, können wir auch keinen Beweis erbringen, dass die drei Legionen bei Kalkriese untergegangen sind. Aber sogar, wenn ein Stück Rüstung mit den eingeritzten Worten ‚Ich gehöre dem Varus' auftauchte, wird es Skeptiker geben, die behaupten werden, das Teil könne auf tausenderlei Art hierher gelangt sein."

Aufsehen erregend sind die Reste einer Wallanlage. Im Kalkrieser Boden zeichneten sich Spuren einer Aufschüttung ab, die über 400 Meter Länge verlief und auf deren Kuppe einst Zäune standen. Derart geschützt warfen die Germanen vermutlich Stei-

Die drei Schleuderbleie verrieten den Archäologen, dass bei Kalkriese Kampfhandlungen stattgefunden hatten.

ne und Speere auf die Römer. Die Legionäre müssen verzweifelt versucht haben, den Wall zu erobern. Vermutlich vergebens. Wie Bodenuntersuchungen ergaben, war das Erdreich vor der Verteidigungsanlage besonders stark mit Phosphor gesättigt. Taucht dieses Element im Boden auf, bedeutet das, dass an dieser Stelle einmal Blut geflossen ist. Meist erkennen Archäologen an hohen Phosphorkonzentrationen Schlachthöfe in Siedlungen. In diesem Fall zeigte die Chemie an, dass die Römer den Wall berannten, bis sie starben.

Das 400 Meter lange Bollwerk war überdies strategisch klug platziert. Es erhob sich an einem Engpass des Wiehengebirges. Hinter dem Wall ragte ein Hang auf, davor lag um die Zeitenwende ein Moor. Die Römer, möglicherweise ohnehin in keiner Marschordnung, mussten den Ort im Gänsemarsch passieren. Damit waren sie für die Germanen leichte Beute.

Bisher sind nur drei Prozent des Schlachtfeldes in Kalkriese erforscht. Dennoch fließen die Forschungsgelder nur zäh. Das ist zwar auch bei anderen Ausgrabungsprojekten so. Doch in Kalkriese mischt das Museumsmarketing mit. Würden die Archäologen entdecken, dass die Schlacht zwischen Römern und Germanen nicht die Varusschlacht war, die millionenschwere Anlage „Museum und Park Kalkriese" wäre ihren Titel als Ort der Varusschlacht los – und damit wohl auch ein Großteil ihres Publikums.

KULTSTÄTTEN

Religionen sind auf Mysterien gebaut. Die Weltreligionen der Neuzeit geben Theologen seit Jahrhunderten Rätsel auf. Noch geheimnisvoller sind untergegangene Kulte der Frühgeschichte, deren Geisteswelt für den modernen Menschen kaum noch nachvollziehbar ist. Die Anhänger steinzeitlicher Schädelkulte enthaupteten Tote – eine Glaubenshandlung, die vielleicht nur aus heutiger Sicht bizarr wirkt. Zu einem Begräbnisplatz in der Pfalz pilgerten Menschen aus halb Mitteleuropa, mit Leichen im Gepäck. Die Druiden der Kelten stellten kopflose Krieger zur Schau und schichteten Altäre aus Menschenknochen auf.

Schädelnester in der Großen Ofnethöhle

Abgetrennte Köpfe und Kannibalismus – glaubt man den Historikern des 19. Jahrhunderts, war Gewalt der Motor der Menschen in der Steinzeit. Überleben, so waren sich jene Forscher sicher, die als Erste einen Blick in die frühen Abschnitte der Menschheitsgeschichte warfen, war nur durch Brutalität möglich. Die mutmaßlichen Gewalttäter stehen für ein Verhör nicht mehr zur Verfügung. Aber sie haben Fingerabdrücke hinterlassen. Die Beweismittel liegen in den Vitrinen der Museen, den Magazinen der Bodendenk-

114 KULTSTÄTTEN

malämter und – wie im Fall der Großen Ofnethöhle – hinter tonnenschweren Gesteinsbrocken.

Die Große Ofnethöhle liegt im Nördlinger Ries, einem Krater, den vor 14,7 Millionen Jahren ein Meteorit in die Erde schlug. Die Region zwischen Bayern und Baden-Württemberg ist gespickt mit Höhlen und ein El Dorado für Paläontologen, Geologen und Archäologen. Nur wenige Kilometer südlich liegt das Lonetal, in dessen Grotten Forscher Kleinplastiken der Eiszeitkunst fanden, die zu den ältesten Kunstwerken der Menschheit zählen. Auch in der Großen Ofnethöhle wartete eine Entdeckung auf ihren Finder.

Der Dornröschenschlaf der Höhle endete 1908 mit einer Explosion. Der Tübinger Archäologe Robert Rudolf Schmidt sprengte sich mit Dynamit einen Weg in das Gestein. Schmidt wollte als Erster tiefer in die Grotte vordringen. Seine Vorgänger hatten den Eingang der Großen Ofnet untersucht und Steinwerkzeuge gefunden. Das ließ auf mehr Fundstücke hoffen. Allerdings war der Durchgang in den hinteren Bereich der Höhle verschüttet. Schmidt sprengte sich einen Weg in die Vergangenheit und fand einen der spektakulärsten Leichenfunde der Frühgeschichte.

Zunächst war davon jedoch nichts zu sehen. Als sich der Staub der Explosion gelegt hatte, begann der Tübinger mit langwierigen Ausgrabungen. Es galt, sich durch sieben Schichten Sediment zu graben, die sich seit der Mittelsteinzeit auf dem Boden der Grotte angesammelt hatten. Der Vorgeschichtler fand Feuersteine, an denen er Bearbeitungsspuren entdeckte. Die Brocken waren von Menschen zu einfachen Werkzeugen wie Klingen, Schabern und Kratzern verarbeitet worden. In den Sedimenten waren auch kleine Knochen enthalten, meist Reste von Nagetieren, einige mit den Bissspuren von Aasfressern, vermutlich Hyänen. Die Höhle war in den Perioden der Steinzeit abwechselnd von Menschen und Tieren bewohnt worden. Dann fand der Tübinger 34 Menschenköpfe.

Die Schädel lagen nicht verstreut. Jemand hatte sie sorgfältig in zwei Mulden im Boden platziert. In einer größeren Vertiefung fand Schmidt 28, in einer kleineren sechs skelettierte Köpfe – eine spätere Datierung ergab, dass die Knochen etwa 7700 v. Chr. abgelegt worden waren. Obwohl die Schädel vom Zahn der Zeit angenagt und durch Bewegungen in der Höhle etwas durcheinandergeraten waren, ließ sich doch erkennen, dass sie einmal so niedergelegt worden waren, dass ihre Augenhöhlen in dieselbe Richtung blickten – zum Höhlenausgang. Der lag im Westen. Als die Höhle noch nicht verschüttet gewesen war, waren die Strahlen der untergehenden Sonne über die Schädelnester gewandert. Diese Art kultischer Praxis ist von vielen Kulturen, insbesondere der Jungsteinzeit und Megalithik, überliefert. Allerdings sind es in diesen Fällen Grabmäler oder Sternwarten, die im Licht der untergehenden Sonne gebadet werden. Von Schädelnestern, wie sie in der Großen Ofnethöhle lagen, hatte zuvor niemand gehört.

Schädelbruch und Hirnödem

Grausige Details offenbarte die nähere Untersuchung der Schädel. Als Schmidt die Schädel barg, entdeckte er an ihren unteren Enden Reste der Halswirbel. Auch die Unterkiefer waren noch vorhanden, lagen nun aber – da ihnen keine Sehnen mehr Halt gaben – lose in den Mulden. Das Vorhandensein dieser Knochenteile konnte nur bedeuten, dass die Schädel mit Haut und Haar in der Höhle niedergelegt worden waren. Die Toten in der Ofnethöhle waren enthauptet worden.

Robert Rudolf Schmidt barg den Fund und untersuchte ihn mit Kollegen im Labor. Die Todesursache der 34 Geköpften ließ sich nicht mehr feststellen. Sie konnten durch Enthauptung getötet worden sein, es war ebenso gut möglich, dass die Schädel erst nach dem Tod vom Rumpf getrennt worden waren. Einige Köpfe wiesen überdies weitere Verletzungen auf: 14 Schädeldecken waren eingeschlagen. Alle Bruchstellen waren scharf, es hatte also in keinem Fall ein Heilprozess eingesetzt. Die Hiebe müssen demnach zum Tod der Opfer geführt haben oder ihnen nach dem Ableben zugefügt worden sein. Der Frühgeschichtler Jörg Orschiedt von der Universität Hamburg widmete sich dem Ofnet-Fund in den 1990er-Jahren und fand heraus, „dass ein unmittelbar tödlicher Verlauf

116 KULTSTÄTTEN

der Verletzungen durch die Beschädigung von lebenswichtigen Gehirnteilen, Verbluten oder durch ein Hirnödem nachweisbar ist". Zwar weisen nur 14 der 34 Schädel Bruchstellen auf, dennoch ist es vorstellbar, dass auch die anderen Ofneter durch Hieb- oder Stichwunden ums Leben kamen, die aber möglicherweise die Weichteile tödlich verletzten und deshalb heute nicht mehr nachweisbar sind.

Die Zahl der Toten ähnelte mit 34 der durchschnittlichen Größe einer Menschensippe der Mittelsteinzeit. So machte bald nach der Entdeckung die Theorie die Runde, in der Großen Ofnethöhle lägen die Überreste einer erschlagenen Familie. Die Untersuchung der Knochen aber offenbarte eine ungewöhnliche Geschlechts- und Altersverteilung. So stammten die meisten Schädel von Frauen und Kindern. 47 Prozent der Köpfe gehörten Kindern im Alter zwischen einem Jahr und sechs Jahren. Mit einem solchen Übergewicht scheidet die Möglichkeit der Familiengruft als Erklärung aus.

Der US-Anthropologe David W. Frayer vertrat 1997 die Ansicht, dass mit den Kopfbestattungen in der großen Ofnethöhle ein einmaliges Beispiel prähistorischer Gewalt vorliege, „ein Massaker, bei dem eine große Zahl von Männern, Frauen und Kindern hingeschlachtet wurde". Frayer sah in den beiden Mulden die Überreste je eines Überfalls: „Es ist sehr wahrscheinlich, dass die Individuen in jeder Grube eine Massenbestattung von zwei separaten Ereignissen darstellen." Auch für das Übergewicht an Kindern und Frauen hat der Wissenschaftler der Universität von Kansas eine Erklärung. Seiner Ansicht nach habe eine feindliche Gruppe die Ofneter überfallen, als deren männliche Mitglieder gerade nicht im Lager waren.

Die Theorie, in der Großen Ofnethöhle seien die Opfer eines Massenmordes bestattet worden, ist jedoch ohne weitere Hinweise nicht haltbar. Obwohl Entdecker Schmidt zu Beginn des 20. Jahrhunderts in einer Zeit forschte, in der Frühmenschen als notorische Keulenschwinger und Gewalttäter galten, wagte er es nicht, die Höhle als Tatort eines Mordes abzustempeln. Zwar räumte Schmidt ein: „Der Gedanke, dass die Schädelniederlegungen auf

Historische Zeichnung des Schädelnestes von 1908.

einen Überfall durch einen feindlichen Stamm zurückzuführen seien, der seine Gefangenen, Männer, Frauen und Kinder opferte, tauchte wiederholt in der Diskussion auf. In der großen Zahl der bestatteten Kinderschädel könnte für die Annahme eines gewaltsamen Todes durch Feindeshand ein starkes Argument erblickt werden." Doch mangelte es dem Tübinger an Beweisen: „Nach meinem Ermessen fehlen uns aber für eine solche Interpretation der Ofnetbestattungen jede weiteren Anhaltspunkte."

Bunte Gräber

Stattdessen verwies Robert Rudolf Schmidt all jene, die auf Gewalt im Schädelnest pochten, auf ein Detail, das er unterhalb der Köpfe entdeckt hatte. Der Boden der Mulden war mit Rötel bestreut gewesen. Auch auf den Schädeln hatte der Forscher Reste dieses mineralischen Gemenges aus Ton und Eisenocker bemerkt. Es war bereits aus vielen anderen Fundorten aus allen Abschnitten der

Steinzeit bekannt, so im Fall eines alten Mannes und einer jungen Frau, deren Überreste Archäologen in der Abbauwand eines Steinbruchs bei Oberkassel gefunden hatten. Schon die Neandertaler nutzten die Naturfarbe zur Körperbemalung und in Gräbern, und ihre Signalwirkung beeindruckte die Menschen auf allen Kontinenten. In der südafrikanischen Blomboshöhle fand der Archäologe Christopher Henshilwood im Jahr 2004 die Reste einer Schmuckkette, die einmal aus den Gehäusen von 41 Reusenschnecken bestanden hatte. In den Schneckenschalen hatte sich Rötel erhalten, der, so die Meinung des Ausgräbers, vom Körper des Geschmückten auf die Schnecken abgerieben worden sei. Der Umgang mit Farbe faszinierte den Menschen demnach schon früh und rund um den Globus und hatte vermutlich sakralen Charakter.

Darüber hinaus waren den Toten der Ofnethöhle Tausende Schmuckstücke mit ins Grab gelegt worden. Neben 215 Hirschzähnen zählte Ausgräber Schmidt 4250 Gehäuse von Schmuckschnecken. Alle waren durchbohrt und müssen ursprünglich zu Ketten oder Netzen zusammengefädelt gewesen sein. Wie immer die 34 Menschen zu Tode gekommen sind – ihre Bestattung war ein sorgfältiger Akt, bei dem die Reste der Toten mit großer Sorgfalt in die Mulden gelegt worden waren.

Zu Schmuck und Rötel, zu der behutsamen Ausrichtung der Köpfe nach Westen scheint die Theorie vom Totschlag nicht zu passen. Ein Überfallkommando hätte die Opfer bestenfalls verscharrt, um Spuren zu beseitigen. Die sakrale Behandlung aber deutet auf einen Ritus hin, der seit der Steinzeit bekannt ist und sich bis in die Neuzeit bei vielen Völkern und sogar in europäischen Kulturen erhalten hat: den Schädelkult.

Globaler Schädelkult

Der Kopf eines Menschen ist Sitz seltsamer Kräfte. Schon Homo erectus hatte eine Affinität zu Köpfen, wie Funde in der Höhle von Zhoukoudian belegen. Die Grotte bei Peking ist eine der bedeutendsten Fundstellen bei der Suche nach den Ursprüngen des Men-

SCHÄDELNESTER IN DER GROSSEN OFNETHÖHLE 119

schen. Im Innern des „Drachenknochenbergs" entdeckte der österreichische Geologe Otto Zdansky 1923 einen menschlichen Zahn. Bald darauf brachten nähere Untersuchungen eine ganze Menschenart zum Vorschein: Homo erectus hatte hier ein Lager aufgeschlagen. Später wurde aus Vermutung Gewissheit: Der Mensch hatte Afrika verlassen und war in evolutionären Gewaltmärschen bis nach Ostasien gelangt.

Bis 1941 wurden Überreste von vierzig Individuen in Zhoukoudian entdeckt, allesamt Teile von Köpfen. Schädeldecken, Unterkiefer, Zähne und Gesichtsteile tauchten unter dem Archäologenpinsel auf. Keinen Wirbel, keine Becken- oder Oberschenkelknochen konnten die Forscher ausmachen. Erst nach dem Zweiten Weltkrieg förderten Ausgrabungen vereinzelte Extremitätenknochen zutage. Zwar gilt es als unwahrscheinlich, dass Homo erectus in Zhoukoudian bereits Tote bestattete, weil keine Grabstätten vorhanden waren, doch eine besondere Behandlung des Kopfes ist an der Häufigkeit der entsprechenden Skelettteile erkennbar.

Auch die Neandertaler trieben einen ausgeprägten Kopfkult – und das in weiten Teilen ihres Verbreitungsgebietes. Möglicherweise entwickelte sich die Tradition an vielen Orten von selbst. Zu den spektakulärsten Funden gehört das Skelett eines Neandertalers aus Kebara in Israel, dessen Körper sorgfältig ins Grab gelegt worden war. Der Schädel aber fehlte. In der italienischen Guattari-Höhle im Monte Circeo bei Neapel entdeckten Arbeiter 1939 hingegen nur einen Schädel. Weder Unterkiefer noch andere Skelettteile waren zu sehen. Der Kopf war vermutlich kultisch behandelt worden. Das gilt auch für den Schädel des namengebenden Skelettes eines Homo neanderthalensis aus dem Düsseltal, das Johann Carl Fuhlrott erst auf die Idee brachte, es könnte vielleicht eine allmähliche Entwicklung des Menschen gegeben haben. Am Schädel des berühmten Vorfahren sind kaum wahrnehmbare Schnittspuren zu sehen. Sollte es sich – nach einer gängigen Theorie – um die Überreste einer altsteinzeitlichen Bestattung handeln, muss im Fall der Schnittspuren auf eine Sonderbehandlung des Kopfes ge-

120 KULTSTÄTTEN

schlossen werden. Welche Praktiken die Hinterbliebenen an den Körpern der Verstorbenen anwendeten, ist nicht bekannt. Gewiss ist hingegen, dass der Schädel für den Neandertaler eine große Rolle spielte. Von allen Überresten des Frühmenschen sind in 84 Prozent der Fälle die Schädel oder Teile davon erhalten. Nur bei 34 Prozent sind auch Teile des Körperskeletts entdeckt worden. Fünfzehn Schädel sind vollständig überliefert, Körperskelette sind in keinem Fall vollständig erhalten. Zum einen ist das darauf zurückzuführen, dass Teile des Körperskelettes von Tieren davongetragen wurden, andere Teile schneller vergangen sind, weil die Knochen weicher oder kleiner waren. Auf der anderen Seite aber kann diese Verteilung auch zeigen, dass der Kopf des Menschen für die Neandertaler eine besondere Rolle gespielt hat, bei der Bestattung sorgfältiger behandelt wurde als der übrige Körper und deshalb häufiger erhalten ist.

Der Kopfkult starb nicht mit dem Neandertaler aus. Um 7000 v. Chr., etwa zu jener Zeit, in der die Schädelnester in der Großen Ofnethöhle angelegt wurden, entstanden bereits die ersten Siedlungen im Vorderen Orient. Während in Europa noch die nomadisierende Lebensweise der Jäger und Sammler die Regel war, war die Jungsteinzeit mit Hausbau und Sesshaftigkeit von der Türkei bis zur Levante bereits ausgebildet. In Jericho (vgl. S. 59 f.) lebten etwa 3000 Menschen in Rundhäusern, die an Bienenkörbe erinnern. Die Ausgrabungen der Stadt zwischen 1952 und 1961 offenbarte einen einzigartigen Totenkult, in dessen Zentrum der menschliche Schädel stand.

Die britische Archäologin Kathleen Kanyon fand 85 Köpfe in der Stadt. Einige Exemplare waren in einem Raum im Kreis aufgestellt und der Raummitte zugewandt. Der Blick der Toten hatte demnach ähnlich wie in der Großen Ofnethöhle eine Bedeutung. Bei einer anderen Gruppe, die aus Kinderschädeln bestand, waren noch Halswirbel vorhanden – auch hier zeigt sich eine Parallele zum Fund im Nördlinger Ries. Eindrucksvoll waren besonders einige Köpfe aus einer späteren Phase der Jerichoer Stadtgeschichte. Auf diesen Schädeln war mit einer rötlichen Gipsschicht das Ge-

Die in Jericho gefundenen Menschenschädel waren mit Totenmasken aus Lehm überzogen.

sicht der Toten nachmodelliert. In die Augenhöhlen hatten die Bestatter Muscheln eingesetzt – die ältesten erhaltenen Totenmasken der Geschichte.

Auch in Mitteleuropa war der Kopf bei einer Bestattung oft die Hauptsache. In Vedbaek an der Ostküste der dänischen Insel Seeland fanden Archäologen Gräber der Mittelsteinzeit, die den Glau-

122 KULTSTÄTTEN

ben hinter dem dort praktizierten Totenkult erahnen lassen. Die Seeländer begruben 22 Menschen auf einer Insel, die heute verlandet ist. Offenbar fürchteten sich die frühen Dänen vor Wiedergängern, denn den Leichen waren die Füße gefesselt. Zwar könnte dieser Umstand darauf hinweisen, dass es sich bei den Verstorbenen möglicherweise um Gefangene gehandelt haben könnte. Doch erklärt das nicht, dass die Vedbaeker einigen Toten Felsbrocken auf die Beine wälzten. Herausragend ist die Vedbaeker Bestattung einer etwa 18 Jahre alten Frau, die mit einem vermutlich zu früh geborenen Kind auf der Friedhofsinsel die letzte Ruhe fand. Der Kopf der Mutter war abgetrennt worden und lag auf einem weichen Kissen aus Leder. Auch der Kopf des Kindes war separat begraben und ruhte auf der Schwinge eines Höckerschwans. Sollte Angst vor den Toten das Motiv für die Enthauptung gewesen sein, so brachten die Dänen den Verstorbenen doch gleichzeitig auch Respekt entgegen.

Der Schädelkult hatte auch in unmittelbarer Umgebung der Großen Ofnethöhle Parallelen. Im nahen Lonetal liegt die Vogelherdhöhle, in der Archäologen altsteinzeitliche Statuetten in der Form von Wildpferd, Löwe und Mammut entdeckten. Wie sich herausstellte, war die Vogelherdhöhle über Jahrtausende immer wieder Anziehungspunkt für Homo sapiens gewesen. Zwar fehlen Hinweise auf eine Nutzung als Wohnhöhle. Ein sakraler Ort aber könnte die Grotte in der Alt- und Mittelsteinzeit gewesen sein. Neben den Kleinplastiken lagen abgetrennte Köpfe in den Sedimenten des Höhlenbodens. Diesen Fund machte 1861 der Geologe Oscar Fraas, der auf Gebeine stieß, die offenbar ein Fuchs aus dem Boden hervorgescharrt hatte. Eine nähere Untersuchung ergab, dass 88 Schädel in der Vogelherdhöhle vergraben waren. Sie stammten ebenso aus dem Mesolithikum wie die drei Köpfe einer Familie, die Robert Wetzel 1937 in derselben Grotte fand. Diese Knochen gehörten zu einem Mann, einer Frau und einem Kind und ähnelten auffällig den Köpfen aus der Großen Ofnethöhle. Auch sie waren am Hals abgetrennt und mit den Wirbeln beigesetzt, auch sie zeigten Schlagspuren, die zur Öffnung der Schädeldecke geführt hatten und auch sie waren so niedergelegt, dass die Gesichter in dieselbe Richtung blickten.

Welche Ideen und Glaubensvorstellungen hinter den Enthauptungen und rituellen Schädelbehandlungen stecken, ist eine Frage der Interpretation, die viele Vorschläge hervorgebracht hat. Eine davon ist die Mehrfachbestattung, ein Brauch, der noch heute verbreitet ist. Dabei wird der Leichnam vor der Bestattung vom Fleisch gereinigt. Dazu beschleunigen die Bestatter den natürlichen Verfallsprozess. Einige Glaubensgemeinschaften legen den Leichnam an eine exponierte Stelle, um ihn Tierfraß auszusetzen. Die indischen Parsen legen die Leichen ihrer Verstorbenen auf Dächer hoher Gebäude, sogenannter Türme des Schweigens, wo die Knochen in wenigen Tagen von Vögeln gereinigt werden. Erst dann beginnt die eigentliche Begräbniszeremonie. Einen ähnlichen Brauch, die Luftbestattung, kannten die nordamerikanischen Ureinwohner, bei denen Tote auf einem Holzgerüst in freier Natur beigesetzt wurden. Varianten für das Entfernen der Weichteile sind das Benutzen von Hitze oder Werkzeugen – die möglicherweise an den Schädeln der Steinzeit die oft auftretenden Schnittmarken hinterlassen haben.

Nicht immer sind die Glaubensvorstellungen hinter solchen Riten heute nachvollziehbar. Meist jedoch hängt die Vorstellung des Todes mit der Erscheinung des Skeletts eng zusammen. Bevor die Knochen nicht zu sehen sind, ist der Tod nicht begreifbar – ein Phänomen, das bis in die Neuzeit zu beobachten ist: Die Kunst des Barock ist übersät mit Totenschädeln, in Mexiko begehen die Bäcker das Allerseelenfest mit Totenköpfen aus Zuckerguss und in vielen Kulturen tritt der Tod als Knochenmann in Erscheinung. Der Mensch hält sich vor Augen, was er sich nur schwer vorstellen kann: das vollständige Verschwinden nach dem Tod.

Götterspeise unter Schädeldecke

Zwar halten einige Merkmale der mittelsteinzeitlichen Kopfbestattungen dem Vergleich mit heute noch bekannten spirituellen Vor-

124 KULTSTÄTTEN

stellungen stand. Ohne Parallele ist jedoch der geöffnete Schädel, wie er bei vielen steinzeitlichen Kopfkulten auftaucht.

Der Fund des Neandertalerschädels aus der Guattari-Höhle im Monte Circeo gilt als Paradebeispiel für die Überreste eines buchstäblichen Leichenschmauses. Als der Paläontologe Alberto Blanc den Kopf 1939 untersuchte, entdeckte er Verletzungen des Knochens, die seiner Meinung nach nur von einem grausigen Ritual übrig geblieben sein konnten. Blanc entwarf das Szenario von Hirn verspeisenden Frühmenschen. Seiner Ansicht nach hatten Neandertaler das Opfer in der Höhle mit einem Schlag gegen die Schläfe getötet, ihm den Kopf vom Rumpf getrennt und den Schädel mit dem Scheitel nach unten in einen Steinkreis gestellt. Nun sei das Hinterhauptloch aufgebrochen worden, damit in einer kultischen Handlung das Hirn herausgenommen und vermutlich verzehrt werden konnte. Der leere Schädel sei anschließend als Trinkbecher verwendet und in besagtem Steinkreis wie bei einem Bankett abgestellt worden.

Tatsächlich sprachen die Spuren an dem Schädel der Guattari-Höhle für diese Interpretation. Doch Jahre nach der Entdeckung entlarvten Nachuntersuchungen Blancs Daten als Informationen aus zweiter Hand. Der Wissenschaftler hatte den Steinkreis selbst nicht zu Gesicht bekommen, sondern sich auf die Berichte der Arbeiter verlassen, welche die Höhle entdeckt hatten. Sie hatten im Dämmerlicht einen Steinkreis gesehen, weil der gesamte Höhlenboden mit Steinen bedeckt war. Auch die Position des Schädels, der angeblich mit der Öffnung nach oben auf dem Boden gelegen hatte, erwies sich als Gerücht. Der Kopf hatte auf der Seite gelegen. Damit erklärte sich auch die Beschädigung an der Schläfe, die keineswegs auf eine Gewalttat zurückzuführen war. Im Laufe der Jahrtausende hatte sich der Knochen durch sein eigenes Gewicht an dieser Stelle eingedrückt.

Bei der Frage nach Nahrhaftem unter der Schädeldecke gehen die akademischen Meinungen auseinander. Die Interpretationen der Überreste vermeintlichen Hirnschmauses sind bisweilen bunt. Erhard Oeser von der Universität Wien erkennt im Gehirn nicht

SCHÄDELNESTER IN DER GROSSEN OFNETHÖHLE 125

nur bekömmliche, sondern auch praktische Nahrung: „Die Erweiterung des Hinterhauptloches diente der Entnahme des Gehirns zu kannibalischen Zwecken, wobei man praktischerweise mit der Speise, die zum Unterschied von zähem, rotem Fleisch keiner besonderen Zubereitung bedurfte, zugleich auch das geeignete Essgeschirr geliefert bekam, das man auch später noch weiterverwenden konnte." Dem Paläontologen Yves Coppens fiel auf, dass bei fast allen Funden aus Fernost die Gesichtsknochen des Schädels fehlten. Coppens meint: „... der Schädel wurde vielleicht geöffnet, um das Gehirn zu opfern; das Gesicht wurde vielleicht zerstört, um das Ebenbild des betreffenden Menschen auszulöschen."

Solche Auslegungen aber sind angreifbar. Die Öffnung des Schädels durch Entfernen der Gesichtsknochen oder des Hinterhauptloches muss nicht unbedingt bedeuten, dass das Gebein manipuliert worden ist. Das Hinterhauptloch ist ein besonders zerbrechlicher Teil des menschlichen Schädels. Kälte, Hitze und Bewegung können den Knochen angreifen und ihn zerstören, sodass sich das Hinterhauptloch quasi von selbst erweitert. Ähnliches gilt für die Knochen, die das Gesicht bilden. Jochbein, Pflugscharbein, Tränenbein und Nasenbein sind nicht mehr als zerbrechliche Plättchen. Schon geringe Bewegungen, wie sie etwa Tiere verursachen, können diese Teile des Schädels von ihrem ursprünglichen Platz fallen lassen. Unter starken Witterungseinflüssen sind die Gesichtsknochen in der Regel auch rasch vergangen. Robust ist hingegen die Schädelkalotte. In den meisten Fällen von Kopffunden ist sie erhalten. Die Entdeckung eines Kopfes ohne Gesichtsknochen muss demnach nicht zwingend darauf hinweisen, dass die Bestatter am Kopf des Toten Riten praktiziert haben.

Einzeln liegende Schädel, wie jener in der Guattari-Höhle müssen zudem nicht unbedingt von Menschen absichtlich an exponierter Stelle abgelegt sein. Ausgrabungen in Höhlen zeigen häufig, dass die Felsgrotten in der Alt- und Mittelsteinzeit abwechselnd von Menschen und Tieren bewohnt waren. Größere Tiere wie Bären, Hyänen und Wölfe können zurückgelassene Leichname aufgescharrt und fortgeschleppt haben. Dabei werden die Aasfresser das am wenigsten Fleisch tragende Körperteil verschmäht haben: den Kopf.

Schädelkult oder nicht? Eines der Indizien, das sich nicht wegdiskutieren lässt, ist die Position der Köpfe. Das Beispiel aus der Großen Ofnethöhle zeigt, dass Menschen die Köpfe sorgfältig platziert und – einer Idee folgend – ausgerichtet haben. Ob sie jedoch ihre Freunde, Verwandten oder Feinde in der Höhle zur letzten Ruhe betteten, bleibt der Interpretation überlassen. Hinweise auf spirituelle Vorstellungen und gesellschaftliche Strukturen der Mittelsteinzeit sind in den archäologischen Hinterlassenschaften zwar zu erkennen, bleiben aber Schemen.

Keule, Pfeil und Bogen

Welche Vorstellungen und Gedankenwelten einen Schädelkult wie in der Großen Ofnethöhle hervorbringen, ist nur spekulativ nachzuvollziehen. Hinweise liefert ein Blick in die Mittelsteinzeit, das Mesolithikum, jenen Abschnitt menschlicher Kulturgeschichte, in dem Menschen Schädelnester in Höhlen anlegten.

Das Mesolithikum gilt als Zeit großer Veränderungen. Die vorangegangene Altsteinzeit hatte über 2,4 Millionen Jahre gedauert, mehrere Menschenarten hervorgebracht und wieder verschwinden lassen. Zum Beginn der Mittelsteinzeit war Homo sapiens der einzige noch lebende Vertreter seiner Gattung. Nach der letzten Eiszeit wechselte das Klima in Europa. Es wurde wärmer. Um 8000 v. Chr. herrschten mit acht bis zwölf Grad Celsius zwar kühlere Temperaturen als heute. Doch im Vergleich zu den Kaltphasen der Weichseleiszeit war das Klima mild.

Die Landschaft veränderte sich und mit ihr die Tierwelt – vor allem für die von der Jagd lebenden Menschen ein enormer Einschnitt in die Lebenspraxis. Wo sich zuvor die Tundra der Mammutsteppe erstreckt hatte, gediehen nun Wälder, in denen Hirsche, Rehe und Wildschweine lebten. Die Rentiere hingegen, vormals beliebtes Jagdwild, das in großen Herden durch die Tundra streifte, zogen sich mit den Gletschern nach Norden zurück, wo sie noch heute leben. Der Wechsel zur Jagd auf Standwild muss einschneidend gewesen sein, alte Jagdtechniken, seit Jahrtausenden tradiert, waren hinfällig. Fette Beute machte der Mensch auch in den nun wieder wärmeren Gewässern: Fischerei gewann an Bedeutung. Hinzu kamen vielerorts gedeihende Früchte, Samen, Beeren und Nüsse. Waren die Menschen der Altsteinzeit noch Nomaden, die stets dorthin zogen, wo Nahrung zu finden war, so entwickelten die Mesolithiker allmählich eine ortsgebundenere Lebensweise. Ihre Reviere schrumpften.

Zwar gab es noch keine Häuser und echte Sesshaftigkeit. Aber Überreste von Zelten und Hütten sind aus dem Mesolithikum in größerer Zahl und mit einem höheren technischen Stand überliefert, als aus den Zeitabschnitten zuvor. Der bessere Erhaltungszustand ist auf eine robustere Bauweise der Unterkünfte zurückzuführen. Da sich die Bewohner länger an einem Ort aufhielten, mussten die Zelte stabiler sein.

Ein an Standorte gebundenes Leben ermöglichte neue Technologien. Steingeräte, seit 2,4 Millionen Jahren wichtigstes Werkzeug des Menschen, konnten in immer kleinerer Form hergestellt werden. Mit den sogenannten Mikrolithen, kleinen Steinen, entwickelte der Mensch die Fähigkeit, scharfe Spitzen von nur wenigen Zentimetern Größe aus einer Knolle Feuerstein zu schlagen. Pfeile, die mit diesen Spitzen bestückt waren, konnten als tödliche Waffen genutzt werden.

Pfeil und Bogen waren nicht die einzigen Mordwerkzeuge des Mesolithikums. Die Keule kam in Mode. Pia Bennicke von der Universität Kopenhagen untersuchte in den 1980er-Jahren die Kopftraumata im gesamten archäologischen Befund Dänemarks. Sie fand heraus, dass Schädel mit Hiebspuren am häufigsten im Mesolithikum auftauchen. Die Art der Verletzungen ließ auf den Gebrauch von Keulen schließen. Allerdings kann diese archäologische Statistik auf mehrere Arten gelesen werden. Die Häufigkeit eingeschlagener Schädel ist auch darauf zurückführbar, dass die Menschen der Mittelsteinzeit ihre Toten sorgsamer bestatteten und sie damit öfter für die Nachwelt überlieferten – so wie im Fall der Schädelnester in der Großen Ofnethöhle.

Die Kulte der Druiden

Sie waren Richter und Priester, Magier und Medizinmänner – die Druiden standen im Mittelpunkt der keltischen Kultur. Während sich die Religion der Germanen dem Historiker wegen dürftiger Quellenlage entzieht, ist jene der Kelten reich überliefert: in den Schriften der Römer und in den Funden der Archäologen. Doch obwohl die Kenntnis über die geistlichen Führer der Kelten umfangreich ist, ist das Wissen der Druiden mit dem Untergang der Kelten verloren gegangen. Übrig geblieben sind Bilder grausamer Riten und der Mythos zaubernder Philosophen. Wer waren die Druiden wirklich?

Die Druidenkaste trug die Züge eines Geheimbundes. Trotzdem zählt sie heute zu den am besten überlieferten religiösen Gruppen der Geschichte Mittel- und Nordeuropas. Zu verdanken ist dies dem Kontakt der Kelten mit den Römern. Römische Gelehrte und Feldherren studierten die Züge der keltischen Kultur und hielten ihre Beobachtungen in Texten fest, die in Teilen überliefert sind.

Julius Cäsar führte einen langen Krieg gegen die Gallier, eine Volksgruppe der Kelten. Unter dem Eindruck dieses Krieges schrieb der sizilianische Gelehrte Diodor auf, was er über die keltischen Priester zusammentragen konnte. Diodor bezeichnet die Druiden als Philosophen und Theologen, die die Sprache der Götter beherrschten. Kenntnisreich unterscheidet der antike Autor Druiden von Wahrsagern. Gehe es um Menschenopfer, so sei bei den Kelten ein Zukunftsdeuter zuständig. Die Druiden hingegen wachten über den Ritus und entschieden, wie den Göttern das Opfer gefallen habe.

Glaubt man Diodor, oblag es den Druiden auch, junge Männer zu unterrichten. Den römischen Texten zufolge brauchten Nachwuchs-Druiden langen Atem. Ihr Studium dauerte zwanzig Jahre.

DIE KULTE DER DRUIDEN 129

Die Darstellung eines keltischen Kriegers und eines Druiden folgt den Beschreibungen Gaius Julius Cäsars; 19. Jahrhundert.

Kein Wunder: Da die Weisen der Kelten es für Frevel hielten, ihr Wissen aufzuschreiben, musste alle Kenntnis auswendig gelernt werden. Das betraf nicht nur Kulthandlungen und Heilpraxis, son-

130 KULTSTÄTTEN

dern auch die Überlieferung der keltischen Geschichte. Den Grund für diese Mühsal nennt Cäsar in seiner Beschreibung der keltischen Kultur: Nur das von Mund zu Mund überlieferte Wissen blieb den Eingeweihten vorbehalten, die Weitergabe an Außenstehende wurde streng bestraft. Schriftrollen, durch die das Wissen verbreitet worden wäre, waren für die Druiden undenkbar.

Das bis heute populärste Druidenbild verfasste 79 n. Chr. ein weiterer Römer, Plinius der Ältere. Nach seinen Worten halten Druiden „nichts für heiliger als die Mistel und den Baum, auf dem sie wächst, wenn es eine Steineiche ist. Schon um ihrer selbst willen wählen sie Steineichenhaine und sie verrichten keinen Kult ohne deren Laub und daher schienen sie auch nach der griechischen Bezeichnung benannt worden zu sein". Das Wort „Druide" bedeutete ursprünglich vielleicht „Wahrsager".

Wie genau die Kulte aussahen und welche Eigenschaften die Druiden den Eichen zusprachen, ist nicht überliefert. Aber die Archäologie kennt Überreste keltischer Kultur, die Rückschlüsse auf die Riten der Druiden zulassen und ein befremdendes Bild der sakralen Keltenkaste zeichnen.

Kopflos auf Posten

Im Norden Frankreichs liegt der Ort Ribemont-sur-Ancre. Zwar ist Ribemont nur eine kleine Stadt, aber eine mit großer Vergangenheit. Schon vor 2200 Jahren wussten die Kelten den Platz zu schätzen. Allerdings nicht, um dort zu wohnen. In Ribemont-sur-Ancre stand eines der größten, durch Ausgrabungen bekannten keltischen Heiligtümer Mitteleuropas, ein makabrer Ort, an dem ein vermutlich von Druiden praktizierter Kult sichtbar wird. Am Außenrand einer Palisadenanlage gruben Archäologen ein riesiges Depot aus, das mit etwa 10 000 menschlichen Knochen und mehreren Hundert Waffen angefüllt war.

Als bei den Ausgrabungen von Ribemont-sur-Ancre immer mehr Menschenknochen auftauchten, vermuteten die Archäologen zunächst, auf ein Schlachtfeld gestoßen zu sein. In diesem Fall aber hätten Knochen und Waffen unregelmäßig über das Grabungsgebiet verteilt sein müssen. Aber das war nicht der Fall. Vielmehr schienen die Gebeine sorgfältig behandelt worden zu sein. Die Knochen der Skelette befanden sich im anatomischen Zusammenhang, die Waffen waren unbeschädigt – zwei Indizien, die auf einem Schlachtfeld selten vorkommen. Nur ein Hinweis ließ die Forscher stutzen: Kein einziger Schädel war zu finden.

Bei Ribemont-sur-Ancre hatte einst eine keltische Kultanlage gestanden. Die Auswertung der Grabungsergebnisse ermöglichte es, das Heiligtum der Druiden zu rekonstruieren und zumindest auf dem Papier zahlreicher Publikationen wiedererstehen zu lassen.

Die Kultstätte von Ribemont-sur-Ancre lag um 220 v. Chr. auf einem Abhang oberhalb eines kleinen sumpfigen Flusses. Wer sich dem heiligen Bezirk näherte, dem blieben der Zutritt und sogar der Blick ins Innere verwehrt: Ein Graben und Palisaden schützten die Anlage wie eine Festung. Zugang gewährte einzig ein großes Portal aus Eichenholz, an dessen Pfosten menschliche Schädel hingen. Dahinter zeigten sich dem Besucher weitere Einfriedungen. Insgesamt war die Anlage 150 mal 180 Meter groß und im Innern in drei Bezirke von jeweils etwa 40 mal 40 Metern Größe unterteilt. Auch die kleinen Abschnitte grenzten sich durch Palisaden und Gräben von der Umwelt ab. Dahinter lagen Opferplätze und vermutlich sakrale Bauwerke. Zumindest eine Zeit lang muss über diesem Ort ein intensiver Geruch gehangen haben – der von Leichen.

An den Holzwänden der Gebäude und vermutlich auch der Palisaden hingen menschliche Überreste, Langknochen von Armen und Beinen, zum Teil auch vollständige Oberkörper, allesamt mit Waffen bestückt. Die Art des Arsenals wies die Toten als keltische Krieger aus. Knochenhaufen lagen auch in einem anderen Bereich. An dieser Stelle war Menschengebein mit Pferdeknochen zusammengelegt und zu einem quadratischen Altar von einem Meter Höhe aufgeschichtet worden. Im Mittelpunkt des Knochenaltars loderte Feuer, in dem Körperteile verbrannten.

132 KULTSTÄTTEN

Den makabren Höhepunkt dieses Panoptikums bildete eine Halle ohne Seitenwände. Unter dem Dach war ein Zwischenboden eingezogen, von dem aus das umliegende Gebiet beobachtet werden konnte. Wache schoben sechzig kopflose Krieger. Dicht gedrängt standen die Posten in vollem Ornat, mit gegürtetem Schwert, aufgestelltem Schild und präsentiertem Speer.

Die Frage nach dem Sinn der keltischen Anlage von Ribemont-sur-Ancre ist bislang ohne Antwort geblieben. Fest steht, dass Priester – vermutlich Angehörige der Druidenkaste – ein kompliziertes Ritual an fast tausend Männerkörpern praktiziert haben. Sie ließen die Leichen zunächst verwesen, zerschlugen einige der Knochen und schichteten sie dann sorgfältig auf, bevor sie Teile davon in Brand steckten. Andere Leichen, wie die Wache haltenden Toten, beließen die Druiden in voller Tracht – nur der Kopf musste verschwinden.

Wer waren die Ausgestellten? Nach Meinung von Ausgrabungsleiter Jean-Louis Brunaux vom Centre archéologique départemental opferten die Kelten an diesem Ort ihre Feinde den Göttern der Unterwelt. Brunaux erkannte in dem Heiligtum eine Anlage mit zwei Funktionen: einer profanen und einer sakralen. Einerseits sei die Stätte als heiliger Ort für die Anrufung der Götter geeignet gewesen, so der Archäologe, andererseits stellt sich Brunaux vor, dass die Gallier auch Siege hinter den Palisaden feierten. Leichenteile nagelten sie dabei an die Außenwände, um Fremde abzuschrecken.

Möglicherweise bestand ein Zusammenhang zwischen den Kriegern der Totenwache und dem Knochenaltar. Lösten sich Mitglieder der Wachmannschaft auf, mögen sie in den Flammen des Altars verbrannt worden sein. Auch könnten die Druiden auf diese Weise Platz auf der Plattform geschaffen haben, wenn neue Leichen ankamen und ausgestellt werden mussten.

Die Theorie vom Kriegsspektakel mit Opferung der Gefangenen hat einen Gegenpart. Die Leipziger Frühgeschichtlerin Sabine Rieckhoff vermutet in Anlagen wie Ribemont-sur-Ancre einen ganz normalen Friedhof. In der Kultur der Kelten mag Zerstückelung,

Einbalsamierung, Totenverbrennung und Zurschaustellung der Waffen ein alltäglicher Ritus bei Leichenfeiern gewesen sein. Rieckhoff kennt Parallelen von keltischen Grabstätten, in denen die Knochen der Toten auf ähnliche Weise behandelt wurden. Solche Gräberfelder waren noch in normaler Form angelegt, verschwanden jedoch in der Mitte des 2. Jahrhunderts v. Chr. – jener Zeit, in der in Ribemont-sur-Ancre Tote auf eine heute unvorstellbare Art behandelt wurden. Die Toten aus dieser Zeit sind bislang unauffindbar. In den Heiligtümern könnten sie ihre letzte Ruhestätte gefunden haben. Wenn Sabine Rieckhoff mit ihrer Theorie der gängigen Bestattungspraxis recht haben sollte, erschreckten Anlagen wie das Tropaion (Siegeszeichen) aus Nordfrankreich zwar die Zeitgenossen aus Italien und Griechenland, für die Gallier selbst aber war es ein so selbstverständlicher Ort wie der Gemeindefriedhof der Gegenwart für uns.

Haarsträubende Schrumpfköpfe

Welche Bedeutung der menschliche Kopf für die Kelten hatte, ist im archäologischen Befund nicht überliefert. Dass es einen Kopfkult gab, steht hingegen außer Frage. Die Bedeutung des menschlichen Schädels als Sitz mysteriöser Kräfte scheint bei den Kelten ebenso groß gewesen zu sein wie bei den Menschen der Steinzeit, auch wenn jeder Schädelkult vor der Kulisse einer eigenen Gedankenwelt gespielt haben mag.

In den Texten der Antike sind Spuren des keltischen Kopffetischismus erhalten. Der Umgang mit menschlichen Schädeln entsetzte Griechen und Römer, beides Völker, die zwar ebenfalls nicht zimperlich mit ihren Feinden umgingen – die Kreuzigung war eine der furchtbarsten Hinrichtungsarten dieser Zeit – vor der Manipulation toter Körper aber schreckten Römer und Griechen zurück. Der Geschichtsschreiber Diodor berichtet im 1. Jahrhundert v. Chr., dass die Kelten ihren Feinden die Köpfe abschlugen, um sie als Trophäe mit nach Hause zu nehmen. Der Kopfkult, den Diodor überliefert, scheint jedoch wenig sakralen Charakter zu haben:

134 KULTSTÄTTEN

„Den gefallenen Feinden hauen sie die Köpfe ab und hängen sie am Halse ihrer Pferde auf; die blutigen Waffen aber geben sie ihren Dienern und lassen sie als Beute umhertragen, unter Kriegsgeschrei und Siegesgesang. Diese Waffenbeute nageln sie dann zu Hause an die Wand, gleich wie Tiere, die man auf der Jagd erlegt hat. Die Köpfe ihrer vornehmsten Feinde balsamieren sie ein und bewahren sie sehr sorgfältig in einer Kiste, und wenn sie solche dann den Fremden zeigen, so rühmen sie sich dabei, wie diesen Kopf einer ihrer Vorfahren oder ihr Vater oder auch sie selbst um vieles Geld nicht hergegeben haben. Ja, einige von ihnen sollen sich sogar gerühmt haben, dass sie für einen solchen Kopf ein gleiches Gewicht an Gold nicht angenommen hätten."

Wie viele Körnchen Wahrheit in solchen Berichten stecken, mag von Fall zu Fall verschieden sein. Auf der einen Seite waren die Kelten die Feinde der Römer und somit als verabscheuungswürdige Bestien zu verunglimpfen. Schauergeschichten mit historischem Hintergrund nährten die Gerüchte über die blutrünstigen Barbaren. Dazu zählt der Bericht über das Ende des römischen Feldherrn Lucius Postumius. Sein Kampf gegen die keltischen Boier im 3. Jahrhundert v. Chr. endete mit einer Niederlage. Der Schande nicht genug mussten die Römer mit ansehen, wie die Kelten den Kopf ihres Feldherrn abschlugen, ihn in Gold fassten und Met aus ihm tranken.

Auf der anderen Seite sind einige römische Texte über untergegangene Kulturen heute wertvolle Belege der vorchristlichen Geschichte Europas. Gaius Julius Cäsars „Über den Gallischen Krieg" gilt als eine kenntnisreiche und detaillierte Beschreibung nicht nur der titelgebenden Auseinandersetzung, sondern auch der keltischen Kultur, wie Cäsar sie im 1. Jahrhundert v. Chr. erlebte.

Die Archäologie kann Schilderungen von zur Schau gestellten Köpfen bestätigen. Zwar fehlen im Fundgut Schädel mit Nagellöchern, aber im keltischen Oppidum von Manching, einer befestigten Siedlung beim heutigen Ingolstadt, kamen bei Ausgrabungen skelettierte Köpfe mit Bruchspuren zutage, wie sie bei einem Fall aus großer Höhe entstehen. Nach Meinung der Anthropologen könnten diese Schädel auf Pfosten gesteckt worden sein, wo sie von weit her sichtbar waren. Einen weiteren Hinweis liefert ein Kopf, der am rechten Scheitelbein ein fünf Millimeter kleines Loch aufweist. Hier, so der Verdacht, war eine Schnur eingefädelt, um den Schädel festzubinden – vielleicht am Hals eines Pferdes, wie es Diodor beschreibt.

Andere Schädeltrophäen aus Manching tragen gleichzeitig Züge von Kult und Kampf. Von diesen Köpfen waren nur die Gesichtsknochen übrig, Unterkiefer und Hinterkopf waren abgeschlagen. Eine Interpretation dieser bearbeiteten Schädel ist die Verwendung als Gesichtsmaske. Entweder trugen Druiden das Knochengesicht bei sakralen Handlungen oder keltische Krieger banden sich die Totenschädel um, wenn sie in die Schlacht zogen. Abschreckend wirkende Gesichtsmasken trugen auch die Römer, allerdings waren diese aus Metall.

Zerbrochene Schwerter als Gottesgabe

Die Zeugen des Druidentums sind besonders in Nordfrankreich gut erhalten. Der keltische Kultplatz von Gournay-sur-Aronde liegt nicht nur 50 Kilometer von Ribemont-sur-Ancre entfernt. Er ist mit 2200 Jahren genauso alt wie das Heiligtum in der Nachbarschaft. Vermutlich standen beide Orte in Beziehung zueinander.

Auch in Gournay lag die Anlage auf einem Hügel und war umgeben von einem Sumpf. Diese Wahl des Kultortes ist auch von germanischen Heiligtümern bekannt und bis heute überliefert in Ortsnamen wie Weimar oder Wismar („Heiliges Moor"). Die Druiden von Gournay hatten das Heiligtum mit einem komplexen System aus Gräben und Palisaden umfrieden lassen. Die Wall-Graben-Anlage schloss eine Fläche von 45 mal 38 Metern ein. Da sich der Eingang zum Talboden hin öffnete, stiegen Besucher zu dem Heiligtum hinauf – ein gewiss beabsichtigter Effekt.

Als Archäologen die Anlage von Gournay untersuchten, stießen sie auf einen Schatz aus Opfergaben. 500 Bruchstücke von

136 KULTSTÄTTEN

Schwertscheiden, 200 Reste von Schildbuckeln, 200 Fragmente von Schwertern, 75 Lanzenspitzen und 50 Lanzenschuhe lagen in den Rinnen. Hinzu kamen 73 Menschenknochen von wenigstens zwölf Individuen, 2500 Tierknochen, 200 Teile von Gürteln, Ringen, Ketten und Hacken, Fibeln, Sensen, Sicheln sowie Messer, Wagenteile und Pferdegeschirr.

Ihr Zustand ließ darauf schließen, dass sie absichtlich dort niedergelegt worden waren. Möglicherweise gehörten sie einst besiegten Gegnern der Kelten und waren als Dank für den Sieg über den Feind einem keltischen Gott geopfert worden. Ähnliche Praktiken sind heute von den Germanen bekannt, die zum Beispiel im Nydammoor im Norden Dänemarks die wertvolle Ausrüstung mehrerer Dutzend Krieger und sogar deren Boote versenkten – vermutlich im Rahmen einer Dankeszeremonie.

Der französische Archäologe Jean-Louis Brunaux, der die Grabungen in Gournay-sur-Aronde leitete, zählte die Fragmente zusammen: „Diese Einzelteile dürften zu einer Mindestzahl von ungefähr 300 Kriegerausstattungen gehören, die innerhalb eines Zeitraums von etwas mehr als einem Jahrhundert komplett in das Heiligtum gebracht worden sein müssen. Die Tatsache, dass es sich um komplette Ausrüstungen handelt, die regelmäßig und immer in der gleichen Anzahl herbeigebracht wurden, führt uns dazu anzunehmen, dass es sich um echte Opfergaben handelt und nicht etwa um Beutegut, das sich durch ein weniger gleichmäßiges Auftreten der verschiedenen Waffen auszeichnen würde."

Rätselhaft erschien den Ausgräbern zunächst, dass alle Opfergaben beschädigt waren. Die Schildbuckel waren von ihrem hölzernen Untergrund abgerissen und von Schlägen – vermutlich eines Kampfes – eingedellt, die Schwertscheiden waren absichtlich zerbrochen, die Spiralwindungen der Fibeln waren auseinandergezogen und die Gewandspangen damit nutzlos. Sollten die Druiden diese Objekte tatsächlich einem Gott geweiht haben, hätten sie sie hingegen in einwandfreiem Zustand geopfert – wie es bei den meisten Opferfunden der Eisenzeit überliefert ist. Ausgräber

DIE KULTE DER DRUIDEN **137**

Brunaux fand eine mögliche Erklärung für dieses Phänomen. Wie sich herausstellte, waren die Lederverbindungen an den Waffen bereits verdorrt, bevor sie in die Gräben gelangten. Daraus schloss der Archäologe, dass die Waffen zu diesem Zeitpunkt bereits sehr alt gewesen sein müssen. Vermutlich waren sie jahre- oder sogar jahrzehntelang auf Torbauten und Palisaden ausgestellt gewesen – möglicherweise in ähnlicher Art wie im Fall der kopflosen Krieger von Ribemont-sur-Ancre. Nach einiger Zeit zerfielen die Ausstellungsstücke, die Druiden mögen die herabfallenden Trophäen als Omen gedeutet haben, ließen die Überreste zerschlagen und in die Gruben werfen.

Die Zerstörung der Opfergaben, insbesondere der Waffen, ist eine in der Eisenzeit verbreitete Sitte. Aus vielen Gräberfeldern sind Schwerter oder Dolche überliefert, die absichtlich verbogen oder zerbrochen wurden. Vermutlich legten die Hinterbliebenen den Toten die Waffen ins Grab, damit diese im Jenseits als Krieger weiterleben konnten. In der diesseitigen Welt aber hatten es Grabräuber auf die Kostbarkeiten abgesehen. Um Langfinger von den heiligen Grab- oder Opferstätten fernzuhalten, war es deshalb üblich, jedwede Beute wertlos zu machen. Da verbogene Schwerter in großer Zahl aus verschiedenen Kulturen jener Tage überliefert sind, muss diese Rechnung aufgegangen sein.

Auch Hack-, Schlag- und Schnittspuren an den Tierknochen zeigen, dass diese nicht in einem Stück in die Grube kamen. Bei den Menschenknochen waren Schnittmarken am Hals Beleg für eine Enthauptung – eine weitere Parallele zum Heiligtum von Ribemont. Auch diese Opfergaben gelangten erst in zweiter Instanz in die Gräben. Zunächst müssen sie im heiligen Bezirk von Gournay den Göttern geweiht worden sein. Dieser Teil lag im Mittelpunkt der Anlage. Dort vollzogen die Druiden Kulthandlungen unter freiem Himmel und nutzten Erdgruben für das Darbringen der Opfer.

Mörderische Propheten

Hintergründe für die Opferungen der Kelten liefern die antiken Autoren, allen voran Gaius Julius Cäsar, der die Kultur der Kelten in seinem Text „Über den gallischen Krieg" umfangreich beschreibt:

„Wenn daher jemand schwer erkrankt oder Kämpfen und anderen Gefahren ausgesetzt ist, so bringt er unter Mithilfe der Druiden ein Menschenopfer dar oder gelobt es. Denn man ist der Ansicht, die unsterblichen Götter seien nur dadurch zu versöhnen, dass man für ein Menschenleben ein anderes opfert. Auch von Staats wegen werden dergleichen Opfer regelmäßig veranstaltet. Andere Stämme kennen ungeheuer große Götzenbilder aus Weidengeflecht, in die man lebende Menschen steckt. Dann zündet man sie von unten an, und die Menschen kommen in den Flammen um. Wie man glaubt, sind die bei Diebstahl, Raub oder sonst einem Vergehen Ertappten den unsterblichen Göttern als Opfer am willkommensten. Fehlt es aber an solchen Leuten, so entschließt man sich auch zur Opferung Unschuldiger."

Wie diese Opfer vor sich gingen, schilderte Diodor: „Sie weihen nämlich einen Menschen und stoßen ihm dann ein Schwert in die Brust, oberhalb des Zwerchfells, und indem das Opfer getroffen zusammenstürzt, erkennen sie aus der Art und Weise, wie es niederfällt, sowie aus den Zuckungen der Glieder und dem Ausströmen des Blutes das Zukünftige, wobei sie einer alten und durch lange Beobachtung erprobten Erfahrung Glauben schenken."

Details lieferte auch der römische Dichter Lukan im 1. Jahrhundert n. Chr.: „Teutates-Merkur wird von den Galliern folgendermaßen versöhnt: In einem gefüllten Bottich wird ein Mensch mit dem Kopf voran hinabgelassen, sodass er dort erstickt. Esus-Mars wird so versöhnt: Der Mensch wird an einem Baum aufgehängt, so lange, bis sich seine Glieder in eine blutige Masse auflösen. Taranis, der Vater des Dis, wird von ihnen so versöhnt, dass die Menschen in einer hölzernen Mulde verbrannt werden."

Kopfüber in den Tod: Vermutlich zeigt das Relief, wie ein keltischer Gott einen Krieger opfert, indem er ihn in ein Fass steckt; Silberkessel von Gundestrup, 5. bis 1. Jahrhundert v. Chr.

Es liegt in der Natur solcher Berichte, den Feind als Ungeheuer darzustellen, um den Kampf gegen ihn moralisch zu rechtfertigen. Die von den antiken Autoren geschilderten Gräuel aber scheinen nicht übertrieben zu sein. Sie finden sich in archäologischem Fundgut wieder. Auf dem Silberkessel von Gundestrup zeigt eine von zwölf Bildplatten eine große Gestalt, die eine kleinere an den Füßen hält und sie kopfüber in ein Fass steckt. Einige Gruben in Heiligtümern und Viereckschanzen weisen Reste von Bränden und hölzernen Verschalungen auf – wie bei den von Lukan geschilderten Taranisopfern.

Grillgabel, Wünschelrute, Opfergerät

Keltische Druiden kannten vermutlich auch religiöse Praktiken, die einen Kult unter der Erde erforderten. Darauf lassen soge-

140 KULTSTÄTTEN

nannte Viereckschanzen schließen. Obwohl bis heute etwa 250 solcher Anlagen bekannt, untersucht und ausgewertet sind, ist ihre Funktion noch immer strittig. Ein weiteres Mal steht die Archäologie vor den Artefakten einer untergegangenen Kultur, die sich aber ohne Einblick in die damalige Gedankenwelt kaum deuten lassen.

Eine der heute am besten erforschten Viereckschanzen entdeckten Archäologen 1957 bei Holzhausen nahe dem Starnberger See. In der Holzhausener Schanze wiederholt sich das Bauschema der nordfranzösischen Heiligtümer. Ein Wall und eine Palisade grenzen eine Fläche nach außen ab. Im süddeutschen Raum sind die Areale jedoch stets viereckig und nicht oval wie in Frankreich. Fünf Bauabschnitte und Nutzungsperioden sind an der Holzhausener Schanze II dokumentiert, eine weitere Anlage gleicher Art lag in unmittelbarer Nachbarschaft; vermutlich bestand sie gleichzeitig. Ein über lange Zeit genutzter Ort wie Holzhausen muss für die Kelten von großer Bedeutung gewesen sein. Was die Stämme an den Starnberger See lockte, weiß jedoch niemand. Das Innere der Schanzen gibt kaum Auskunft, es war nur spärlich bebaut.

Die Reste eines hölzernen Gebäudes in der Westecke sind alles, was auf die Nutzung des Schanzeninneren schließen lässt. Da jedoch nur wenige Pfostenspuren und die verbrannte Erde unter einer ehemaligen Herdstelle zu finden waren, bleibt die Nutzung fragwürdig. Möglicherweise hatten Viereckschanzen ebenso kultischen Charakter wie die Heiligtümer in Nordfrankreich. In diesem Fall käme dem rätselhaften Gebäude die Funktion eines Tempels zu. Es mag sich aber ebenso gut um einen Geräteschuppen oder ein Wachhäuschen gehandelt haben. Der Rest des Schanzeninneren war leer. Damit erinnert es an die Erdwerke der Jungsteinzeit, in denen die Ausgräber in manchen Fällen ebenfalls keine Bebauung finden konnten. Vorstellbar ist – wie im Neolithikum – eine astronomische Funktion der Anlage, da die Ecken exakt in die vier Himmelsrichtungen ausgerichtet waren, und die Erbauer über alle fünf Bauphasen an dieser Orientierung festhielten. Wachposten, Viehpferch, Sternwarte – viele Interpretationen träfen den Nagel auf den Kopf, gäbe es nicht die drei tief in den Boden hinabreichenden Schächte.

Abfallgruben, Schächte für den Tagebau – die gängigen Interpretationen archäologischer Bodenspuren versagten angesichts der Dimensionen der drei Schächte. Der Nordschacht reichte sechs Meter hinab, der Schacht im Südwesten 18 und der im Nordosten 35 Meter. Welchen Zweck die Anlagen einst erfüllten, erschließt sich bis heute nicht. Hinweise deuten darauf hin, dass auch im Fall der Viereckschanzen die Druiden ihre Hände im Spiel hatten.

Auf den Böden der Schächte hatten sich einige Indizien erhalten, die Rückschlüsse auf die ursprüngliche Verwendung der Anlagen erlaubten – wenn auch nur ungenau. Im Kies, der auf dem Boden des kleinsten Schachtes lag, fanden die Forscher die Reste einer noch immer senkrecht stehenden Holzstange. Ausgräber Klaus Schwarz deutete den Pflock in den 1960er-Jahren als Kultpfahl. Schwarz hatte den Winkel gemessen, in dem der Pfahl in dem Schacht steckte. Mit einer Neigung von zweiundsechzig Grad nach Süden entsprach die Achse der Stange dem Jahreshöchststand der Sonne am 21. Juni, dem Tag der Sommersonnenwende. Diese Ausrichtung ist von vielen anderen keltischen und germanischen Kultplätzen bekannt. Für Klaus Schwarz ergänzte der Pfahl ähnliche Beobachtungen von Objekten innerhalb der Viereckschanze, sodass für ihn kein Zweifel an der Funktion der Anlage als Sternwarte bestand.

Während der größte der drei Schächte von Befunden frei war, konnten die Archäologen aus der mittleren Anlage ein weiteres aussagekräftiges Artefakt bergen, eine Fleischgabel. Sie lag im oberen Teil des etwa fünf Meter breiten Schachtes und diente, einer überdimensionalen Grillzange ähnlich, einst vermutlich dazu, in einem großen Feuer oder Kessel mit zu garender Nahrung zu hantieren. Für die Interpretation der Gabel als Grillzange sprach die chemische Analyse der Schachtfüllung. Sie ergab einen hohen Anteil an Phosphat, eine Substanz, die im archäologischen Befund

142 KULTSTÄTTEN

stets dort zurückbleibt, wo einst viele eiweißhaltige Substanzen vergangen sind: Fleisch und Blut. Klaus Schwarz entdeckte entfernte Parallelen zu den Schächten an der Isar in der griechischen Antike und schloss, dass die Viereckschanze von Holzhausen ein Kultplatz mit Opferanlage gewesen sein könnte.

Schwarz war mit seiner Meinung nicht allein. Auf der Ulmer Alb war kurz zuvor eine vergleichbare Anlage entdeckt worden. Die wenigen dort gefundenen Objekte trugen die Handschrift der keltischen Baumeister. Das Areal der Tomerdinger Schanze war ähnlich eingegrenzt wie das der Anlage von Holzhausen. Auch in Tomerdingen entdeckten die Archäologen einen Schacht in der Südwestecke, auch hier fanden sie Reste eines über zwei Meter langen Holzpfahls. Damit waren die rätselhaften Vierecke der Kelten als Kultorte identifiziert. Welchen Zweck aber die Schächte wirklich erfüllten, blieb weiter ungewiss.

Keltische Druiden, die tief in der Erde Menschen opfern und ihr Fleisch braten – die Römer hätten an diesem Szenario ihre Freude gehabt. Spätere Entdeckungen von Viereckschanzen aber brachten dieses Bild ins Wanken. In den späten 1970er-Jahren stießen Archäologen bei Fellbach-Schmiden an der nordöstlichen Stadtgrenze Stuttgarts auf ein weiteres Exemplar der merkwürdigen Schächte.

Der 20 Meter tiefe Schacht ähnelte den Exemplaren von Holzhausen, sein Inventar aber ließ eine Interpretation als Brunnen zu. Auf dem Grund lagen Reste eines Daubeneimers, auch waren Teile einer Zugvorrichtung und einer Brunnenabdeckung erhalten. Der Archäologe Siegwalt Schiek, der die Anlage untersuchte, schloss, dass auch die Schächte von Holzhausen und Tomerdingen Brunnen gewesen sein könnten. Den vermeintlich astronomisch ausgerichteten Pfahl am Boden eines der Holzhausener Schächte hielt Schiek für die Überreste einer ehemaligen Schöpfvorrichtung. Gegner dieser Theorie verwiesen auf zwei ungeklärte Elemente des Schachtes von Fellbach-Schmiden. Denn neben Eimer und Schöpfvorrichtung waren in dem Schacht auch Stufen zu sehen, die dazu dienten, in die Tiefe zu steigen. Auch fanden die Ausgräber Reste einer Holzverschalung, die ursprünglich wohl an den Schachtwänden angebracht gewesen war.

Opferloch oder Brunnenschacht – der Streit um die Schächte der Viereckschanzen ging weiter. Das Lager, das an grausige Druidenbräuche glaubte, verwies auf die hohen Phosphatgehalte, die Überreste von Fleisch und Blut. Aber auch dafür fand die Gegenseite eine Erklärung, die alle Schauergeschichten in Mist verwandelte. Wie botanische Untersuchungen am Schacht von Fellbach-Schmiden 1982 ergaben, stammten die in diesem Schacht entdeckten Phosphate von Stallmist. Wie der in einen Brunnen gelangt sein soll, erzählt die römische Geschichte. Während der Kriege der Antike war es üblich, beim Abzug aus einem Dorf oder Lager die zurückgelassenen Brunnen zu vergiften, um dem nachrückenden Feind die Versorgung zu erschweren. Eine einfache Möglichkeit war es, große Mengen Unrat in den Brunnenschacht zu werfen und das Wasser damit ungenießbar werden zu lassen.

Aber auch Brunnen können Opferstätten gewesen sein. Günther Wieland vom Landesdenkmalamt Baden-Württemberg zieht Parallelen zur Völkerkunde: „Das Einwerfen kleiner Opfergaben in Brunnen ist ein Phänomen, für das die volkskundliche Brauchforschung viele Beispiele bis in die jüngste Vergangenheit nennen kann. Der Brunnen galt als Verbindung zur Unterwelt oder jenseitigen Welten, deshalb konnte man dort Opfergaben ebenso versenken wie etwa in Flüssen und Seen." Noch heute werfen abergläubische Menschen Geldstücke in Brunnen, um einen Wunsch erfüllt zu bekommen.

So ungewiss wie der Zweck der Schächte bleibt auch die Verwendung der Viereckschanzen. Waren sie zentraler Versammlungsplatz der nahen Dörfer, Vorratslager für Getreide und Vieh, Fluchtburg in Notzeiten oder Kultstelle für Opferriten der Druiden? Die keltischen Anlagen bleiben eine Antwort bis auf weiteres schuldig.

Der Opferplatz in Herxheim

Eine Pilgerstätte, die Menschen aus ganz Europa anzog, lag in der Jungsteinzeit in der Südpfalz. Der Ort mag Friedhof oder Opferanlage gewesen sein – wie im Fall der Schädelnester und Viereckschanzen zeigt er auf beeindruckende Weise, welche große und Regionen übergreifende Rolle Mythos und Glauben schon vor 7000 Jahren in Europa gespielt haben – und wie dürftig sich diese einst gewichtigen Vorstellungen erhalten haben und rekonstruieren lassen. Im Falle Herxheims steht die Altertumsforschung ratlos vor einem Berg aus Knochen.

Zunächst sah Herxheim wie ein archäologischer Routinefall aus. In der südpfälzischen Gemeinde sollte 1996 eine Traktorenhalle gebaut werden. Da der Boden als historisch gehaltvoll galt, rückte vor Baubeginn ein Team von Archäologen an, um das Terrain stichprobenartig zu untersuchen – eine gängige Praxis, die verhindern soll, dass Bodendenkmäler in Betonfundamenten verschwinden. In diesem Fall hatte die Grabungsmannschaft Glück. Im Herxheimer Boden lagen menschliche Knochen. Zuerst glaubten die Forscher an einige Einzelgräber, als immer mehr Gebeine zum Vorschein kamen, an einen Friedhof. Doch auch diese Dimension war bald gesprengt: Im Pfälzer Boden waren 1300 Leichen begraben worden – in keiner anderen bekannten Grabstätte der Jungsteinzeit lagen so viele Knochen.

Die Fundstelle ließ sich anhand der Gebeine auf etwa 5000 v. Chr. datieren. In dieser Zeit breitete sich die linearbandkeramische Kultur in der Region aus, die Jungsteinzeit hatte nach über 5000 Jahren Mitteleuropa erreicht. Die Leichen lagen in zwei zugeschütteten Gräben, die einst in Form einer Ellipse eine Siedlung umschlossen hatten – eine neolithische Befestigungsanlage. Im Innern der Steinzeitburg standen vier Häuser: ein Gehöft oder ein Weiler. Der Verdacht lag nahe, dass in Herxheim die Opfer eines Überfalls oder einer Belagerung schlicht in den Graben gekippt worden waren. Erst ein genauer Blick auf die Befunde zeigte, dass

DER OPFERPLATZ IN HERXHEIM 145

Langhäuser waren die typische Siedlungsform der Bandkeramiker, zu denen auch die Siedlung in Herxheim gehört.

es sich um das Zentrum eines Totenkults mit riesigem Einzugsbereich handelte.

Schlittenfahrt mit toten Körpern

Die Toten in dem Bestattungsplatz konnten nicht alle aus der Region stammen. Wie weitere Datierungen anhand von Knochen und Keramikscherben zeigten, waren alle Knochen in einem Zeitraum von etwa 50 Jahren niedergelegt worden. Keine Population der Jungsteinzeit hätte in 50 Jahre so viele Individuen hervorgebracht. Die Toten konnten keine Einheimischen sein.

Diese Vermutung belegten Untersuchungen der Artefakte, die bei den Gebeinen gefunden wurden. Gefäße, Knochennadeln, Steinwerkzeuge und Schmuck trugen Formen und Verzierungen, deren Eigenarten Archäologen nach Böhmen, ins Elbe-Saale-Gebiet, auf die Schwäbische Alb, ins heutige Belgien und – in einem

146 KULTSTÄTTEN

Fall – sogar bis ins Pariser Becken zurückverfolgen konnten. Die Südpfalz liegt in der geografischen Mitte dieser Regionen.

Wie die Leichen nach Herxheim kamen, ist nicht bekannt. Vermutlich wurden sie auf Schlitten geschnallt. Rad und Wagen waren zu dieser Zeit in Europa noch nicht bekannt. Auch das Pferd war um 5000 v. Chr. noch nicht als Reittier entdeckt. Wer seine Toten nicht auf ein Floß legen und über eine Wasserstraße gleiten lassen konnte, musste einige Mühen auf sich nehmen, um Hunderte von Kilometern mit einer Leiche im Gepäck zurückzulegen.

Knochen, Töpfe, Nadeln und Klingen mögen die Reise in die Pfalz gut überstanden haben. Vor Ort aber wurden sie zerschlagen und die Splitter und Scherben in die Grube geworfen – ein makabrer Polterabend hatte die Menschen von weit her nach Herxheim gelockt.

Die Bruchspuren an der Keramik sind so alt wie die an den Knochen. Die Schädel der Toten sind zerschlagen worden. In vielen Fällen haben sich nur die Kalotten erhalten. Gesicht, Kiefer, Schläfen und Hinterhaupt zerbröckelten unter den kräftigen Schlägen der Steinzeitpriester. Möglich ist, dass die Köpfe anschließend als Trinkschalen genutzt wurden. Zwar ist die rheinland-pfälzische Landesarchäologin Andrea Zeeb-Lanz mit solchen Interpretationen vorsichtig. Die Indizien jedoch weisen in eine solche Richtung: In einem Fall entdeckten die Herxheimer Ausgräber mehrere Kalotten, die wie Trinkschüsseln ineinandergestapelt waren.

Spuren von Manipulation waren auch an den Knochen sichtbar. Die Gebeine waren gewaltsam zerschlagen worden. Wie die Untersuchungen der Bruchstellen ergaben, waren die vermeintlichen Opfer zum Zeitpunkt dieser Behandlung schon tot, einige sogar schon mehrere Jahre. Demnach hatten die Pilger weder frische Leichen nach Herxheim gebracht, noch wurden die dort Bestatteten vor Ort erschlagen. Vielmehr waren die Leichname während des Transportes bereits in einem fortgeschrittenen Verwesungsprozess begriffen. Was vom Körper übrig geblieben war, zerstörten die Bestatter in der Südpfalz dann durch Schläge, bevor sie die Überreste verlochten.

Die Praxis der Zweitbestattung und der Transport vergehender Leichname über einige Hundert Kilometer auf einer Bahre, einem Karren oder einem Pferd erklärt auch das Phänomen, dass von allen Körperteilen besonders viele Hände und Füße fehlten. Ein Kult, bei dem die Neolithiker die Extremitäten gesondert behandelt und nicht bestattet haben könnten, ist zwar vorstellbar, kennt jedoch keine Parallele. Nach Meinung der Archäologen, die den Fund von Herxheim untersuchten, sind Hände und Füße aus einem profaneren Grund verschwunden: Die Menschen der Jungsteinzeit trugen zwar ihre Toten von der Seine bis an den Rhein, die Vollständigkeit der Leichen aber schien dabei nicht wichtig gewesen zu sein. Am menschlichen Körper sind Hände und Füße nur durch kleine Gelenke mit Armen und Beinen verbunden. Sind die Weichteile vergangen, brechen diese Verbindungen leicht. Viele Extremitäten werden beim Aufladen auf Wagen und Pritschen im ursprünglichen Grab liegen geblieben oder unterwegs abgefallen sein. Niemand machte sich die Mühe, sie aufzusammeln. Offenbar hatten diese Körperteile keine große Bedeutung in der Glaubensvorstellung der Jungsteinzeit. Mehr symbolisches Gewicht hatte hingegen der Kopf.

Die Herxheimer Schädel waren allesamt gewaltsam zerstört worden. Auch tragen viele der Kalotten Schnittspuren. Vergleiche mit anderen erhaltenen Köpfen der Alt-, Mittel- und Jungsteinzeit lassen erahnen, dass das Fleisch von den Schädeln geschnitten wurde, um den Totenkopf sichtbar werden zu lassen. Vergleichbare Kerben und Riefen sind schwach erkennbar an den Schädeln der Neandertaler von Krapina, an den Schädeln aus der Großen Ofnethöhle, am Schädel des ersten entdeckten Neandertalers aus dem Düsseltal und von einigen Schädeln einer erschlagenen Familie der Jungsteinzeit aus Talheim bei Heilbronn. Der Kopfkult hatte von der Altsteinzeit bis ins Neolithikum überlebt. Möglicherweise war er die dauerhafteste sakrale Handlung in der Geschichte der Menschheit.

148 KULTSTÄTTEN

Die Wiedergänger aus Berlin-Schmöckwitz

Der Fund von Herxheim ist einzigartig. Dennoch sind einige Elemente des Pfälzer Bestattungsritus in anderen Begräbnisstätten der Jungsteinzeit wiederzuentdecken. Einen ebenfalls einzigartigen Friedhof fanden Archäologen in der Grotta Scaloria in Süditalien. Dort bestatteten Neolithiker ausschließlich junge Frauen im Alter von 20 bis 22 Jahren, die bei der Geburt eines Kindes gestorben waren. Im Eingang der Höhle lagen 136 Gräber, in ihnen waren nicht nur die Mütter, sondern in vielen Fällen auch die Säuglinge begraben. Die Parallelen zu Herxheim: Bei allen Toten waren die Schädel vom Körper getrennt und die Knochen mit scharfen Steinklingen behandelt worden. Überdies lagen neben den Skelettresten mehr als 1500 Scherben zerschlagener Keramik. Die darauf erkennbaren Verzierungen – Eier-, Schlangen- und Sonnenmuster – werden von einigen Archäologen aufgrund des Fundzusammenhangs als jungsteinzeitliche Symbole der Fruchtbarkeit und der Lebenserneuerung gedeutet. Das hinter diesem Kult verborgene Weltbild liegt jenseits heutiger Vorstellungskraft.

Ein spirituelles Muster, das an vielen Bestattungen der Jungsteinzeit erkennbar ist, ist die Sonderbehandlung des Kopfes. Etwa gleichzeitig mit Herxheim legten Neolithiker in der Nähe von Bamberg ein in der Archäologie viel beachtetes Gräberfeld an. Die jungsteinzeitlichen Franken bestatteten ihre Verstorbenen in der Jungfernhöhle von Tiefenellern. Knochenreste auf einem bei der Höhle gelegenen Plateau lassen vermuten, dass dort zunächst ein Ritus an den Leichnamen praktiziert wurde, bevor die Überreste in die Erde gelangten. Auch im Fall der Tiefenellerner Höhle war der Kopf der Toten das bedeutendste Kultobjekt. Ähnlich wie bei den Köpfen in der Großen Ofnethöhle trugen 38 Schädel Schnitt- und Schlagspuren. Einzigartig ist im Fall von Tiefenellern die Entfernung der Vorderzähne aus den Kiefern der Toten. Der Grund für diese Behandlung ist unbekannt. Einen Hinweis aber liefert das Alter der so Verstümmelten. Die Schädel ohne Vorderzähne gehör-

DER OPFERPLATZ IN HERXHEIM   149

ten zu Kindern und Jugendlichen, meist handelte es sich um Mädchen.

Warum zerschlugen die Bandkeramiker die Knochen ihrer Toten und zerstörten bestimmte Teile des Skelettes? Einen Hinweis liefert möglicherweise die Bestattung von Berlin-Schmöckwitz. Etwa zur selben Zeit, in der die Totenpilger nach Herxheim unterwegs waren, begruben die Berliner Bandkeramiker drei Männer. Zuvor aber schnitten die Bestatter den Leichnamen die Gliedmaßen vom Rumpf. Anschließend legten sie die Teile sorgfältig in die Gräber und streuten Rötelpulver darüber. In der Forschung gilt das Grab von Berlin-Schmöckwitz als Beleg für den Glauben an Wiedergänger, für die Furcht vor lebenden Toten, die aus den Gräbern aufstehen könnten, um die Hinterbliebenen heimzusuchen. Um die Wiederkehr des Toten zu verhindern, versuchten die Bestatter der Steinzeit den Leichnam auf unterschiedliche Art unbeweglich zu machen. Entweder trennten sie die Gliedmaßen ab, fesselten dem Toten die Arme auf dem Rücken oder beschwerten den leblosen Körper mit Steinen. Ob in Herxheim derartige Ängste einen Bestattungskult mit überregionaler Bedeutung hervorgebracht haben könnten, bleibt ungewiss.

Einen möglichen Vergleich für die weite Reise von Toten zum Bestattungsplatz liefert die Ethnologie. Der Völkerkunde sind Begräbnisriten des nordamerikanischen Stammes der Irokesen bekannt. Noch im 20. Jahrhundert kamen die Stammesmitglieder aus dem gesamten Verbreitungsgebiet zusammen, um ein gemeinsames Fest zu feiern. Der Ruf zur Zusammenkunft erklang alle sieben Jahre. Viele der in dieser Zeit Verstorbenen gehörten zum Reisegepäck. An einer heiligen Stätte wurden die Leichen von einer Plattform aus in eine Grube geworfen.

In der Herxheimer Opfergrube fanden die Ausgräber auch Knochen von Tieren, darunter besonders viele Knochen von Hunden. Da es sich meist um die Unterkiefer der Tiere handelte, ist davon auszugehen, dass es sich um rituell behandelte Gliedmaßen handelte. Darauf lassen auch die Spuren von Rötelpulver schließen, die sich an einigen Hundeknochen feststellen ließen. Die Hunde

150 KULTSTÄTTEN

von Herxheim waren kein Küchenabfall, sie hatten sakrale Bedeutung.

Zur Zeit der linearbandkeramischen Kultur hatte der Hund bereits seinen festen Platz an der Seite des Menschen. Mussten viele andere Tiere wie Schweine oder Schafe mit Beginn der Sesshaftigkeit erst noch domestiziert werden, um als Fleisch- und Milchgeber das sesshafte Leben der Bauern zu ermöglichen, war der Hund zur Zeit des Herxheimer Totenfestes bereits seit mehr als 10 000 Jahren Begleiter des Menschen. In dieser Zeit scheint er sich auch einen Platz in der menschlichen Glaubenswelt erobert zu haben. Hundebestattungen sind bereits seit 14 000 v. Chr. aus Oberkassel bekannt. Weitere Hundegräber entdeckten Archäologen in der Kniegrotte bei Döbritz, in der Gnirshöhle bei Engen-Bittelbrunn, in Mallhala im heutigen Palästina, in der Ukraine und im Irak. Angesichts dieser Häufung von Funden verwundert ein Hundekult in Herxheim keineswegs. Welche spirituelle Funktion der Hund der Jungsteinzeit neben den alltäglichen Aufgaben Hüten, Wachen und Jagen einnahm, bleibt jedoch unklar.

Hundebestattung, Schädel mit Schnittspuren, Massengrab und Leichenzüge – jedes Element des Herxheimer Fundes kennt eine Parallele aus anderen archäologischen Entdeckungen. In keinem Fall aber tauchen die Besonderheiten des Totenkultes so konzentriert auf wie in der Südpfalz. Der Totenkult von Herxheim wird der Archäologie weiterhin Kopfzerbrechen bereiten.

Erdwerke – früheste Monumente der Menschheit

Um sich den Glaubensvorstellungen jener Menschen zu nähern, die den Kultplatz beim heutigen Herxheim nutzten und ihre Toten in halb vergangenem Zustand in die Südpfalz trugen, hilft es, einen Blick auf die Prozesse zu werfen, mit denen die Jungsteinzeit in Mitteleuropa begann. Die Linearbandkeramik war eine über weite Teile Europas verbreitete Kultur, die überall dieselben Eigenarten aufwies. Ihre Uniformität erstreckte sich von Westungarn nach

Die einheitliche Keramikverzierung gab den Bandkeramikern ihren Namen.

Rumänien, der Ukraine, Österreich, der Südwestslowakei, Mähren, Böhmen, Polen, Deutschland und Frankreich.

Die Häuser der Linearbandkeramiker waren mit bis zu 30 Metern Länge gigantische Bauten aus Baumstämmen und Flechtwerk,

152 KULTSTÄTTEN

die überall denselben Grundriss aufwiesen. Selbst die Eigenart, eine Wand der Gebäude zu verstärken, war überall gleich. Die Siedler ließen sich ausschließlich auf fruchtbarem Lössboden nieder. Die toten Bandkeramiker lagen in Hockergräbern, bei denen mit angewinkelten Knien bestattet wurde. Die Töpfer brannten Keramik überall in denselben Formen und verzierten sie sogar mit denselben Mustern – dem namengebenden Linienband. Uniformität muss auch im Glauben geherrscht haben, anders ist der Herxheimer Kultplatz nicht zu erklären. Nur Anhänger derselben Geister oder Götter konnten sich auf eine räumlich so weitreichende Aktion einigen. Unterschiedliche kosmologische Ansichten hätten keinen Konsens solchen Ausmaßes herbeiführen können. Die Menschen des frühen Neolithikums lebten in einer Glaubensgemeinschaft ohne Grenzen.

Weit verbreitet und von unbekannter Funktion sind die neolithischen Erdwerke. Anlagen wie diese tauchen in vielen Siedlungen der Linearbandkeramik auf, Erdwerke großer Dimensionen sind bekannt aus Köln-Lindenthal, Hanau-Mittelbuchen, Schletz in Österreich und Darion in Belgien. Obwohl heute etwa 100 Anlagen entdeckt sind, genügen die Befunde doch nicht, um eindeutige Aussagen zur ehemaligen Nutzung dieser Erdwerke zu machen. Meist handelt es sich bei den Bodendenkmälern um runde oder ellipsenförmige Flächen, die von Wällen und Gräben umfasst sind. Die kleinsten Innenflächen sind zehn, die größten bekannten siebzig Hektar groß. Auch die Herxheimer Toten lagen in einem Graben, den einst vermutlich ein Erdwerk umschlossen hatte.

Bereits ein kleines Erdwerk zu errichten, erforderte eine Anstrengung der gesamten jungsteinzeitlichen Gemeinschaft und erlaubt der Frühgeschichtsforschung heute Rückschlüsse auf die Gesellschaftsordnung von vor 7000 Jahren. Zunächst hoben die Bandkeramiker den Graben aus. Das Erdreich schaufelten sie auf eine Seite, sodass dort bereits die Rohform des Walls entstand. In einigen Fällen sind auf dem Wall Verfärbungen im Boden erhalten, die vermutlich von Holzpflöcken oder Baumstämmen stammen, die dort zu einer Palisade aufgereiht in den Boden gesetzt waren.

Solche Arbeiten dauerten bei einer durchschnittlich großen Population der Linearbandkeramik mehrere Jahre. Bislang gingen Archäologen davon aus, dass nur eine arbeitsteilige Gesellschaft solche Leistungen vollbringen konnte: Die neolithischen Siedler müssen eine Gruppe von Spezialisten gewesen sein. Einige waren für die Nahrungsbeschaffung zuständig, andere für spirituelle Aufgaben, wieder andere für Bauarbeiten. Eine solche Verteilung von Zuständigkeiten markiert einen Wendepunkt in der Geschichte der Zivilisation. Von nun an mussten Arbeiter von anderen Tätigkeiten wie Jagen, Ernten oder Feldarbeit freigestellt werden, damit sie sich Aufgaben wie der Errichtung eines Erdwerkes zuwenden konnten. So mussten die anderen Mitglieder der Familie, des Weilers oder Dorfes die Arbeiter mitverpflegen, die sich dem Graben- und Wallbau widmeten. Auch erforderte die Organisation einer solchen Konstruktion die Leitung durch ein Oberhaupt, vielleicht eine Art Häuptling. Seit der Entdeckung der Anlage von Herxheim, zu der Menschen über große Entfernungen anreisten, muss es als möglich angesehen werden, dass Erdwerke mithilfe von weit entfernt lebenden Gruppen angelegt wurden. Der Bau könnte demnach auch in verhältnismäßig kurzer Zeit abgeschlossen worden sein.

Dennoch ist der Sinn einer solchen Anstrengung nach wie vor nicht geklärt. Im Fall einiger Erdwerke, wie dem von Darion, schließen Wall und Graben eine ganze Siedlung ein. Die Bewohner wollten sich wahrscheinlich gegen Angreifer schützen und verschanzten sich hinter dem Bollwerk. Vergleichbare Anlagen mit eindeutigem Wehrcharakter sind aus dem italienischen Celonetal in Apulien bekannt. Bei Passo di Corvo entdeckten Archäologen Spuren sogenannter Grabendörfer, die 5500 v. Chr. errichtet worden waren und damit aus der Zeit der Linearbandkeramik stammten. Um die Hütten waren Rinnen ausgehoben, in deren Zentrum jeweils ein Wohn-Stallhaus stand. Die Gräben waren bis zu vier Meter breit und fünf Meter tief. Solche Dimensionen sind für einen schlichten Wassergraben zu groß. Die Neolithiker aus Apulien hatten sich hinter einer Wehranlage verschanzt. Hinter dem Bau der

154 KULTSTÄTTEN

Die jungsteinzeitlichen Siedler von Passo di Corvo legten Gräben um ihre Häuser an; Rekonstruktion.

Erdwerke Mitteleuropas mag ein ähnliches Sicherheitsbedürfnis gesteckt haben.

Die Orte, die die Neolithiker für ihre Erdwerke wählten, haben meist den Vorteil, gut verteidigt werden zu können. Oft erhoben sich die Anlagen auf Hügeln oder Geländekuppen und gewährten den Bewohnern den Blick über die umliegende Landschaft. Damit ließen sich nicht nur potenzielle Feinde schon in einiger Entfernung ausmachen, sondern auch Tierherden.

Wenn Erdwerke Befestigungsanlagen waren, so scheinen Exemplare wie jene aus Köln und Aachen Ausnahmen gewesen zu sein. In beiden Fällen standen Häuser nicht nur innerhalb von Wall und Graben, sondern auch außerhalb dieser Schutzzone. Der Befund lässt mehrere Szenarien zu. Zum einen könnten die rheinischen Neolithiker ihre gesellschaftliche Hierarchie in eine Richtung entwickelt haben, die nur der Oberschicht das Privileg geschützten Wohnens gewährte, während die Unterschicht außerhalb der Mauern lebte. Zum anderen ist es möglich, dass die Erdwerke von Aachen und Köln heilige Orte waren, in denen Tempel standen und nur Priester verkehrten, die profanen Wohnbauten aber außerhalb lagen. Die Anlage von Herxheim spricht für eine solche Interpretation.

Andernorts ließen die Bauern der Jungsteinzeit das Innere der Wälle gänzlich unbebaut. Einigen Wissenschaftlern gelten diese Varianten als Bollwerke und Schutz vor Angriffen. Fluchtburgen vermuten viele Forscher bei den von Wällen umschlossenen, leeren Arealen. In diese Sicherheit garantierenden Anlagen könnten die Bandkeramiker geeilt sein, wenn der Angriff einer feindlichen Horde drohte. Das Prinzip der Fluchtburg ist auch aus historischer Zeit überliefert. Die Slawen des frühen Mittelalters errichteten solche Rückzugsmöglichkeiten mit schützendem Erdwall noch im 7., 8. und 9. Jahrhundert n. Chr. Reste der Wallanlagen sind heute noch in Oldenburg in Schleswig-Holstein zu bestaunen. Auch bei den Slawen sind verschiedene Nutzungsspuren innerhalb der Wälle erkennbar. Noch im 6. Jahrhundert n. Chr., der frühen Periode der Slawenzeit, waren Befestigungen nicht nötig. In Dessau-Mosigkau konnte eine vollständige Siedlung der Slawen ausgegraben werden. Das Siedlungsmuster war ein Abbild friedlicher Zeiten: Alle Häuser waren um einen offenen Platz gruppiert und zu einer Seite hin offen. Die gesamte Anlage war unbefestigt. Erst im 7. Jahrhundert n. Chr. begannen die Slawen mit der Errichtung von großen Verteidigungsanlagen. Dafür wählten sie schwer zugängliche Stellen im Gelände wie Bergsporne, Hügelkuppen, Inseln oder Landzungen. Zwar waren diese sogenannten Volksburgen mit maximal acht Quadratkilometern wesentlich größer als die Erdwerke der Neolithiker, doch zeigen sie Konstruktionsmerkmale und Funktionen, die sich auf die Anlagen der Jungsteinzeit projizieren lassen.

Für die Bedeutung von Erdwerken als Umfriedung von Heiligtümern sprach schon vor der Entdeckung der Leichen von Herxheim die Untersuchung der Kreisgrabenanlage von Goseck. In einem Kornfeld in Sachsen-Anhalt bemerkten Wissenschaftler bei einer Geländesondierung vom Flugzeug aus kreisrunde Unebenheiten im Boden. Solche Überreste ehemaliger menschlicher Aktivitäten sind häufig nur aus der Luft erkennbar, wenn die Sonne tief steht und die kaum wahrnehmbaren Erhöhungen Schatten werfen. Wie sich herausstellte, lag unter der Ackerkrume ein steinzeitliches Observatorium verborgen, eine astronomische Anlage, mit der die Menschen des Neolithikums die Sterne beobachtet haben mögen.

Wie Archäologen der Universität Halle-Wittenberg und der Ruhr-Universität Bochum herausfanden, war auch die Gosecker Anlage aus den typischen Elementen eines Erdwerkes der Jungsteinzeit errichtet. Wall, Graben und Doppelpalisade friedeten das Erdwerk ein. Doch wo bei vergleichbaren Funden das Bollwerk an vier oder zwei Eingängen durchbrochen ist, um Eingänge zu schaffen, öffnete sich das Erdwerk von Goseck an drei Stellen. Ebenso ungewöhnlich: Die Durchgänge verjüngten sich von innen nach außen. Wolfhard Schlosser von der Bochumer Universität erkannte darin eine Peilanlage für die Beobachtung der Jahreszyklen. Durch das Südosttor schien am Tag der Wintersonnenwende, dem 21. Dezember nach heutiger Zeitrechnung, die Morgensonne in das Innere der Anlage. Das Südwesttor gab den Blick frei auf den Sonnenuntergang am selben Tag. Ein neolithischer Sonnenbeobachter konnte auf diese Weise genau den Tag der Sonnenwendfeier bestimmen und ausrufen. Das Datum markierte den Jahreswechsel und das Ende des Vegetationsrhythmus. Wie bedeutend dieses Ereignis war, ist daran abzulesen, dass die Sonnenwende in vielen Kulturen noch heute mit Festen begangen wird – sogar das Weihnachtsfest ist darauf zurückzuführen. Ein weiterer Hinweis auf die Funktion des Gosecker Erdwerks als Sonnenbeobachtungsposten: In nur 25 Kilometern Luftlinie erhebt sich der Mittelberg, jene Erhebung, auf deren Kuppe Raubgräber die Himmelsscheibe von Nebra entdeckten. Die Bronzescheibe zeigt die älteste bekannte Himmelsdarstellung der Geschichte. Auch die Scheibe von Nebra lag in einer kreisförmigen Wallanlage.

Dass die Kreisgräben in der Vorstellung der Bandkeramiker mit Spiritualität und Kosmologie aufgeladen waren, zeigt auch die Grabenanlage von Ippesheim bei Würzburg. Dort bestatteten Menschen der Jungsteinzeit um etwa 4600 v. Chr. einen einzelnen Toten in der Mitte von drei Kreisgräben. Ohne Parallele ist die Lage des Skeletts: Der Leichnam wurde kopfüber in die Erde gesteckt und bildete den Mittelpunkt eines kosmologischen Weltbilds. Zwar ist die Bedeutung des dreifachen Kreises heute unbekannt, dass der Grundriss der Gräben jedoch Symbolcharakter trug, zeigen vier Brücken. Über diese konnten die Bandkeramiker das Innere des Erdwerks betreten. Die Brücken waren nach Osten, Westen, Süden und Norden ausgerichtet und zeigten in einer gedachten Linie auf den Toten in der Mitte des Kreises. Wie in Herxheim deuten auch hier alle Umstände auf ein kultisches Begräbnis.

Die flexible Nutzung der Erdwerke wird in der Forschung allgemein als Zeichen für wechselhafte Zeiten gedeutet. In Perioden großer Feindseligkeiten verschanzten sich die frühen Bauern hinter Wällen und Palisaden. Füllten üppige Ernten die Vorratsgefäße, waren auch Raubzüge seltener. Die Erdwälle aber blieben.

MYTHEN DER BIBEL UND DES CHRISTENTUMS

Archäologie und Theologie sorgen für Reibung unter Christen. Gläubige pochen auf die Bibel, Wissenschaftler widersprechen und versuchen, die Heilige Schrift zu widerlegen. Im Ringen um den Anspruch auf Wahrheit suchen Bibeltreue die Reste der Arche Noah auf dem Ararat und Geologen die Spuren der Sintflut. Die Schriftrollen von Qumran sind Prüfsteine des Glaubens, denn selbst wissenschaftliche Analysen der Artefakte stecken voller Widersprüche. Noch immer gilt das Bild des Mannes auf dem Grabtuch von Turin als echt. War der Tote Jesus Christus?

Der Garten Eden

In der wasserarmen Landschaft im Norden der Türkei erhebt sich ein Steinhügel mit dem Namen Göbekli Tepe, der Nabelberg. Tatsächlich ist der Ort seit seiner Entdeckung 1995 ins Zentrum des Interesses von Archäologen und Bibelwissenschaftlern gerückt. Hier, so steht mittlerweile fest, bauten Jäger und Sammler um 9000 v. Chr. gewaltige Tempelanlagen, vielleicht die ersten der Welt. Bibelforscher vermuten noch mehr in dem noch nicht voll-

Adam und Eva im Garten Eden, Ölgemälde von Lucas Cranach d. Ä., 1530.

ständig ausgegrabenen Hügel: einen Hinweis auf die geografische Lage des Gartens Eden.

Judentum, Christentum und Islam – gleich drei Weltreligionen kennen den Garten Eden, einen Ort des Friedens, der Ruhe und des Heils. Die Geschichte ist bekannt: Durch den Sündenfall muss der Mensch den Garten verlassen und tritt ein in die Welt der Sterblichen und des Leidens. Gab es den Garten Eden wirklich? Zwar lehnt die historisch-kritische Theologie einen historisierenden, geografischen Deutungsversuch ab und meint stattdessen, das Paradies sei kein Ort, sondern ein Zustand. Doch eine Schar von Forschern hält an dem Glauben fest, dass der Garten Eden ein reales Vorbild hatte – an einem Ort der Jungsteinzeit.

Die meisten Deutungsversuche konzentrieren sich auf das Gebiet zwischen den Strömen Euphrat und Tigris. Diese beiden Flüsse sollen zwei der Paradiesströme gewesen sein, die im Genesis 2,8–14 erwähnt werden: „Und Gott der HERR pflanzte einen Garten in Eden gegen Osten hin und setzte den Menschen hinein, den er gemacht hatte. […] Und es ging aus von Eden ein Strom, den

Garten zu bewässern, und teilte sich von da in vier Hauptarme. Der erste heißt Pischon, der fließt um das ganze Land Hawila [...]. Der zweite Strom heißt Gihon, der fließt um das ganze Land Kusch. Der dritte Strom heißt Tigris, der fließt östlich von Assyrien. Der vierte Strom ist der Euphrat."

Zwei der vier Flüsse, die den Garten Eden eingeschlossen haben sollen, sind heute bekannt: Euphrat und Tigris fließen unter diesen Namen noch immer im Mittleren Osten. Wo allerdings Pischon und Gihon lagen, lässt sich nur noch vermuten.

Anatolien – Paradies der Steinzeit

Göbekli Tepe ist ein Wort, das Altertumsforschern auf der Zunge zergeht wie Stonehenge oder Troja. Tatsächlich barg der Hügel bei der anatolischen Stadt Urfa einen Schatz, der mit den berühmten Anlagen in Großbritannien und Westanatolien mithalten kann: einen der ältesten Tempel der Menschheit. In dem 15 Meter hohen Hügel entdeckte der deutsche Archäologe Klaus Schmidt im Jahr 1994 einen Kultplatz der Steinzeit. Tonnenschwere Pfeiler tragen Reliefs und Halbplastiken. Sie stellen Tiere dar, als Einzelfiguren oder in Szenen, deren Deutung der Archäologie Rätsel aufgibt. Die älteste bislang untersuchte Schicht reicht bis ins Jahr 9000 v. Chr. zurück – eine Zeit, in der die Jungsteinzeit die Altsteinzeit ablöste und das Leben der Jäger und Sammler vom Nomadismus zur Sesshaftigkeit wechselte. An diesem Punkt wurden Bibelenthusiasten stutzig, denn nach einer Theorie ist die Geschichte von der Vertreibung aus dem Paradies nicht wörtlich zu nehmen, sondern soll als Metapher für eben jene einschneidenden Veränderungen stehen, die in der Jungsteinzeit aus Jägern Bauern werden ließen. Demnach hätte der Garten Eden bei Göbekli Tepe liegen können.

Eine der Hypothesen, die aus dem Paradies das Leben der Steinzeitjäger werden lässt, stammt von David Rohl. Für den britischen Ägyptologen ist die Vertreibung aus dem Paradies ein Mythos, der auf einer wahren Begebenheit beruht, dem Übergang des Menschen zum Neolithikum, jener Zivilisationsstufe, in der Ackerbau

162 MYTHEN DER BIBEL UND DES CHRISTENTUMS

und Viehzucht, Sesshaftigkeit und Vorratshaltung das Leben der bis dahin von der Jagd lebenden Menschen veränderten. Diese Theorie bezieht sich auf eine Stelle in Genesis, die lautet „Im Schweiße deines Angesichts sollst du dein Brot essen, bis du zurückkehrst zum Ackerboden". Falls es zwischen der Entdeckung des Ackerbaus und der Vertreibung aus dem Paradies eine Verbindung geben sollte, so wäre damit zwar eine Erklärung für die Existenz des Mythos geschaffen. Wo allerdings der Garten Eden gelegen haben könnte, ist nicht erklärt: Das Neolithikum entstand an vielen Stellen des Nahen und Mittleren Ostens gleichzeitig. Seit der Entdeckung Göbekli Tepes liegt für die Jäger des verlorenen Paradieses der Ursprung des Gartens Eden in Anatolien.

David Rohl aber hält es für möglich, den Mythos des Gartens Eden auf eine viel spätere Kultur zurückzuführen. Er erkennt in den Sumerern das Volk, das die Geschichte vom Paradies zuerst kannte, lange vor den Juden. Die sumerische Kultur war eine der ersten Hochkulturen und entstand im 4. Jahrtausend v. Chr. im Zweistromland – geografisch nah an den Umwälzungen, die die Jungsteinzeit mit sich gebracht hatte.

Auch in der Sprache der Sumerer findet sich ein Hinweis auf das Paradies. Das Wort Eden könnte von dem sumerischen „e.din" abgeleitet sein, dem Begriff für Ebene. Rohl meint, der Garten Eden habe in der Ebene von Mandoab im Iran gelegen. Dort findet der Forscher die fehlenden zwei Flüsse aus dem Buch Genesis wieder: Der Fluss Aras hieß noch im 7. Jahrhundert Gihun und ist damit vermutlich der in der Bibel genannte Gihon. Den Pischon will David Rohl in dem Fluss Qizil Uzan entdecken, dessen Namen Pischon eine hebräische Ableitung von Uzan sein könnte.

Weitere Parallelen zum Alten Testament tauchen in den Legenden der Sumerer auf: Das Essen von Früchten vermittelt Wissen, das Essen von verbotenen Früchten beschwört einen tödlichen Fluch herauf; in den Wurzeln des Huluppu-Baums im Garten der Göttin Inanna baute eine Schlange ihr Nest; der Held Gilgamesch findet eine Pflanze, die ewige Jugend verspricht, die ihm aber von

Lag hier das Paradies? Der deutsche Archäologe Klaus Schmidt fand in dem türkischen Hügel Göbekli Tepe den ältesten bekannten Tempel der Menschheit.

einer Schlange abgenommen wird; die Göttin Ninti wird aus der Rippe des Gottes En-Ki erschaffen.

Kritiker der Eden-Geografie halten es für unmöglich, den Garten Eden zu finden und glauben: Wer die Bibel konsequent beim Wort nimmt und die Existenz des Gartens Eden für möglich hält, muss zwangsläufig enttäuscht werden. Dieselbe Region, in der das Paradies gelegen haben könnte, wird in der Erzählung von Noah und der Arche von einer alles verschlingenden Sintflut überspült. Kritiker biblischer Archäologie führen an, dass eine solche Katastrophe die Landschaft nachhaltig verändert haben muss. Vom Garten Eden und den vier ihn umspülenden Flüssen kann demnach keine Spur erhalten geblieben sein – glaubt man der Bibel.

Während Archäologen Theorien wie jene von David Rohl diskutieren, hat sich die Bibelwissenschaft heute von der Meinung distanziert, das Paradies als realen Ort aufzufassen. Der Garten Eden war in der christlichen Theologie einst ein Ort der Urstandslehre, in der der Mensch sündenfrei lebte, keine Leiden und keine Begierde kannte und unsterblich war. Heute steht das Paradies als

164 MYTHEN DER BIBEL UND DES CHRISTENTUMS

Symbol für die Hoffnung auf eine positive Herkunft und Zukunft des Menschen.

Wer's glaubt, wird selig

Wenig Reales attestiert die Bibelforschung auch dem Baum der Erkenntnis und seiner Frucht, dem Apfel, den die Schlange Eva und diese weiter an Adam reicht. Baum und Apfel sind als Sinnbilder typisch für die Legenden des Alten und Neuen Testaments – und reihen sich damit in eine Erzähltradition ein, die schon alt war, als die Bibel entstand.

Der Apfel teilt das Schicksal vieler Elemente aus der Bibel, die in christlichen Kulturen gang und gäbe sind, von denen aber in der Heiligen Schrift kein Wort geschrieben steht. Das Obst, das in der Geschichte von der Vertreibung aus dem Paradies vom Baum der Erkenntnis gepflückt wird, ist nicht näher definiert. Das Alte Testament nennt es vage Frucht. Selbst Martin Luther, dessen Bibelübersetzung wegen der Fantasie seines Bearbeiters berühmt ist und mehr beim Namen nennt, als ursprünglich im Text stand, kannte keinen Paradiesapfel. Wie kam der Apfel also an den Baum der Erkenntnis und brachte es von dort zur im gesamten Abendland gültigen Chiffre für die Versuchung des Menschen?

Der Paradiesapfel ist Importware aus Griechenland. Vermutlich hing sein Vorbild einst am Baum der Hesperiden. Der wuchs in der antiken Mythologie und war ein Geschenk der Erdmutter Gaia zur Hochzeit von Zeus und Hera. Die Äpfel dieses Baumes waren allerdings aus purem Gold. Entsprechend eifersüchtig wachten die Götter über die Pflanze. Im fernen Westen der Welt soll der einzigartige Apfelbaum in einem heiligen Garten gestanden haben, bewacht von einem hundertköpfigen Drachen namens Ladon – Ähnlichkeiten mit der Schlange des alttestamentarischen Paradieses sind vermutlich nicht zufällig. Den Baum selbst hüteten Nymphen, die nach dem griechischen „hespera" für „Abend, Westen" Hesperiden hießen. Zweimal sorgen die Äpfel der Hesperiden für Aufregung in der griechischen Mythologie.

Herakles war ein Halbgott. Ihm befahl Eurystheus, König des Reiches von Mykene, die Äpfel der Hesperiden zu stehlen, eine Aufgabe, die kein Sterblicher hätte bewältigen können. Ausgestattet mit übermenschlicher Kraft und dem Listenreichtum eines Gottes, machte sich Herakles auf den Weg. Er besuchte den Titanen Atlas, den Vater der Hesperiden, der mit der anstrengenden Aufgabe betraut war, das Himmelsgewölbe auf seinen Schultern tragen zu müssen. Herakles wusste, dass der Titan die Last gern beiseitegelegt hätte, und bot ihm an, den Himmel für einige Zeit zu halten. Als Gegenleistung verlangte Herakles, dass Atlas Äpfel aus dem Garten holen möge. Atlas, froh seiner Last ledig zu sein, willigte ein. Tatsächlich kehrte der Titan mit den Äpfeln zurück, doch als Herakles ihm das Himmelsgewölbe zurückgeben wollte, zauderte Atlas. Um Zeit zu gewinnen, schlug der Riese vor, die Äpfel persönlich zu Eurystheus zu bringen. Herakles war zwar überlistet, aber zu gerissen für den Titanen. Der Halbgott bat, sich ein Tuch als Kissen unter den Kopf legen zu dürfen, da das Himmelsgewölbe ihn drücke. Dazu müsse Atlas nur einen Moment die Last übernehmen. Als der Titan einwilligte, machte sich Herakles mit den Äpfeln davon.

Durch Apfelgabe und Geschlechtlichkeit steckt auch in einem anderen griechischen Mythos der Wurm: Der Menschenkönig Peleus heiratete die Meeresnymphe Thetis. Die Hochzeit wurde ein großes Fest, zu der Menschen und Götter kamen. Nur Eris, die Göttin der Zwietracht, war aus nachvollziehbaren Gründen nicht eingeladen. Als sie dennoch zum Fest erschien, verwehrten ihr die Wachen den Zutritt. Voller Wut warf sie einen goldenen Apfel in die Menge. Auf dem Fallobst standen die Worte „Der Schönsten". Der Wurf verfehlte sein Ziel nicht. Zwischen Hera, Athene und Aphrodite entbrannte Streit darüber, wer den Preis verdient habe. Göttervater Zeus sollte als Schiedsrichter auftreten, erwies sich aber als klug genug, diese heikle Aufgabe nicht anzunehmen. Stattdessen beauftragte er den schönsten Sterblichen, zwischen den Göttinnen zu wählen. Es war Paris, Sohn des trojanischen Königs Priamos. Bevor Paris eine Wahl treffen konnte, versuchten die Göttinnen ihn zu bestechen – Weltpolitik auf dem Olymp. Hera versprach ihm die Weltherrschaft, wenn er für sie optiere, Athene verhieß ihm den Sieg in jeder Schlacht, Aphrodite wollte ihm die schönste Frau der Welt beschaffen. Paris willigte in das Angebot der Liebesgöttin ein. Mit der Hilfe Aphrodites gelang es ihm, Helena, die Frau des Königs von Sparta nach Troja zu entführen. Daraufhin brach der Kampf um Troja los (vgl. S. 68 f.). Auch in dieser Geschichte sorgte ein Apfel für die Versuchung, die schließlich zur Katastrophe führt.

Es muss nicht immer der Apfel sein. In vielen Kulturen des Alten Orients hängen an Bäumen mit verbotenen Früchten Feigen oder Trauben. Dass sich der Apfel in den von den Griechen beeinflussten Regionen durchgesetzt hat, mag auch auf einen schlichten Übersetzungsfehler zurückzuführen sein. Im Lateinischen heißt der Apfel „malum" und ist damit Synonym für „malum", der Vokabel für „Unheil". In der Bibelforschung gilt es heute als weitgehend sicher, dass sich die verbotene Frucht im 4. oder 5. Jahrhundert n. Chr. in einen Apfel verwandelte – Unkenntnis unter dem Baum der Erkenntnis.

Die Arche Noah und die Sintflut

Die Frage, ob die Bibel recht hat, ist häufig gestellt und ebenso oft nicht beantwortet worden. Hoffnungsträger für Bibelarchäologen sind Noahs Arche und die Sintflut. Die Katastrophe soll weltweit gewirkt haben. Entsprechend groß schätzen Geologen die Chance ein, ihre Spuren entdecken zu können. Ähnliches gilt für die Arche. Noahs Schiff muss gewaltig gewesen sein und landete überdies auf einem Berggipfel, einem abgeschiedenen Ort, wo es noch heute unberührt liegen könnte. Mit hohem technischem Aufwand versuchen Expeditionen, handfeste Beweise für eine der ältesten Geschichten der Bibel aufzuspüren – und Glauben in Realität zu überführen.

Schon unter den frühen Christen erfreute sich Noahs Arche großer Beliebtheit. Das große Schiff auf der Sintflut ist ein häufig

Der Bau der Arche Noah; Ölgemälde von Kaspar Memberger, 1588.

auftretendes Motiv frühchristlicher Kunst. Der Symbolgehalt der Geschichte war nicht nur allgemein verständlich, er verstärkte auch das Versprechen der christlichen Religion nach Rettung, Erlösung und Neubeginn. Die in den Mosebüchern überlieferte Legende erzählt von einer Zeit, in der die Bosheit der Menschheit Gott erzürnt, der beschließt, die Menschheit in einer Flut zu ertränken. Einzig Noah, ein frommer Mensch, findet Gnade vor Gott. Noah erhält den göttlichen Auftrag, einen dreistöckigen Kasten aus Holz zu bauen, um darin sich, seine Familie und von jedem Tier ein Paar vor dem Wasser zu retten. Zwar ist Noah nach der Bibel bereits 600 Jahre alt, doch scheint ihm die Arbeit nicht zu schwer gewesen zu sein. Er baut die Arche und belädt sie sieben Tage lang mit Tieren. Dann steigt er selbst in das Schiff, „und der HERR schloss hinter ihm zu", so die Bibel.

Tatsächlich bricht die Katastrophe über die Erde herein. Es regnet sieben Tage und Nächte. Das genügt, um alle Menschen und Tiere, die es nicht in die Arche geschafft haben, zu töten. Schließlich lässt Gott die Arche auf dem Gipfel des Berges Ararat landen, das Wasser zieht sich zurück. Noah, der auf dem Berggipfel nicht sehen kann, ob die Erde wieder bewohnbar ist, schickt eine Taube aus. Als der Vogel mit einem Ölzweig im Schnabel zurückkehrt, weiß Noah, dass er damit beginnen kann, die Welt wieder zu besiedeln. Fortan gelten Taube und Ölzweig als Symbol des Friedens.

Titanic der Antike

Das rettende Schiff war schon in der Antike eine beliebte Metapher. Die frühen Christen bedienten sich der Beliebtheit des Symbols und beluden Noahs Arche mit Allegorien. Fortan galt die Arche als Sinnbild für die Kirche. Rettung gab es für alle, die sich an Bord begaben. Bis heute hat sich diese Deutung erhalten. Weniger bekannt ist, dass die Arche Noah den Christen auch als Symbol für die Hierarchie innerhalb der kirchlichen Gemeinschaft galt. Für manchen stand sie sogar stellvertretend für den Leib Christi. Der Kirchenlehrer Augustinus schrieb im 5. Jahrhundert sein Werk „Zweiundzwanzig Bücher über den Gottesstaat" und hält zur Arche Noah fest:

„Selbst die Maße der Länge, Höhe und Breite weisen auf den menschlichen Leib hin. [...] Die Länge des menschlichen Leibes vom Scheitel bis zur Sohle beträgt nämlich das Sechsfache der Breite von der einen Seite zur andern, und das Zehnfache der Höhe, diese gemessen an der Seite vom Rücken zum Bauch. [...] Nach diesem Maß ward die Arche gemacht, und sie maß in der Länge dreihundert Ellen, in der Breite fünfzig und in der Höhe dreißig. Und der Eingang, den sie an der Seite erhielt, weist vollends hin auf die Wunde, da die Seite des Gekreuzigten mit einer Lanze durchbohrt ward; denn durch diesen Eingang gehen die, die zu ihm gelangen, sofern daraus die Sakramente entquollen sind, durch die die Gläubigen eingeführt werden."

Auch andere Kirchenschriftsteller vermaßen die Arche genau. Der Grieche Origenes wunderte sich im 3. Jahrhundert darüber, dass von allen Tieren je zwei Exemplare in das Schiff gepasst haben sollen. Der Gelehrte rechnete nach und veröffentlichte das Ergebnis in seiner Schrift „Gegen Celsus“:

„Muss man ein solches Gebäude vielmehr bewundern, das einer bedeutenden Stadt nicht unähnlich war, wenn man die Maße so rechnet, wie sie gemeint sind, dass nämlich ihr Boden neunzigtausend Ellen lang und zweitausendfünfhundert Ellen breit war?“ Das entspricht einer Länge von etwa 60 Kilometer und einer Breite von etwa 2 Kilometer.

Archäologie einer Arche

Kaum zu glauben, dass ein Schiff solcher Dimensionen keine Spuren hinterlassen haben soll. In den vergangenen Jahrzehnten unternahmen Glücksritter und Wissenschaftler immer wieder Expeditionen in die Osttürkei, wo der Ararat aufragt, jener Berg, auf dem Noah gelandet sein soll. Als die türkische Regierung in den 1980er-Jahren die Reisebeschränkungen zum Berg lockerte, setzte ein Strom von Archejägern ein, der seither zur wichtigsten Einkommensquelle für die Bevölkerung am Fuß des Berges geworden ist. Der ehemalige US-Astronaut James Irvin reiste sechsmal zum Ararat, in dem Glauben, Noahs Schiff gefunden zu haben.

Die letzte Sichtung der Arche stammt allerdings nicht vom Ararat, sondern aus dem nordwestlichen Iran. Dort entdeckte eine Expedition eine Felsformation, die an einen gewaltigen Schiffsgrundriss erinnert. Die vermeintliche Arche liegt auf 4000 Metern Höhe an den Hängen des Berges „Thron des Salomon“ im Elbrusgebirge.

Die Entdecker stammen aus dem US-Bundesstaat Colorado und gehören der christlichen Gruppe „Bible Archaeology Search and Exploration Institute“ an. Deren Leiter, Robert Cornuke, berichtete, Proben der vermeintlichen Gesteinsformation haben Zellstrukturen gezeigt, die einmal Holz gewesen sein könnten.

Kurz nach Veröffentlichung des Berichts regte sich Widerspruch von Geologen. Die merkwürdig aussehende Gesteinsformation sei nichts Ungewöhnliches, vermutlich silizifizierter Sandstein, meinte Kevin Pickering, Geologe am University College London. Auch

170 MYTHEN DER BIBEL UND DES CHRISTENTUMS

die Schichten, die aussehen wie Holzstämme, seien bekannte Phänomene der Gesteinsbildung, erklärte der Wissenschaftler.

Eine weitere Absage an die Arche kam aus Oxford. Marin Bridge, Spezialist für antike Hölzer, wandte ein, dass Holz nur dann Jahrtausende überdauern kann, wenn es unter sehr feuchten Bedingungen konserviert wird. Auf dem Thron des Salomon sei davon aber nichts zu sehen. Der Holzfachmann hält es ferner für unmöglich, dass ein Schiff überhaupt eine solche Höhe erreichen kann: „Selbst wenn Sie alle Wassermengen der Welt nehmen, das Wasser der schmelzenden Polkappen und aller Gletscher eingeschlossen, würden sie nicht einmal annähernd einen Berggipfel erreichen."

Noah in Indien

Die Arche Noah scheint auf den Sandbänken der Naturwissenschaft zu stranden. Aber auch wenn die Suche nach einem wirklichen Schiff auf dem Ararat vermutlich ergebnislos bleiben wird, ist die Arche auch andernorts zu finden. Das Schiff aus der Bibel hat Vorbilder in den Legenden der Griechen und Inder.

Die Geschichte von der Arche kennt viele Varianten, die ihre Herkunft verraten. Die jüdische Version ist mit anderen Details ausgeschmückt als die christliche. Bei den Juden ist festgelegt, welches Deck der Arche welchem Zweck diente: unreine Tiere auf dem Oberdeck; reine Tiere auf dem Mitteldeck, auf dem auch Noah und seine Familie lebten; tief im Bauch des Schiffes soll laut jüdischer Tradition Mist gelegen haben. Auch kennt die jüdische Legende die Art und Weise, mit der das Schiff angetrieben wurde. Ein Einhorn soll vor den Bug gebunden gewesen sein und die Arche durch die Fluten gezogen haben.

Solche Ausschmückungen einer beliebten Geschichte sind vor allem deshalb interessant, weil sie Verwandtschaft zu anderen, ähnlichen Erzählungen erkennen lassen. Ersetzt man das Einhorn vor der Arche durch einen Fisch, der das Schiff über das Meer zieht, erhält man die Legende des indischen Gottes Manu, der sich vor einer Sintflut in eine Arche rettete.

Nach dem Glauben der Hindus war Manu das erste Lebewesen, einigen Varianten zufolge auch der erste Mensch. Eines Tages fand Manu einen kleinen Fisch in seinem Waschwasser, der ihn um Schutz anflehte. Für seine Rettung, so versprach das Tier, werde er Manu vor dem Tod bewahren. Der Hindugott sorgte sich um den Fisch, der immer größer wurde und von seinem Beschützer in immer geräumigere Gefäße gesetzt wurde. Schließlich war der Fisch so gewachsen, dass er nur noch im Meer Platz fand. Manu setzte ihn aus. Dankbar warnte das Tier seinen Helfer vor einer bevorstehenden Sintflut und ermahnte ihn, ein Schiff zu bauen. Als die Flut kam, war Manu vorbereitet. Er bestieg das Schiff und spannte den Fisch vor den Bug. Von dem Tier geleitet, erreichte das Vehikel die Berge des Nordens. Auf Befehl des Fisches band Manu das Schiff an einem Baum fest, damit es nicht abtreiben konnte. So überlebte er die Sintflut. Als er eines Tages Nahrungsmittel als Opfer darbrachte, erstand daraus eine Frau, die sich Manus Tochter nannte. Mit ihr zeugte Manu die Menschen.

Noah, die Arche, Adam, die Entstehung der Frau – die Anleihen im indischen Kulturkreis mögen zufällig sein. Als gesichert hingegen gilt der Bibelforschung, dass die Sintflutsage mesopotamischen Ursprungs ist. Sumerer und Babylonier, Nachbarn der Juden, erzählten sich zwei Versionen der Legende.

Die Legende der Sumerer ist vermutlich die älteste Variante der Sintflutsage. Auch in dieser Version sind die Götter des Menschen überdrüssig und wollen ihn mit einer Hochwasserkatastrophe vernichten. Aber im Pantheon der Sumerer ging es bereits ähnlich turbulent zu wie später auf dem griechischen Göttersitz Olymp. Der sumerische Sturmgott Enlil hat Mitleid mit der Menschheit. Bevor die Sintflut kommt, warnt er einen Auserwählten, den Priesterkönig Ziusudra, vor der Katastrophe und befiehlt ihm, ein gewaltiges Schiff zu bauen. Darin sollen alle Tiere Platz finden, um die Überschwemmung der Welt zu überstehen.

Die Parallelen zur Bibelgeschichte reichen bis in die Details: Auch in der sumerischen Variante regnet es sieben Tage und sieben Nächte. Auch bei den Sumerern landet Ziusudra schließlich wohl-

172 MYTHEN DER BIBEL UND DES CHRISTENTUMS

behalten und beginnt damit, die Erde wieder zu bevölkern. Anders aber als im Alten Testament sind die Götter der Sumerer nach der Sintflut reumütig. Sie danken Ziusudra dafür, dass er Menschen und Tiere vor dem Untergang bewahrt hat, und schenken ihm ewiges Leben.

Elemente dieser Geschichte tauchen später unverändert in der Sintflutsage der Babylonier auf. Diesmal ist es der Gott Enki, der die Menschen davor warnt, dass seine Mitgötter ihnen Böses wollen. Die Sintflut ist bei den Babyloniern das letzte Mittel, zu dem die Götter greifen, um die Menschen loszuwerden. Zuvor haben sie bereits versucht, die Menschheit mit der Pest und mit einer Hungersnot auszulöschen, aber die Gattung überlebte alle Drangsal. Kein Wunder: Der Gott Enki hatte die Menschen stets gewarnt und ihnen geraten, den Gott zu bestechen, der die jeweilige Katastrophe auslösen sollte. Mit der Sintflut hoffen die Götter nun, endlich ans Ziel zu gelangen und die Erde von den Menschen zu befreien. Dieses Mal wendet sich Enki vertrauensvoll an den Menschen Atrachasis. Ihm rät der Unsterbliche, eine Arche zu bauen und darin seine Familie sowie Rinder, wilde Tiere und Vögel zu retten. In dem fragmentarisch erhaltenen Text heißt es: „Reiß das Haus ab, bau ein Boot; / missachte die Habe – rette das Leben'. [...] /Das Kommen der Flut verkündigte er ihm für die siebente Nacht." Auch bei den Babyloniern regnet es sieben Tage und die Götter bereuen ihre Tat. Auffällig ist die zeitliche Nähe dieser babylonischen Sintflutsage zur jüdischen Kulturbildung, beide entstanden etwa um 1400 v. Chr.

Legenden von alles verzehrenden Fluten sind rund um den Globus entstanden. Bei den Azteken und Maya in Lateinamerika, bei den Massai in Ostafrika, und bei den Germanen in Mittel- und Nordeuropa. Letztere retten sich allerdings nicht in einer Arche, sondern in einem hohlen Baumstamm. Sintflutsagen gibt es auch aus Australien, aus Kamerun, Südasien und von den pazifischen Inseln. Dieses Phänomen führen Bibelkritiker an, um zu belegen, dass sagenhafte Überschwemmungen überall auf der Welt aufgetreten sind, ihren Niederschlag in Legenden gefunden haben und somit nicht von Judentum und Christentum allein in Anspruch genommen werden können. Bibeltreue hingegen wollen in dem weltweiten Auftauchen von Sintflutsagen genau das erkennen, von dem die Mosebücher erzählen: einer weltweiten Flutkatastrophe. Ein Ereignis derartigen Ausmaßes aber müsste sich geologisch nachweisen lassen.

Ein Loch im Schwarzen Meer

Tatsächlich gibt es viele naturwissenschaftliche Untersuchungen von Erdschichten des Vorderen Orients, die Spuren von Überschwemmungen nachweisen. Allerdings sind diese Hochwasser stets regional begrenzt. Ein Hinweis auf eine globale Flutkatastrophe ist nirgends zu finden. Dass möglicherweise dennoch ein Ereignis der Erdgeschichte ins Alte Testament eingesickert sein könnte, meinten 1996 zwei Forscher aus New York herausgefunden zu haben.

William Ryan und Walter Pitman vom Lamont-Doherty Earth Observatory in New York fanden eine alte Strandlinie, die bewies, dass der Wasserspiegel am Schwarzen Meer einst einhundertsiebzig Meter tiefer gelegen hatte. Die Meeresbiologen rekonstruierten eine Katastrophe biblischen Ausmaßes: Seit dem Ende der letzten Eiszeit waren die Gletscher so weit abgeschmolzen, dass sich das einst darin gebundene Wasser nun meterhoch im Mittelmeer sammelte und mit der Kraft eines Stausees gegen das Land drückte. Zu jener Zeit war der Bosporus noch keine Meerenge, sondern eine Landbrücke, die das Schwarze Meer wie einen Damm vom Mittelmeer abschirmte. Der Druck der wachsenden Wassermassen wurde zu groß, die Landbrücke brach. Mit der zweihundertfachen Kraft der Niagarafälle soll sich die Flut auf die dahinterliegenden Gebiete ergossen haben. Tausende von Quadratkilometern seien plötzlich überflutet worden, meinten Ryan und Pitman, Mensch und Tier ertranken in den Wassermassen, die tagelang tosend in das tiefer liegende Schwarze Meer stürzten. Selbst Weichtiere im Süßwasser des Schwarzen Meeres sollen umgekommen sein, als das Salzwasser über sie hinweg-schwappte. So jedenfalls erklärten die Forscher die verendeten Mollusken, die sie in den dazugehörigen Gesteinsschichten in großen Mengen fanden.

Ryan und Pitman datierten das Ereignis auf 5500 v. Chr. Damals lebten die Menschen in der Jungsteinzeit, waren sesshaft, betrieben Vieh- und Getreidewirtschaft. Mose und Noah sollten noch einige Tausend Jahre auf sich warten lassen. Aber diese Ungereimtheit im Kalender hielt niemanden davon ab, die Sintflut der Bibel in die historische Vergangenheit heraufzubeschwören. Die Istanbuler Zeitung Hürriyet frohlockte: „Noah war ein Türke." Der US-amerikanische Wiederentdecker der Titanic, Robert Ballard, suchte den Grund des Schwarzen Meeres ab, fand zwar keine Spur der Arche, aber eine Wasserchemie, welche die Sint-fluttheorie von Ryan und Pitman zu bestätigen schien. Salzwasser war einst in großen Mengen ins Becken des Schwarzen Meeres geströmt und hatte dort viel Leben vernichtet.

Diese Theorie hielt sich bis 2002. Dann reiste ein weiterer Wissenschaftler aus New York ans Schwarze Meer und entdeckte in den dortigen Sedimenten Anzeichen dafür, dass es eine plötzliche und gewaltige Überflutung der Region, wie sie Ryan und Pitman vermuteten, nicht gegeben haben könnte. Juan Abrajano vom Rensselaer Polytechnic Institute fand ein altes Delta am Bosporus und rekonstruierte eine geologische Situation, in der schon vor über 10 000 Jahren Wasser nicht in das Schwarze Meer hinein, sondern über das Marmarameer aus ihm herausgeflossen war. Abrajano war sich sicher, einen Abfluss entdeckt zu haben. Dieser war nötig, als die Gletscher der letzten Eiszeit schmolzen und den Meeresspiegel immer weiter ansteigen ließen. Im fraglichen Zeitraum, um 5500 v. Chr., drückte das Schwarze Meer allerdings keineswegs gegen eine Landbrücke und zerstörte sie, vielmehr flossen die Fluten gemächlich über das Delta ins Marmarameer ab. Der Wasserspiegel stieg nicht in vierzig Tagen, sondern vermutlich in zwanzig Jahrhunderten an – genug Zeit für Mensch, Tier und Flora, sich vor den sanft plätschernden Wellen zurückzuziehen. Abrajano schlussfolgerte: „Um die Theorie von Noahs Arche zu belegen, muss man davon ausgehen, dass zwischen dem Schwarzen Meer und dem Marmarameer kein Wasser fließen konnte, bevor die Sintflut kam. Wir fanden heraus, dass diese Annahme falsch ist."

Das Grabtuch von Turin

Knochen, Haare, Kleidungsfetzen – in den Reliquien der Heiligen erkennen die einen nur faulen Zauber, den anderen sind sie wertvoller als Edelsteine, so wundertätig wirkend wie die Märtyrer selbst. Nirgendwo sonst zeigt sich der Riss zwischen Glaube und Wissenschaft so deutlich wie am Grabtuch von Turin. Der mutmaßliche Beweis für die Existenz Christi lockt noch heute Scharen von Gläubigen an, die das Gesicht Jesu mit eigenen Augen zu sehen hoffen. Hinter den Kulissen rumort unterdessen der Wissenschaftsbetrieb: Historiker, Pathologen, Linguisten, Bibelforscher, Textilexperten, Chemiker, Physiker und Fotospezialisten analysieren das Leinen und die Farben und entdecken noch nach Jahrzehnte währendem Wissenschaftsbetrieb Neues im Antlitz des Gekreuzigten.

Im Mittelalter waren sich noch alle Christen einig: Reliquien sind anbetungswürdig. Körperteile und Devotionalien wie die Gebeine Petri waren Pilgerziele für Hunderttausende und entwickelten sich zu Wirtschaftsfaktoren. Wer Reliquien besaß, bei dem klingelte die Kasse. Entsprechend teuer mussten die Überreste eingekauft werden, bisweilen bereisten Reliquienvertreter mit Musterkoffern die Fürstenhöfe und Klöster Europas. Erst der Protestantismus schob der Reliquienverehrung den Riegel vor und lehnte den „päpstlichen Unrat" in den Tagen Calvins und Zwinglis ab. Im katholischen Lager blieb die Tradition der Reliquien bis heute erhalten. Doch was den Glauben stärkt, lockt Zweifler an. Seit dem 20. Jahrhundert müssen die ehemals unantastbaren Gegenstände wissenschaftliche Prozeduren über sich ergehen lassen – mit fragwürdigen Resultaten.

176 MYTHEN DER BIBEL UND DES CHRISTENTUMS

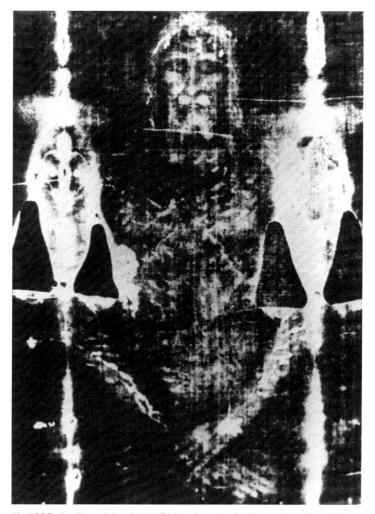

Als 1898 eine Negativkopie des Grabtuchs angefertigt wurde, zeigte sich das Bild des darauf erkennbaren Mannes in überraschender Klarheit. Die hellen Streifen und Flecken rühren von Beschädigungen und Flicken her.

Reliquienhandel war vor allem im Mittelalter ein einträgliches Geschäft. Ein Stück von einem Heiligen ließ sich so lukrativ verkaufen, dass quicklebendige Kirchenmänner um ihr Wohl besorgt waren. Von Franz von Assisi wird berichtet, er habe bei seinen

Reisen stets einen Bogen um die italienische Stadt Perugia gemacht, weil er befürchtete, von den Einwohnern zu Reliquien verarbeitet zu werden. In vielen Kathedralen Europas werden heute
Nägel vom Kreuz Christi aufbewahrt, unter anderem im Dom zu
Trier und in Istanbul. Diese Nägel soll Helena, die Mutter Konstan-
tins des Großen, von einer Pilgerfahrt aus Jerusalem mitgebracht
haben. Heute sind etwa ein Dutzend solcher Nägel bekannt. Die
bedeutendste Reliquie des Mittelalters war vermutlich das Holz
des Kreuzes Christi. Eine solche Partikel zu besitzen, bedeutete für
die Menschen einer ganzen Region das höchste Glück. Das nutzten
findige Reliquienhändler für gute Geschäfte. Heute sind so viele
Splitter vom Wahren Kreuz bekannt, dass ihre Zusammensetzung
ein Konstrukt von gewaltigen Ausmaßen ergeben würde. Es muss
aber nicht immer ein Heiliger sein, dessen Reliquien verehrt werden. Auch der ehemalige Franzosenkaiser Napoleon Bonaparte gab
nach seinem Tod 1821 Reliquien ab. Seine Gedärme wurden im
Royal College of Surgeons in London aufbewahrt – bis sie bei einem
Luftangriff 1941 verloren gingen. Ein Weisheitszahn Napoleons
war lange Jahre erhalten, ist aber mittlerweile ebenfalls verschwunden, Herz und Magen liegen in Silbergefäßen. Noch 1972
bot das Auktionshaus Christie's Napoleons Penis zum Verkauf.

Der Kreuzfahrer fette Beute

Es ist nur ein Stück Leinenstoff und doch einer der bestgehüteten
Schätze der katholischen Kirche. Die Priester der Turiner Kathedrale San Giovanni Batista bewahren seit über 500 Jahren einen
geheimnisvollen Stoff auf. Einst soll der geschundene Körper Christi darin eingeschlagen gewesen sein und sein Abbild auf dem Tuch
hinterlassen haben. Wer das Tuch einmal gesehen hat, wird er-
staunt gewesen sein. Tatsächlich zeichnen sich auf dem Stoff die
Umrisse eines menschlichen Körpers ab. Auf dem uralten Leinen
ist der Abdruck kaum erkennbar. Zeigen die Turiner das Tuch der
Öffentlichkeit, steht es im Querformat hinter Glas in der Kirche
und muss von hinten beleuchtet werden, um den mutmaßlichen

178 MYTHEN DER BIBEL UND DES CHRISTENTUMS

Abdruck des Körpers Christi sichtbar werden zu lassen. Dann sind viele Details in dem Abbild zu erkennen: ein nackter Mann mit Bart und geschlossenen Augen, die Hände über der Brust gefaltet, der lebensgroße Körper ist von Wunden gezeichnet.

Das Tuch von Turin hat eine lange Geschichte. Schon die Bibel nennt einen Leinenstoff, in dem der Leichnam Christi aufgebahrt worden sein soll. Im Evangelium des Markus heißt es in Kapitel 15: „Und als es schon Abend wurde und weil Rüsttag war, das ist der Tag vor dem Sabbat, kam Josef von Arimathäa, ein angesehener Ratsherr, der auch auf das Reich Gottes wartete, der wagte es und ging hinein zu Pilatus und bat um den Leichnam Jesu. Pilatus aber wunderte sich, dass er schon tot sei, und rief den Hauptmann und fragte ihn, ob er schon lange gestorben sei. Und als er's erkundet hatte von dem Hauptmann, gab er Josef den Leichnam. Und der kaufte ein Leinentuch und nahm ihn ab und wickelte ihn in das Tuch und legte ihn in ein Grab, das war in einen Felsen gehauen, und wälzte einen Stein vor des Grabes Tür. Aber Maria von Magdala und Maria, die Mutter des Joses, sahen, wo er hingelegt wurde."

Damit erschöpfen sich die Berichte. Erst 1389 tauchte das Tuch wieder auf. Es war im Besitz des französischen Adeligen Geoffroy de Charny. In der Stiftskirche von Lirey bei Troyes stellte de Charny das Tuch aus, das Ereignis ist durch eine Pilgermedaille belegt. Nicht überliefert ist hingegen, wie das Leinentuch mit dem Abbild Christi von Jerusalem nach Frankreich gelangt sein soll.

Von Lirey aus führt die Spur 200 Jahre in der Geschichte zurück zu den Tagen des vierten Kreuzzugs (1202–1204). Von einem der Chronisten des Zugs, Robert de Clari, ist ein Bericht erhalten, in dem ein merkwürdiges Stück Stoff auftaucht: „Wo dort der Stoff war, in dem unser Herr eingewickelt wurde, der sich selbst jeden Freitag aufrecht stellte, so dass jedermann die Gestalt des Herrn darauf sehen konnte." Auch vom Schicksal des Stoffes weiß de Clari zu berichten. Das Tuch sei bei der Plünderung Konstantinopels durch die Kreuzfahrer verloren gegangen. Zwei Jahre später, am 1. August 1205, schrieb Theodoros Angelos, ein Neffe des letzten byzantinischen Kaisers, einen Brief an Papst Innozenz III. in Rom und beschwerte sich über die Verwüstungen, die die Kreuzfahrer im Namen der Kirche in der alten Metropole am Bosporus angerichtet haben. In einer Passage schildert Angelos deutlich, was mit den byzantinischen Kostbarkeiten geschehen ist: „Die Venezier teilten die Schätze aus Gold, Silber und Elfenbein unter sich auf, während die Franzosen dasselbe mit den Reliquien der Heiligen taten und dem Heiligsten von allem, dem Leinen, in dem unser Herr Jesus Christus eingeschlagen war nach seinem Tod und vor der Auferstehung. Wir wissen, dass die heiligen Objekte von ihren Jägern aufbewahrt werden in Venedig, in Frankreich und an anderen Orten, das heilige Leinen in Athen."

150 Jahre später taucht das Leinentuch in Lirey in Frankreich auf. Wie es dorthin gelangt sein könnte, lässt sich nicht nachvollziehen. Der Kunst- und Reliquienhandel des Mittelalters blühte, das Abbild des Heilands mag manchen Kaufmann reich gemacht haben. Auch Geoffroy de Charny soll das Tuch ausgestellt haben, weil er in Geldnöten war. Glaubenstourismus war schon zu dieser Zeit ein einträgliches Geschäft, wie die zahlreichen in dieser Zeit entstandenen Pilgerstätten zeigen, darunter das noch heute populäre Santiago de Compostela.

Der Glaubenstourismus füllte die leeren Kassen des Adels. Die Pilgerscharen in der Kirche von Lirey scheinen verarmte Adelige auf die Idee gebracht zu haben, ihr eigenes Grabtuch Christi anfertigen zu lassen – und als echt auszugeben. Aus dem Mittelalter ist heute ein knappes Dutzend Grabtücher bekannt, deren Besitzer behaupteten, ihr Exemplar sei das echte. Gut gefälscht: Die nachgemachten Tücher zeigten nicht in jedem Fall, wie das heute als Turiner Tuch bekannte Leinen, einen ganzen menschlichen Körper, sondern bisweilen nur das Gesicht oder – wie in einem Fall – überhaupt nichts. Aber auch wenn der Leib Christi kein Bild auf dem Grabtuch hinterlassen hatte, glaubten genug Menschen an die Echtheit auch dieses Exemplars, um in Scharen zu dem ausgestellten Artefakt zu pilgern. Wer das echte Grabtuch besaß, wurde zwar intensiv diskutiert, ließ sich aber nicht feststellen. Die Besitzer und

180 MYTHEN DER BIBEL UND DES CHRISTENTUMS

Fälscher der Tücher riefen deshalb Fachleute herbei, die mit ihrem Sachverstand die Echtheit des eigenen und die Imitation der anderen Grabtücher feststellen sollten. Diese Experten waren Geistliche. Einer davon, der Bischof von Troyes, begutachtete das Tuch in Lirey und kam „nach intensiver Befragung und Betrachtung" zu dem Schluss, dass das Tuch „geschickt bemalt worden ist, diese Wahrheit wurde bestätigt von dem Künstler, der es gemalt hat". Bis heute haben Christen, die das Tuch für echt halten, mit dieser Kritik aus den eigenen Reihen zu kämpfen. Ob der Bischof von Troyes tatsächlich einem Fälscher auf die Schliche gekommen war oder nur ein anderes Tuch oder dessen Besitzer favorisierte, ist heute nicht mehr nachvollziehbar. Der Medici-Papst Klemens VII. (1524–1534) glaubte wieder an das Tuch von Lirey, mochte aber das über dem Leinen schwebende bischöfliche Urteil nicht infrage stellen und machte das Artefakt auf einem Umweg wieder anbetungswürdig: Der Papst erklärte den Stoff zu einem Symbol für das echte Grabtuch Christi. Damit waren dem Pilgerstrom von offizieller Seite wieder die Tore geöffnet.

Wer das Tuch in den Tagen von Papst Klemens VII. sehen wollte, musste nach Savoyen reisen. Dorthin, in den Ort Chambéry, war das Leinen in der Zwischenzeit umgezogen. Margareta, eine Enkelin Geoffroy de Charnys, hatte das Grabtuch geerbt und aus unbekannten Gründen verschenkt. Neuer Eigentümer war Graf Ludwig von Savoyen. Ob die Erbin ihm aus diplomatischen oder zwischenmenschlichen Gründen zu einem Geschenk verpflichtet war, ist nicht überliefert.

Papst und Publikum besuchten das Tuch im neuen Heim, der Schlosskapelle von Chambéry, und auch der Feuerteufel machte seine Aufwartung. Ein Brand verwüstete 1532 die Sakristei, in der das Tuch in einem silbernen Reliquienbehälter aufbewahrt wurde. Das Metall schmolz und Tropfen flüssigen Metalls ramponierten das kostbare Leinen. Bevor das gesamte Grabtuch in Flammen aufgehen konnte, übergossen es Herbeigeeilte mit Wasser und zerstörten damit die Klarheit, die das Abbild des Mannes auf dem Leinen einmal gehabt haben soll. Immerhin war das Artefakt gerettet.

Nonnen vernähten die Brandlöcher mit Flicken, die in der Untersuchungsgeschichte des Tuches noch eine Rolle spielen sollten.

Weitere 40 Jahre blieb das Grabtuch in Chambéry, dann holten es die Grafen von Savoyen in ihre Hauptstadt, nach Turin. Die Bedeutung des Stoffes war seit der Brandnacht gewachsen, die Schar der Pilger immer größer geworden. Das Tuch in der Hauptstadt aufzubewahren, versprach noch mehr Touristeneinnahmen und Prestige. Seit 1578 ist das Grabtuch in der Kathedrale San Giovanni Battista zu Hause. Zu sehen ist es nur selten. Im 20. Jahrhundert war es viermal zu sehen. Jedes Mal strömte ein Millionenpublikum in die norditalienische Stadt, in der für einige Wochen der Ausnahmezustand herrschte. Spätestens seit der Ausstellung 1998 hat der Glaubenstourismus auch die Grenzen des Profanen überschritten. Ist das Tuch in der Kirche öffentlich zu sehen, verwandelt sich die Stadt in einen Souvenirladen. Dann prangen Kopien des Gesichtes, das auf dem Tuch zu erahnen ist, auf Aschenbechern, T-Shirts, Tassen und Tellern. Vielen Pilgern muss das genügen: Das rätselhafte Abbild auf dem Leinen ist mittlerweile so stark verblichen, dass es mit bloßem Auge kaum noch zu erkennen ist.

Wissenschaft ist Glaubenssache

Auf den ersten Blick ist das Tuch eine vergilbte Stoffbahn. Nur mit Kunstlicht und moderner Fototechnik ist das Bild des Mannes darauf erkennbar. Wie die Darstellung auf das Leinen gelangt ist, ist eine Frage des Glaubens. Wenn es sich nicht um das Werk eines Künstlers gehandelt haben soll, müssen entweder spirituelle oder chemische Prozesse für den Abdruck verantwortlich sein. Solche gibt es. Körperfett und Schweiß könnten über einen langen Zeitraum auf den Stoff eingewirkt und einen Abdruck hinterlassen haben. Diese Substanzen bilden nach einiger Zeit Spuren von Ammoniak, der in das Gewebe eingedrungen und Färbungen hervorgerufen haben könnte.

Trotz des schlechten Erhaltungszustandes lassen sich noch immer die Wunden identifizieren, mit denen der Körper übersät ist.

182 MYTHEN DER BIBEL UND DES CHRISTENTUMS

Es sind diese sichtbaren Spuren, um die sich die Diskussion über die Echtheit des Tuches zuerst drehten. Können historisch überlieferte Foltermethoden der Römer solche Spuren hinterlassen haben und decken sich die Berichte der Evangelisten und der apokryphen Schriften über das Schicksal Christi mit den Wunden auf dem Körper des Turiner Grabtuches?

Analysen der zahlreichen kleinen Verletzungen ergaben, dass diese möglicherweise von Schlägen mit einem Flagrum herrühren könnten. Eine solche Peitsche ist aus der römischen Antike überliefert. Sie war ein gefürchtetes Folterinstrument, an den Enden der drei Peitschenkordeln waren Knochensplitter eingesteckt, die dem Geschlagenen Wunden rissen. Überdies waren Bleigewichte am Ende der Schnüre befestigt. Dass ein Flagrum für die Spuren auf dem Turiner Körperbild verantwortlich gewesen sein könnte, dafür spricht die Beobachtung, dass die Male auf dem Bild in Bündeln auftreten.

Auch in den Füßen und dem Gelenk einer Hand sind Wunden erkennbar, möglicherweise jene Verletzungen, die Christus am Kreuz durch das Einschlagen der Nägel in die Gliedmaßen erlitten haben soll. Ob auch das andere Handgelenk des Toten ein solches Mal getragen hat, ist nicht erkennbar, da die Hände übereinander gefaltet sind. Diese mutmaßlichen Spuren einer Kreuzigung sind für die an das Tuch Glaubenden der sicherste Beleg für die Echtheit der Reliquie. Auf der anderen Seite erkennen Skeptiker in den Wundmalen an den Extremitäten einen Beweis für Scharlatanerie. Denn eine Kreuzigung in der Antike, so fand ein französischer Physiker in den 1930er-Jahren heraus, habe sich mit Nägeln in den Händen gar nicht bewerkstelligen lassen. Wie Experimente mit Tierkadavern zeigten, ist das Gewicht des Körpers zu hoch, um von Nägeln gehalten zu werden, die zwischen die feinen Knochen der Extremitäten getrieben wurden. Um den Delinquenten am Kreuz zu fixieren, sind entweder Seile nötig gewesen oder Nägel in den Handgelenken oder Unterarmen.

Das Ergebnis der makabren Untersuchung war Wasser auf die Mühlen der Gläubigen und Ungläubigen gleichermaßen. Kritiker erklärten alle Kruzifix-Darstellungen der Kunstgeschichte für falsch und wollten Stigmatisierungen an Händen und Füßen Heiliger als Unfug entlarvt wissen. Tuchfreunde hingegen verwiesen auf die Besonderheit am Abbild des Toten von Turin. Dort waren die mutmaßlichen Kreuzigungsmale eben nicht in den Händen, sondern weiter oben am Arm, etwa in Höhe der Handgelenke zu sehen. Diese Flecken, so das Argument für die Echtheit des Tuches, hätte ein Fälscher mitten auf die Handrücken gesetzt, so wie es bei der Herstellung ungezählter Kruzifixe Tradition war. Demnach wäre das Tuch echt.

Doch selbst wenn die Figur auf dem Tuch der Abdruck eines Leichnams ist, muss der Glauben noch eine weitere Hürde nehmen, um die Wissenschaft zu überzeugen: Ein Gefolterter macht noch keinen Christus. Tatsächlich deuten Tuchkritiker die historische Nähe der Reliquie zu den Kreuzzügen so, dass sie eher den 1314 gemarterten und hingerichteten Großmeister des Templerordens, Jacques de Molay, in dem Bild erkennen wollen, als Jesus Christus. De Molay soll während der Tortur in eine ähnliche Ummantelung gehüllt worden sein, wie sie das Tuch darstellt.

Andererseits weisen Grabtücher in der Regel großflächige Verwesungsflecken auf. Ein Körper, der so lange in dem Stoff eingeschlagen war, dass der Ammoniak auf seiner Haut sichtbare Spuren im Leinen hinterlassen hat, wäre bereits in einen Zersetzungsprozess übergegangen, der sich an dem Stoff hätte abzeichnen müssen.

Zweifel an der Auferstehung

Während sich die Identität des Mannes nicht klären lässt und sich Für und Wider gegeneinander aufwiegen, verspricht die Datierung des Stoffes deutlichere Aussagen. Leinen ist ein organischer Stoff, dessen Alter mit der Radiokarbon-Methode festgestellt werden kann. 1949 fand der US-Forscher Willard Libby heraus, dass sich organische Materialien dadurch datieren lassen, dass man ihren Gehalt an radioaktiver Holzkohle misst. Alle lebenden Pflanzen

184 MYTHEN DER BIBEL UND DES CHRISTENTUMS

nehmen aus der Atmosphäre das Kohlenstoffisotop 14, kurz C14, auf. Das gilt auch für Menschen und Tiere. Erst wenn ein Organismus stirbt, hört er auf, C14 aufzunehmen. Stattdessen baut sich das Element nun in dem toten Körper ab. Der dafür benötigte Zeitraum ist bekannt. Für C14 liegt er bei 5568 Jahren. Ausgehend von dieser sogenannten Halbwertzeit lässt sich die Spur eines Organismus' bis in eine Zeittiefe von 50 000 Jahren zurückverfolgen. Die Methode war vielversprechend. Aber die Hoffnung auf eine eindeutige Aussage über das Grabtuch erfüllte sich auch in diesem Fall nicht.

Die erste Hürde bei der Datierung eines wertvollen Artefaktes ist seine Zugänglichkeit. Wissenschaftliche Untersuchungen am Grabtuch von Turin sind selten. Die Kirche gibt das Objekt nur in Ausnahmefällen zur Untersuchung frei, entsprechend groß ist die Aufmerksamkeit der christlichen Weltgemeinde, wenn neue Forschungsergebnisse angekündigt sind – Widersprüche inbegriffen.

1988 erteilte die katholische Kirche die Erlaubnis, das Leinentuch zu analysieren. Ein wissenschaftliches Team nahm drei Proben von drei verschiedenen Stellen auf dem Stoff. Die drei Analysen lieferten jedes Mal dasselbe Ergebnis: Das Grabtuch von Turin war zwischen 1260 und 1390 gewebt worden, fast eineinhalb Jahrtausende nach dem Tod Christi. Damit fielen Datierung und das erste Auftauchen des Stoffes in der Stiftskirche von Lirey zusammen. Das Tuch schien von allen Mysterien gereinigt.

Wie sich allerdings herausstellte, hielt die Untersuchung nicht allen kritischen Fragen stand. Bei einer Gegenanalyse fand ein zweites Forscherteam Verunreinigungen auf dem Stoff, die die C14-Datierung verfälscht haben könnten. In dem Leinen hatten sich Pilze gebildet und Bakterien eingenistet, überdies waren Brandspuren des Mittelalters vorhanden, deren Partikel in die Datierung hineingeraten sein mochten. Sogar Reinigungsmittel fanden die Forscher – das Grabtuch schien gewaschen worden zu sein. Damit war das Ergebnis der Radiokarbonuntersuchung hinfällig, das Tuch blieb, was es war: ein Phänomen oder eine Fälschung.

Der Streit darüber, ob die Datierung nun aussagekräftig sei oder nicht, dauerte 17 Jahre lang. Dann schaltete sich der US-Chemiker Raymond Rogers vom Los Alamos National Laboratory ein. Der Forscher durfte das Tuch noch einmal untersuchen, um festzustellen, ob und was bei der ersten Datierung schiefgelaufen sein könnte. Rogers fand heraus, dass die C14-Proben tatsächlich verunreinigt waren, aber nicht mit Pilzen, Bakterien und Waschmitteln, wie vermutet, sondern mit Vanillin. Dieser Stoff ist in Gebäck und Speise-Eis enthalten. Er entsteht, wenn Lignin unter Wärme zerfällt. Lignin wiederum ist neben Cellulose der am häufigsten auftretende organische Stoff der Erde. Er ist zuständig für die Verholzung von Pflanzenteilen. Nun entdeckte Raymond Rogers bei der Nachuntersuchung der Datierungsproben, dass zwar die Proben Vanillin enthalten, das Grabtuch aber nicht. Wie war das möglich?

Wie sich herausstellte, waren für die Datierung von 1988 Proben aus den Flicken entnommen worden, die das Tuch bedeckten. Mit diesen dreieckigen Stoffteilen hatten Nonnen die Reliquie notdürftig repariert, nachdem sie bei dem Kirchenbrand von 1532 beschädigt worden war. Die Flicken bestanden aus holländischem Tuch, ein Gewirk, das nachweislich Vanillin enthält. Kein Wunder also, dass die Datierer von 1988 in dem Grabtuch von Turin ein Relikt erkannten, das gerade mal etwa 600 Jahre alt war.

Die Nachuntersuchung durch Raymond Rogers offenbarte nicht nur einen Irrtum, sie verwies auch auf das mögliche tatsächliche Alter der Reliquie. Denn in dem Grabtuch selbst war kein Vanillin nachweisbar. Diese Besonderheit ist bekannt von Leinenstoffen, die am Toten Meer und in weiten Teilen des Nahen Ostens gewirkt wurden. Diese seltenen Gewebe sind in vielen Fällen sicher datiert. Sie sind 1300 bis 3000 Jahre alt. Damit rückte das Alter des Grabtuches von Turin wieder in die Nähe des Zeitraums der Kreuzigung Christi.

Zu der Frage, ob das Tuch echt ist oder nicht, kommt nun Verwunderung darüber, dass eine ganze Mannschaft von Naturwissenschaftlern 1988 einen so offensichtlichen Fehler beging. Im-

186 MYTHEN DER BIBEL UND DES CHRISTENTUMS

merhin hatten die Forscher von drei Instituten nicht bemerkt, dass ihre Proben nicht aus dem Tuch selbst, sondern aus den gut auf dem Tuch sichtbaren Flicken stammten. Niemand wollte an ein Missgeschick bei der Probenentnahme glauben. Einige attestierten den Akademikern atheistische Propaganda und meinten, die Wissenschaftler hätten die Absicht gehabt, die Reliquie als Fälschung zu entlarven, koste es, was es wolle. Andere mutmaßten das Gegenteil: Bei der Probenentnahme, so Verschwörungstheoretiker, habe ein Kardinal der katholischen Kirche dafür gesorgt, dass die mittelalterlichen Flicken datiert werden und nicht der Originalstoff. Dass die Kirche daran interessiert sei, das Tuch als Fälschung hinzustellen, habe einen einfachen Grund: Das Abbild des Mannes deute durch die Art der Blutspuren darauf hin, dass der Gefolterte noch gelebt habe, als er in das Tuch gebettet wurde. Damit wäre die Auferstehung Christi kein göttliches Ereignis, sondern der größte Irrtum der Weltgeschichte.

Die letzten Momente am Kreuz sind ebenso Gegenstand langfristiger Debatten wie das Tuch selbst. Im Kreuzfeuer pathologischer Kritik steht auch der Evangelist Markus. Er schrieb über den Tod Christi: „Aber Jesus schrie laut und verschied" (Mk 15,37). Das war unmöglich. Der Tod am Kreuz war nach heutiger medizinischer Kenntnis ein Erstickungstod. Niemand hätte unter solchen Bedingungen einen Todesschrei ausstoßen können – meint die medizinische Forschung. Der italienische Arzt Nicolò Cinquemani ist anderer Ansicht. Er begutachtete die Blutspuren auf dem Grabtuch von Turin und ergänzte die Passion Christi um ein makabres Detail: Gemessen an den Wunden, die das Tuch abbilde, müsse der Delinquent auf dem Weg zum Kreuz unglücklich gestürzt sein, meint Cinquemani. Dabei habe sich ihm einer der vorab ins Holz geschlagenen Nägel in die Brust gebohrt. Die hervorgerufene innere Blutung im Brustraum habe am Kreuz schnell zum Tod geführt. Jesus sei also nicht, wie andere, durch langsames Ersticken gestorben und habe demnach auch jenen Schrei ausstoßen können, den Markus beschreibt. Vorausgesetzt, der Tote auf dem Tuch ist tatsächlich Christus.

Davon scheint die katholische Kirche immer weniger überzeugt zu sein. Eine neue Untersuchung, wie Raymond Rogers sie forderte, ist bislang nicht erlaubt worden. Der bisher gängige Begriff „sacra sindone" (Heiliges Tuch) darf offiziell nicht länger verwendet werden, auch gilt das Grabtuch der Kirche nicht als Reliquie, sondern als Ikone und ist damit kein Gegenstand der Heiligenverehrung, sondern nur noch ein Kultbild. Auch die Ausstellungsdauer des Grabtuches verkürzt sich. Konnten Pilger das Leinen im Jahr 2000 noch 72 Tage lang sehen, waren es 2010 nur noch 44 Tage. Damit zollen Vatikan und Turiner Kirche der schwindenden Nachfrage nach vermeintlichen Wunderwerken Tribut: Noch 1998 strömten 2,5 Millionen Besucher in die norditalienische Stadt, bei der Ausstellung im Jahr 2000 kamen weniger als die Hälfte.

Die Schriftrollen von Qumran

Der Zufall führte Regie: Am Nordwestufer des Toten Meeres entkam eine Ziege ihrem Hirten. Als der Beduine das Tier in einer Höhle suchte, fand er weitaus mehr, als er gehofft hatte. In der Grotte entdeckte Mohammed el-Hamid die Schriftrollen von Qumran – und damit bislang unbekannte Urfassungen von Texten des Alten Testaments.

1947 herrschten im Nahen Osten unruhige Zeiten. Der Staat Israel war noch nicht gegründet. Die UNO verhandelte über die Teilung Palästinas. An der geplanten Grenze patrouillierten bereits britische Soldaten und zogen Stacheldraht, um Gewaltakten entgegenwirken zu können. Krieg lag in der Luft. In dieser Atmosphäre kam Mohammed el-Hamids Fund an die Öffentlichkeit. Vergebens hatte der Hirte versucht, das uralte Leder der Einbände in Streifen zu schneiden, um daraus neue Riemen für seine Sandalen anzufertigen. Deshalb versilberte seine Familie die Schriftrollen auf dem Markt in Bethlehem. Einigen Aussagen zufolge erzielten die Beduinen 64,80, andere Quellen sprechen von nur vier US-Dollar – ein Jahrhundertfund der Archäologie war im Begriff, für

Der Eingang zu Höhle 4, in der Fragmente von etwa 600 Schriftrollen lagen.

eine Handvoll Dollar in den Kanälen des Kunsthandels zu verschwinden.

Kaum waren die Schriftrollen auf dem Markt, begann ein Verwirrspiel, dessen Knoten sich bis heute nicht vollständig lösen lassen. Die Beduinen hatten vier Rollen aus Leder verkauft. Der Händler, ein syrischer Christ namens Khalil Iskander Schahin, war Schuster und Kunsthändler in einer Person. Er witterte das große Geschäft. Gemeinsam mit einem Helfershelfer soll Khalil Raubzüge in die Höhlen unternommen haben, denn kurze Zeit später tauchten weitere Rollen im Handel auf. Sieben davon verkaufte Khalil an den Bischof des syrisch-orthodoxen Klosters Sankt Markus in der Altstadt von Jerusalem, Athanasius Yeschue Samuel. Doch auch der Geistliche konnte den wahren Wert der Schriften nur erahnen und veräußerte den Schatz weiter.

Wie viel Geld war Glauben wert? Niemand, so mag Athanasius sich gedacht haben, konnte den echten Wert der Stücke besser einschätzen, als ein Wissenschaftler. Also nahm der Geistliche Kontakt zu Forschern auf. Sowohl der Jerusalemer Gelehrte Eleazar

Sukenik als auch der US-Forscher John Trever ahnten augenblicklich, welch kapitales Stück ihnen da im Wildwechsel des Kunsthandels vor die Flinte lief, und ließen Kopien anfertigen. Wenige Monate später waren die Fotografien der Schriften ausgewertet. Die Texte stammten aus dem 1. und 2. Jahrhundert v. Chr. Die American School of Oriental Research, an der Trever arbeitete, veröffentlichte eine Notiz über den Fund, die trotz ihrer Kürze in der ganzen Welt für Wirbel sorgte.

Das Qumranfieber brach aus. Jeder Forscher in Jerusalem versuchte, die Rollen in die Finger und unter die Lupe zu bekommen. Doch Athanasius war in der Zwischenzeit in die USA beordert worden und versuchte dort, mit den Texten reich zu werden. Für die imposante Jesaja-Rolle, die über sieben Meter lang ist, verlangte der Bischof eine Million US-Dollar. Damit war der Preis der Schriften seit ihrer Entdeckung zwei Jahre zuvor um das Hunderttausendfache gestiegen. Reiche Amerikaner kamen zu Athanasius und staunten. Ein Käufer aber fand sich nicht.

Hartnäckigkeit schien angesichts des in Aussicht stehenden Millionenbetrags eine Tugend zu sein. Noch 1954 erschien eine denkwürdige Anzeige im Wall Street Journal: „Vier biblische Schriften zu verkaufen. Ideales Geschenk für pädagogische oder religiöse Institution." Trotz solcher Vermarktungsslogans blieb Bischof Athanasius auf den Schriftrollen sitzen. Schließlich verkaufte er sie für ein Viertel des Höchstpreises in die Hände der Wissenschaft.

Kunstmarkt und Wissenschaft waren in Aufruhr, doch bis 1949 hatte noch kein Forscher die Höhlen von Qumran betreten. Dann entdeckte die erste offizielle Expedition den Ort auf einer Terrasse aus Mergelgestein. Bei den ersten Sondierungen waren die Archäologen entsetzt. Viel Fundgut war zerschlagen und nach weiteren vermeintlichen Schätzen durchwühlt. Aber zwischen uralten Dattelkernen und zerbrochener Keramik konnten die Wissenschaftler noch Hunderte Schriftfragmente aufsammeln. Die Arbeit am Großprojekt Qumran begann.

Das älteste Puzzle der Welt

Von 1952 bis 1958 legten Archäologen eine jüdische Siedlung des
Altertums bei Qumran frei. Aber Gebäudereste und Wasserbecken,
die jedes Archäologenherz hätten schneller schlagen lassen, ver-
blassten vor den immensen Schriftfunden in Qumran. In elf Höhlen
fanden die Wissenschaftler mehr als neunhundert Handschriften.
Zwar waren die meisten auf haltbarem Pergament geschrieben,
dennoch hatte der Zahn der Zeit an ihnen genagt. Allein aus Höhle 4 bargen die Forscher vierzigtausend Bruchstücke. Schon unter
normalen Grabungsbedingungen war eine solche Entdeckung nur
unter großen Schwierigkeiten zu bewältigen. Welches Fragment
lag wo? Zu welchem Schriftstück gehörte dieses Teil, zu welchem
jenes? Nur minutiöse Vorgehensweise versprach Rettung vor dem
Chaos. Aber in dieser Suppe wollten viele rühren.

Die Beduinen hatten Wind von der Sache bekommen. Unter
dem Vorwand, Anspruch auf die Funde zu haben, weil sie in ihrem
Lebensraum lagen, plünderten sie die Höhlen aus. Das Kind war
in den Brunnen gefallen, aber noch nicht ertrunken. Flugs zog die
Regierung Jordaniens die Reißleine. Um zu verhindern, dass die
Beduinen die Texte ins Ausland verkauften, wurde ein Abkommen
geschlossen. Für jeden beschrifteten Quadratzentimeter Pergament erhielten die Nomaden 2,80 US-Dollar – Bibelforschung zum
Kilopreis.

Nun begann eine Zeit des Reisens. Experten für Papyrologie
und Bibelkunde reisten in den Nahen Osten. Dort war das Haupt-
quartier für die Rekonstruktion der Texte im Keller des Archäologischen Museums von Palästina aufgebaut. Einige Texte aber reisten von dort ab. Da die Ausgrabungen und die anschließenden
Untersuchungen viel Geld verschlangen, verkauften die Behörden
Bruchstücke der Texte ins Ausland. Teile der Qumranrollen gingen
an die Universitäten von Oxford, Montreal, Manchester, Chicago
und Heidelberg. Der Vatikan bot ebenso mit wie die Allerseelen-
kirche in New York. Unter den Forschern brachen Kleinkriege um
Urheberrechte aus.

Immer mehr Schriftfunde erreichten den Keller der Koryphäen, immer undurchsichtiger wurde die Lage dort. Zwar versuchten die Wissenschaftler gewissenhaft, die Stücke immer wieder zu sortieren, zu entziffern, zu übersetzen und zu interpretieren. Aber unterschiedliche Meinungen auf höchster Expertenebene ließen Köpfe rauchen und gegeneinanderstoßen. Forscher wechselten im Monatsrhythmus. Das größte Puzzle der Welt wurde zu einem Geduldsspiel.

Mehr als fünfzig Jahre rauchten in Jordanien die Köpfe. Anfang der 1990er-Jahre erschienen erste Texte in der Öffentlichkeit. Aber erst 2002 waren in dem Band „Discoveries in the Judaean Desert" siebenunddreißig der Handschriften zu lesen – so viel wie nie zuvor. Bis heute sind zwei Bände aus Qumran noch immer nicht zusammengesetzt.

Übersetzung bedeutet nicht immer Verständlichkeit. Die Schriftrollen von Qumran sind dem Leser keine leicht Kost. Das liegt allein schon an den unterschiedlichen Textarten: biblische Überlieferungen, astronomische Lehrbücher, Philosophie über ein neues Jerusalem, die Beschreibung eines idealen Tempels, theologische Abhandlungen, Gemeinschaftsregeln, eine Kriegsrolle, Loblieder, Dichtungen, Psalmen, Gebete, Schuldurkunden, Getreideabrechnungen und Eigentumsübertragungen steckten in den rätselhaften Tonkrügen, die jahrzehntelang die Welt bewegten. Worte, die dem Leser ohne Wissen um die historischen Hintergründe verschlossen bleiben.

Die Rollen trugen die Handschrift der Essener. Hinter diesem Namen, der im aramäischen Wortstamm „die Frommen" bedeutet, verbarg sich um die Zeitenwende eine religiöse Gruppe. Diese Juden waren bereits dem Römer Plinius aufgefallen. In seiner „Naturgeschichte" schrieb Plinius, dass „westlich vom Toten Meer die Essener wohnen. Ein einsames und wunderliches Volk, das ohne Frauen, ohne Geld und nur in Gesellschaft von Palmen lebt". Waren die Essener eine Bruderschaft, die dem jüdischen Glauben folgte und in einer Art Kloster lebte? Die Schriften von Qumran geben über das Leben in der rätselhaften Gemeinde Auskunft.

192 MYTHEN DER BIBEL UND DES CHRISTENTUMS

„Kinder des Lichts" – so nannten sich die Essener selbst. Sie distanzierten sich von einer Gruppe, die sie als „Kinder der Finsternis" betitelten. Wer damit gemeint war, ist bis heute unbekannt. Mit diesem Namen mögen die Essener die Römer verunglimpft haben, die zu dieser Zeit Palästina besetzt hielten. Wie eine der Handschriften, die sogenannte Gemeinderegel, belegt, folgten die Essener einem religiösen Führer, der einem Klostervorsteher geähnelt haben mag. Damit sind die äußerlichen Parallelen zum Christentum erschöpft. Inhaltlich aber steckt in den Texten von Qumran ein Hinweis auf den Messias-Glauben. In der Gemeinderegel findet sich eine Vision, nach der am Ende der Welt ein Gesalbter auftauchen soll – eine Erwartung, die für einige Gläubige in der Geburt Christi erfüllt wurde.

Qumran war mehr als nur die Hochburg der Essenersekte. Wie Ausgrabungen der Ruinenstätte offenbarten, lebten verschiedene jüdische Gruppen seit Mitte des 2. Jahrhunderts v. Chr. in dem Komplex. Ein Gedanke schien alle zu einen: der Wunsch nach Abgrenzung von jenen Juden, welche die hellenistische Lebensweise der Griechen und Römer angenommen hatten. Die Menschen von Qumran waren auf der Suche nach den Quellen des Judentums und fahndeten fernab der Städte in der Wüste nach der verlorenen Spiritualität. Nach ihren Vorstellungen sollte der Messias nirgendwo anders als inmitten ihrer kleinen Gemeinschaft erscheinen.

Kannte Jesus die Sekte in Qumran? Lebte er vielleicht selbst unter den Essenern? Bethlehem und Jerusalem liegen nicht weit von Qumran entfernt. Die räumliche und zeitliche Nähe Qumrans zum Leben und Wirken Jesu entfachte Fantasien und erhitzte Gemüter. Während der Jahrzehnte, in denen das Forscherteam in Palästina das Textpuzzle von Qumran zusammensetzte, türmte die Vorstellungskraft von Sensationsmachern einen Berg von Hirngespinsten auf.

Zu den größten Luftschlössern, die auf den Ruinen von Qumran aufgeblasen wurden, zählt die Behauptung, der Vatikan habe brisante Handschriften unterschlagen und in einem Geheimarchiv weggeschlossen. Die Journalisten Michael Baigent und Richard

Leigh versuchten zu beweisen, dass die Menschen von Qumran die erste Christengemeinde der Welt gebildet hatten. Nach Baigent und Leigh soll in den Schriften vom Jesusbruder Jacobus und dem Apostel Paulus die Rede sein – in angeblich verschlüsselten Passagen. Danach sollen die Essener nicht der jüdischen Lehre, sondern Christus gefolgt sein. In diesem wiederum erkennen Baigent und Leigh keinen spirituellen, sondern einen militärischen Führer, der in Qumran ein Widerstandsnest gegen die römischen Besatzer leitete. Jesus Christus oder Che Guevara – die Theorien konnten bis heute zwar nicht eindeutig widerlegt werden, aber die Bibelforschung hält die These mittlerweile einstimmig für unhaltbar. Die Idee blieb lukrativ: Baigent und Leigh verkauften ihre Version der Qumrangeschichte in dem Bestseller „Verschlusssache Jesus" 1991 millionenfach.

Qumran – schon der Klang des Wortes legte Nerven blank. Angestachelt von den Traum-Auflagen der Sensationsbücher witterten Journalisten hinter jeder Entdeckung ein neues Zugstück. Wie aus einer Mücke ein Heiliger wird, zeigten die Untersuchungen von Qumran 2002. Im Sommer des Jahres sondierten Archäologen Qumran mit einem neuartigen Radarsystem. Zwar erfüllte sich ihre Hoffnung nicht, bislang unbekannte Höhlen in den Felsen zu finden. Auch weitere Schriften tauchten nicht auf. Aber die Forscher fanden abseits des Friedhofs einen Toten, der hohe Wellen schlug. Johannes der Täufer sei entdeckt, diese Nachricht verbreitete sich 2002 in der Boulevardpresse. Der feuchte Traum der Journaille war den geheimnisvollen Wasserbecken entstiegen, die bereits seit Jahrzehnten in Qumran bekannt waren. Die Essener hatten Vertiefungen in den Mergelboden geschlagen und dank ausgeklügelter Technik das Regenwasser von den Bergen in ihre Reservoirs fließen lassen. Mit eintausendzweihundert Kubikmetern Wasser überstanden bis zu einhundertfünfzig Menschen die acht regenlosen Monate – so weit die Hochrechnung der Forschung. Nicht eindeutig geklärt ist jedoch die Funktion einiger Bassins, in die Stufen hinabführen. Über die Treppen konnte man bequem ins Wasser hinein- und hinaussteigen – vergleichbar einem modernen Schwimm-

194 MYTHEN DER BIBEL UND DES CHRISTENTUMS

Ausschnitt aus der Jesaja-Rolle.

bad. Rituelle Waschungen waren im Judentum dieser Zeit nichts Ungewöhnliches. „Miqwaot" hießen die Ritualbäder, die Archäologen auch an anderen Fundstellen entdeckten. Ungewöhnlich jedoch bleibt die Größe und Anzahl der Bäder in Qumran, noch ungewöhnlicher erscheint das Fehlen jedes Hinweises auf rituelle Waschungen in der Gemeinderegel oder einem der anderen Texte. Als 2002 der geheimnisvolle Tote auftauchte, zählten Geheimniskrämer eins und eins zusammen. Die Summe aus Leichnam und ritueller Waschung ergab Johannes den Täufer.

Die Wirklichkeit machte diesem Knüller einen Strich durch die Rechnung. Rituelle Waschungen sind eine wiederholbare Kulthandlung, die Taufe aber ein einmaliges Sakrament. Kaum vorstellbar, dass in die vielen großen Becken jeder Bewohner nur einmal hineingestiegen ist. Das letzte Wort über den falschen Johannes sprach sein Entdecker, der israelische Archäologe Magen Broshi. Er identifizierte den Leichnam als Beduinen des 18. Jahrhunderts.

Dass die Qumranrollen von unermesslichem Wert sind, ist unumstritten. Hinter dem Dickicht aus Verschwörungstheorien und Sensationslust ist die historische Bedeutung der Schriften in der Forschung bedingungslos anerkannt. Qumran ist ein Schatz der Bibelforschung, nicht weil die Texte das Fundament der christlichen Kirche ins Wanken brächten, sondern weil viele Texte des Alten Testaments in den Höhlen von Qumran in ihrer ursprünglichen Fassung entdeckt wurden. Das Henochbuch und das Jubiläenbuch waren nie zuvor in aramäischer oder althebräischer Sprache bekannt. Überdies tauchten einhundertzwanzig religiöse Schriften erstmals in Qumran auf. Sie sind Dokumente einer Zeit, in der das rabbinische Judentum und das Christentum entstanden – Juwelen der Geschichte, in brüchiges Leder gefasst.

LEGENDÄRE LEICHNAME

Gräber sind Quellen des Lebens, besonders für Archäologen. Neben den Artefakten, die Toten einst ins Grab gelegt wurden, können auch die Leichname Aufschlüsse über die Vergangenheit geben. Moorleichen erzählen von den Hinrichtungen der Eisenzeit und dem Schicksal alternder Könige. Auf dem Grab des Heiligen Petrus ist der Petersdom errichtet. Aber über den tatsächlichen Inhalt der Krypta unter dem monumentalen Bauwerk scheiden sich die Geister.

Moorleichen

An jenem Morgen des 8. Mai 1950 muss den Brüdern Emil und Viggo Højgård der Schreck in die Glieder gefahren sein. Die Torfstecher waren mit Spaten und Karren in das Bjældskovdal-Moor losgezogen, das sich zehn Kilometer westlich der dänischen Stadt Silkeborg erstreckt. Hier stachen die Arbeiter eine tiefe Schicht ab und wuchteten die nassen Schollen in die Karren. Plötzlich entdeckten sie einen Toten im Schlick.

Die Polizei befreite die Leiche aus dem nassen Grab und ließ sie von Forensikern untersuchen. Wie sich herausstellte, war der Tote keineswegs ein Zeitgenosse der Torfstecher. Vielmehr starb er, als der Torf noch Moor war: um 220 v. Chr., in der Eisenzeit.

198 LEGENDÄRE LEICHNAME

Die außergewöhnlich gute Erhaltung der Leiche war auf die konservierenden chemischen Prozesse im Moor zurückzuführen. Sie hatten nicht nur einen Großteil des Körpers überliefert, sondern auch die Todesursache. Der Tote aus dem Bjældskovdal-Moor war kein Unglücksopfer, das versehentlich im Moor versunken war – um den Hals der Leiche hing ein Strick.

In einen Kasten gebettet reiste der nach seinem Fundort bald Tollundmann genannte Tote per Pferdewagen und Bahn ins Nationalmuseum nach Kopenhagen. Dort öffneten Archäologen die Kiste und begannen mit der näheren Untersuchung des Körpers. Der Kopf des Tollundmannes war so gut erhalten, dass selbst Bartstoppeln noch erkennbar waren. Große Teile des Oberkörpers waren noch von Haut bedeckt. Auch sonst hatten sich viele organische Reste erhalten, sogar Füße und Geschlechtsteil waren konserviert. Einzig die Hände hatten die Zeiten nicht überdauert und waren skelettiert.

Die Kleidung des Tollundmanns war ähnlich gut erhalten. Auf dem Kopf saß eine spitze Lederkappe, die aus acht Fellstücken zusammengenäht war und mit der behaarten Seite nach innen als Zipfelmütze getragen wurde. Zwei dünne, unter dem Kinn zur Schleife gebundene Lederriemen hielten die Mütze am Kopf fest. Um den Körper trug der Mann einen glatten Ledergürtel. Bis auf Haube und Gürtel war der Tote nackt.

Auch der Strick um den Hals war aus Leder geflochten. Noch nach über 2200 Jahren war die Schlinge straff zugezogen. Der Riemen hatte deutliche Spuren am Hals und unter dem Kinn hinterlassen, nicht aber am Nacken, wo der Knoten saß. Der Riemen war stark genug, um einen erwachsenen Mann zu tragen. Sein freies Ende war etwa einen Meter lang und lag zusammengefaltet unter der Leiche. Es war deutlich zu sehen, dass das Leder mit einem Messer abgeschnitten war. Die dänischen Gerichtsmediziner stellten die Diagnose: Tod durch Erhängen.

Darüber hinaus war der Tollundmann unverletzt. Eine Obduktion brachte einwandfreie innere Organe zutage. Im Verdauungstrakt hatten sich Reste einer Henkersmahlzeit erhalten. Das letzte

Kopf des Tollund-Mannes im Museum von Silkeborg. Um den Hals der Moorleiche war ein Seil geschlungen.

Mahl des Toten bestand aus einer breiähnlichen Suppe, die aus primitiver Gerste, Knöterichfrüchten und Leinsamen zusammengesetzt war. Vermutlich diente der Leinsamen dazu, dem ansonsten mageren Gericht Fettstoffe beizumengen. Insgesamt identifizierten die Paläobotaniker dreißig verschiedene Pflanzenarten in dem Brei. So viele Zutaten legen den Schluss nahe, dass die Nahrung aus Essensresten zusammengeschüttet war. In der Eisenzeit mag das die Regel im Winter oder Frühjahr gewesen sein, wenn die Vorräte allmählich schwanden. Nach dem Essen lebte der Tollundmann noch etwa zwölf Stunden.

Ein weiterer Hinweis auf die letzten Stunden des Gehenkten lieferten die besonders gut erhaltenen Füße. An ihnen entdeckten die dänischen Gerichtsmediziner Stich- und Schnittwunden. Die Begründung, der Tollundmann sei zu Lebzeiten barfuß gelaufen, schien nicht einleuchtend zu sein. Ein ständig barfuß gehender Mensch entwickelt starke Hornhaut an den Füßen, die ihn vor Schnitten und Stichen weitgehend schützt. Zudem zeigte die Zehenform der Moorleiche, dass die Füße in Schuhen gesteckt haben mussten – sie waren leicht deformiert. Die Wunden mussten dem Toten gewaltsam beigefügt worden sein.

Mit diesen Hinweisen ließ sich ein ungefähres Bild der Ereignisse vor 2200 Jahren rekonstruieren. Der Tollundmann war etwa dreißig bis vierzig Jahre alt, wurde zum Tode verurteilt und hingerichtet. Er erhielt eine Henkersmahlzeit, was als Hinweis auf eine rechtsgültige Verurteilung verstanden werden kann. Ein Lynchmob wäre umgehend zur Tat geschritten. Nachdem das Urteil vollstreckt war, schnitten die Henker den Toten vom Galgen. Nun trugen ihn seine Richter oder Nachfahren – möglicherweise in einer Prozession – an einen heiligen Ort im Moor. Wie die Gerichtsmediziner feststellten, hatte man dem Tollundmann pietätvoll Mund und Augen geschlossen. Auf eine sorgfältige Bestattung deutet auch die Körperhaltung hin, die an einen Schlafenden erinnert. Auf diese Weise niedergelegt, versank der Tote im Morast, wo er die Jahrtausende überdauerte.

Halluzinierend in den Tod

Zu den am besten erhaltenen Moorleichen zählt auch der Mann von Grauballe. Auch ihn entdeckten dänische Torfstecher bei der Arbeit, und zwar am 26. April 1952 im Nebelgard Mose, nur zwanzig Kilometer südlich von Tollund. Zwar waren Kopf und Rumpf von der Torfmasse eingedrückt, insgesamt aber hatte das Moor den Mann so hervorragend konserviert, dass noch die Augäpfel in den Höhlen lagen.

Auch der Grauballemann war nackt. Jede Art von Kleidung hätte im Moor Spuren hinterlassen. Wolle, Fell und Leder wären im Torf so gut konserviert worden wie die menschlichen Organe. Zwar hätten das vergänglichere Leinen oder andere pflanzliche Stoffe die Zeiten nicht überdauert, doch wäre ihre Faserstruktur auf der Haut der Leiche sichtbar geblieben. Die Blöße der meisten Moorleichen mag mit Entehrung in Zusammenhang stehen. Kaum jedoch wird sie den Opfercharakter der Toten betont haben. Grabbeigaben waren in allen vorchristlichen Kulturen Europas Sitte.

Ihre Verweigerung wird die Geringschätzung des Toten zur Ursache gehabt haben.

Wie nach den pathologischen Untersuchungen anderer Moorleichen zu erwarten war, starb auch der Grauballemann eines gewaltsamen Todes. In seinem Hals klaffte eine Schnittwunde, die von einem Ohr zum anderen reichte und die Halsschlagader mitsamt der Speiseröhre durchtrennt hatte. Röntgenbilder zeigten einen Schädelbruch an der rechten Schläfe, der von einem Schlag mit einem stumpfen Gegenstand verursacht wurde. Ein zweiter Knochenbruch war am linken Schienbein festzustellen.

Eine weitere mögliche Todesursache entdeckten die Pathologen im Magen des Grauballemanns. Wie der Tollundmann hatte auch der Tote von Grauballe in den letzten Stunden seines Lebens eine Henkersmahlzeit zu sich genommen. Mit dem Brei war eine hohe Dosis Mutterkorn in den Körper gelangt. Dieser Getreidepilz ruft in solchen Mengen genossen Halluzinationen hervor. Vielleicht waren die Henker des Grauballemanns darum bemüht, dem Delinquenten Schrecken und Schmerzen seiner Hinrichtung durch Betäubung zu ersparen. Da Mutterkorn Komazustände auslösen oder einen Menschen töten kann, ist es ebenso gut möglich, dass neben dem Schnitt in die Kehle und dem Schlag auf den Kopf auch diese Möglichkeit genutzt wurde, einen Verurteilten hinzurichten.

Solche Praktiken erinnern an die Behandlung der Toten in zahlreichen Gräbern der Jungsteinzeit. Aus Furcht vor Wiedergängern hatten die Hinterbliebenen Tote mit Steinen beschwert, die Leichen gefesselt oder sie nachträglich verstümmelt, um ihnen das Umgehen als Geist unmöglich zu machen (vgl. S. 149). Zwar war der Grauballemann nicht gefesselt, die dreifache Hinrichtung mit Schlägen, Kehlschnitt und möglicherweise Gift zeigt jedoch, dass seine Henker bei der Hinrichtung keine Fehler begehen wollten.

Die Leiche war so gut erhalten, dass die Papillarlinien an den Fingerspitzen erkennbar waren. Der Erhaltungsgrad der Hände ließ den Schluss zu, dass sie zu Lebzeiten gut gepflegt gewesen sein

202 LEGENDÄRE LEICHNAME

mussten. Damit ist auszuschließen, dass der Grauballemann zur normalen Landbevölkerung gehört hatte. Er nahm eine Sonderstellung innerhalb der Gemeinschaft ein, war vielleicht Priester oder Anführer einer feindlichen Gruppe.

Schandtaten, im Sumpf versenkt

Welche Götter mit solchen Mooropfern besänftigt oder bedankt werden sollten, ist nicht zu ermitteln. Fest steht, dass die Menschen der nordischen Eisenzeit den Ritus des Menschenopfers an vielen Orten praktizierten. Mehr als 500 Moorleichen sind heute aus Nordeuropa bekannt. Sie sind Zeugen eines Glaubens, der so intensiv erlebt wurde, dass er das Tabu des Todes durchbrach. Es ist jedoch unwahrscheinlich, dass eine menschliche Gemeinschaft ein für sie wertvolles Mitglied hinrichtete und den Moorgeistern opferte. Ein Schmied war für ein Dorf ebenso unabdingbar wie ein Ackerbauer oder Händler. Die Toten müssen Randfiguren gewesen sein, Menschen, die von der Gemeinschaft nicht benötigt wurden.

Der römische Historiker Tacitus gibt in seinem Buch „Germania" einen Hinweis auf solche Praktiken:

„Vor der Versammlung darf man auch Anklage erheben und die Entscheidung über Leben und Tod beantragen. Die Strafen richten sich nach der Art des Vergehens: Verräter und Überläufer hängt man an Bäumen auf; Feiglinge und Kriegsscheue und Unzüchtige versenkt man in Sumpf und Morast, wobei man noch Flechtwerk darüber wirft. Die Verschiedenheit der Vollstreckung beruht auf dem Grundsatz, man müsse Verbrechen zur Schau stellen, wenn man sie ahnde, Schandtaten hingegen dem Blicke entziehen."

Demnach könnte es sich bei den Leichen im Torf um Verbrecher gehandelt haben, die nach der Vollstreckung des Todesurteils ihren Mitmenschen noch einen letzten Dienst als Mooropfer leisten mussten. Dass die Moore mehr Bedeutung hatten als die einer bloßen Hinrichtungsstätte, belegen Funde wie der Sonnenwagen von Trundholm, der im 14. Jahrhundert v. Chr. in einen jütischen

Sumpf gelegt wurde. Ein ähnlich prunkvolles Stück ist der mit Silber beschlagene Kessel von Gundestrup, der ebenfalls in Jütland in einem Moor lag. Schließlich belegen auch die Boots- und Waffenfunde die sakrale Bedeutung der Moorlandschaft in der Eisenzeit.

Ein Vergleich mit den Waffen- und Schiffsopfern in den dänischen Mooren lässt auch an Kriegsgefangene als Mooropfer denken, doch spricht dagegen, dass keine Waffen oder andere Utensilien eines Kriegers bei den Toten gefunden wurden. Dennoch könnte es sich bei den Leichen um die Überreste einer eroberten Gruppe handeln. Statt der erbeuteten Waffen mögen die Sieger die Dorfbewohner selbst als Dankopfer dargebracht haben. Bis zur Entdeckung eindeutiger Indizien bleiben solche Überlegungen jedoch Spekulation.

In jedem Fall gehörte der gewaltsame Tod zum Opfer hinzu. Entsprechende Spuren sind an fast jeder Moorleiche zu finden. Bereits 1879 fanden Arbeiter den Körper einer erwachsenen Frau in einem Moor beim dänischen Ramten. Die Tote wurde als Huldremosefrau bekannt. Sie starb zwischen 340 v. Chr. und 160 n. Chr. eines gewaltsamen Todes. Ihre Arme trugen die Spuren zahlreicher Schläge – sie muss sich gegen Angreifer gewehrt haben. Damit ist ausgeschlossen, dass die Frau sich freiwillig für ihren Glauben hat versenken lassen. Bei Entdeckung der Leiche lag der rechte Arm abseits des Körpers. Wie sich bei näherer Untersuchung herausstellte, war der Arm bereits abgetrennt worden, bevor die Frau im Morast versank.

Der mumifizierte Körper eines 16-jährigen Mädchens lag in einem kleinen Moor nahe Yde in der niederländischen Provinz Drenthe. Durch Unachtsamkeit der Torfstecher wurde die Leiche schwer beschädigt. Dennoch zeigten sich Details, die auf die Todesursache schließen ließen. Ein Strick um ihren Hals deutete auf eine dem Tollundmann ähnliche Hinrichtungsart. Da das Band jedoch aus Wolle geflochten war, hätte es einen gehängten Körper nicht halten können. Das Mädchen von Yde musste stranguliert worden sein. Sie starb zwischen 170 v. Chr. und 230 n. Chr. Wie an der Huldremosefrau waren auch an dieser Moorleiche Spuren eines Kampfes zu sehen. Am linken Schlüsselbein war das Mädchen von einem Messerstich verletzt worden. Ungewöhnlicherweise war es nicht nackt wie die anderen Moorleichen, sondern mit einem Wollumhang ins Moor gelegt worden.

1904 entdeckten Torfstecher im niederländischen Bourtanger Moor zwei nackte Körper. Weil einer auf dem ausgestreckten Arm des anderen lag, der offensichtlich männlichen Geschlechts war, galt das Paar lange als Mann und Frau. Erst spätere Untersuchungen zeigten, dass im Bourtanger Moor zwei Männer gestorben waren. Sie starben zwischen 160 v. Chr. und 220 n. Chr. Mindestens einer von ihnen versank bereits tot oder verwundet im Schlick. Eine Stichwunde hatte seine linke Brustseite geöffnet und Teile der Organe hervorstehen lassen. Wie der zweite Tote starb, ist nicht bekannt.

Opfer für die Geister und Götter des Moors waren keine Spezialität der Eisenzeit. Wie weit diese Tradition zurückreicht, zeigen zwei Skelette, die Torfstecher 1942 nahe dem dänischen Sorø fanden. Die Toten gehörten einer jungsteinzeitlichen Bevölkerung an. Sie stammten aus der Zeit um 3500 v. Chr. Ihre Weichteile waren vollständig vergangen. Dennoch gaben die Überreste Aufschluss über ihr Schicksal. An beiden Schädeln waren Öffnungen erkennbar, wie sie auch bei anderen etwa zeitgleichen Funden aus weiten Teilen Europas feststellbar sind. Es sind Spuren einer Operation. Möglicherweise bot diese Behandlungsmethode in der Steinzeit eine Möglichkeit, Schädelverletzungen zu kurieren, indem Knochensplitter aus einer Wunde entfernt wurden. Ein Loch blieb zurück, das langsam heilen konnte. Andere Interpretationen der rätselhaften Schädelöffnungen erkennen einen spirituellen Grund, bei dem ein Geist in den Kopf des Betreffenden hinein- oder herausfahren sollte. In jedem Fall haben die Toten von Sorø diese Behandlung überstanden. An den Rändern der Operationslöcher waren Spuren von Heilung erkennbar. Der Kopf eines der Skelette zeigte zudem die Hiebspur einer Axt – möglicherweise waren auch die steinzeitlichen Moorleichen bereits Opfer einer Hinrichtung geworden.

Mumifizierung auf schottisch

Auf der Hebrideninsel South Uist stolperten Archäologen 2002 über zwei Skelette, welche die Behandlung frühgeschichtlicher Moorleichen in neuem Licht erscheinen ließen. Zwar lagen die Toten nicht im Torf, sondern in einer Siedlung, doch zeigten Untersuchungen, dass ihre Hinterbliebenen sie in ein Moor versenkt und wieder hervorgeholt hatten, um sie zu konservieren.

Die Siedlung von Cladh Hallan zählt zur späten Bronzezeit. Die beiden Toten lagen, die Knie an die Brust gezogen, die Knochen von Ober- und Unterschenkel parallel nebeneinander, unter einem Hausboden. Nie zuvor waren solche Bestattungen in diesem Kulturkreis entdeckt worden. Ausgräber Mike Parker Pearson von der University of Sheffield verglich die Haltung der Skelette mit der peruanischer Mumien. Damit sollte der Archäologe näher an der Wahrheit liegen, als er zu diesem Zeitpunkt ahnte.

Wie sich bei näheren Untersuchungen der Skelette herausstellte, erinnerte nicht nur die Haltung der Toten an Mumien. Die Datierung der Fundstelle und der Knochen ergab, dass die Leichen tatsächlich einmal mumifiziert gewesen sein müssen. Zwar waren keine Gewebereste an den Knochen erhalten, doch die Todesdaten sprachen Bände: Die zwischen vierzig und sechzig Jahre alte Frau war um 1300 v. Chr. gestorben, der etwa gleich alte Mann um 1500 v. Chr. In die Gräber unter dem Hausboden gelangten sie jedoch erst um 1000 v. Chr. Wo waren die Toten in der Zwischenzeit gewesen? Eine Zweitbestattung, wie sie aus der Altsteinzeit überliefert ist, war auszuschließen. Nach 300 beziehungsweise 500 Jahren in einem Grab hätten die Knochen nicht in ihrem anatomischen Zusammenhang umgebettet werden können. Nur ein Haufen Knochen wäre in die Erde gelangt. Dafür gab es nur eine Erklärung: Die Skelette mussten bei der zweiten Bestattung in Cladh Hallan von Haut und Sehnen zusammengehalten worden sein. Sie waren mumifiziert.

Welche Techniken der Konservierung eines Körpers die bronzezeitlichen Menschen der Hebriden kannten, ließ sich an vier

206 LEGENDÄRE LEICHNAME

Fingern abzählen: Lufttrocknung im Wind, Hitzetrocknung über einem Torffeuer, Austrocknung durch Salz oder chemische Erhaltung im Moor. Bei der genaueren Bestimmung half die Pathologie.

Tatsächlich fanden die Forensiker heraus, dass die Toten von Cladh Hallan lange Zeit in einem Moor gelegen haben müssen, denn in den Knochen fehlten Spuren von Mineralstoffen – ein typisches Merkmal von Moorleichen, deren Körpern im sauren Boden die Mineralien entzogen werden. Die Intensität der Demineralisierung ist messbar. Je tiefer sie in den Knochen eingedrungen ist, desto länger lag der Tote im Torf. Bei den Skeletten von Cladh Hallan fehlten die Mineralstoffe bis in zwei Zentimeter Knochentiefe, das entspricht einem Moorbad von bis zu achtzehn Monaten – lang genug, um Sehnen, Haut und Teile der Organe haltbar zu machen.

Weitere Analysen der Knochensubstanz ergaben, dass die Magenbakterien die Knochen noch nicht angegriffen hatten. Der Verwesungsprozess hatte demnach noch nicht eingesetzt. Die Leichen müssen sofort nach dem Tod im Moor versenkt worden sein.

Die Archäologen hatten einen einmaligen Fall von Totenbehandlung entdeckt. Sie vermuteten, dass die Leichen wegen ihres für damalige Verhältnisse hohen Alters eine herausragende Stellung in der bronzezeitlichen Gemeinschaft eingenommen haben. Vielleicht waren sie Anführer einer Gruppe oder gehörten zu einer Priesterschicht. In jedem Fall aber waren sie weder Kämpfen noch Hunger ausgesetzt gewesen. Als sie starben, muss die Erhaltung der Körper für die Hinterbliebenen eine große Rolle gespielt haben. Die Leichen wurden in Binden gewickelt, ins Moor gelegt, und nachdem genügend Zeit verstrichen war, wieder geborgen. Wo sie die folgenden Jahrhunderte verbrachten, ist ungewiss. Trocken und warm gelagert konnten die Moorleichen einige Hundert Jahre überstehen, bevor sie zerfielen. Möglicherweise wurden die Toten zur Schau gestellt. Bei den Inka nahmen mumifizierte Herrscher noch Jahrzehnte am öffentlichen Leben teil und wurden zu gesellschaftlichen Anlässen herumgetragen.

Erst als sich die Körper aufzulösen begannen, wurden sie in ein Grab gelegt, auf dem man ein Haus baute. Dass dieses Gebäude kultische Funktion hatte, ist anzunehmen. In diesem Fall hätten die Knochen die Bedeutung von Reliquien besessen, wie sie heute noch in christlichen Kirchen zu finden sind, oder sie waren Bauopfer.

In jedem Fall muss der Erhalt der Körper große Bedeutung für die Bewohner der Hebriden gehabt haben. Das zeigt eine weitere Besonderheit am Skelett des Mannes. Sein Schädel samt Halswirbelsäule und Unterkiefer war etwa 200 Jahre jünger als der Rest des Körpers. Handelte es sich um Ersatz für einen vielleicht beschädigten Mumienkopf? Es ist vorstellbar, dass folgende Generationen die Mumie nutzten, die Identität des Toten aber nicht mehr kannten und ihm ein neues Gesicht gaben – das eines verstorbenen Mitglieds der Gemeinschaft.

Die Entdeckung von Cladh Hallan lässt die Frage aufkommen, ob nicht auch die dänischen Moorleichen nur zu Erhaltungszwecken im Moor versenkt worden sind. In diesem Fall wären die Moorleichen keine Opfer, sondern Ausstellungsstücke, die im Moor verloren gegangen sind. Funde, die eine solche Theorie belegen könnten, fehlen jedoch bislang.

Schlammige Königsgräber

Die Umstände, unter denen Menschen in Mooren versenkt wurden, sind vielfältig. Eine uniforme Kultpraxis für Nord-, Mittel- und Westeuropa hat es vermutlich nie gegeben. Moore waren für viele Kulturen der Bronzezeit und der Eisenzeit Orte, an denen Geister wohnten. Der Charakter dieser Geister aber muss von Region zu Region so unterschiedlich gewesen sein wie die Kulthandlung, die erforderlich war, um mit ihnen in Kontakt zu treten.

Außergewöhnliche Behandlungen von Moorleichen sind aus Irland bekannt. Im Moor von Cul na Móna zwischen Abbeyleix und Portlaoise entdeckten Torfarbeiter am 10. August 2011 einen Toten im Moor, der vermutlich einst ein keltischer König der Eisenzeit war. Darauf deuten vergleichbare Funde aus dem Zeitraum zwischen 500 und 200 v. Chr. hin, die von der grünen Insel stammen: Der Clonycavan-Mann wurde ins Moor geworfen, nachdem man ihm die Brustwarzen abgeschnitten hatte. In der keltischen Gesellschaft galt das Küssen der Brustwarzen als Zeichen der Unterwerfung, die man vor allem einem König entgegenbrachte. Irische Frühgeschichtler halten den Toten von Clonycavan deshalb für einen entmachteten Herrscher. Ein ähnliches Schicksal erlitt der Old-Croghan-Mann, ein fast zwei Meter großer Hüne. Auch unter seinen Brustwarzen klafften Schnittwunden, er wurde überdies erstochen, geköpft und zweigeteilt. Einer Theorie zufolge töteten die Kelten ihre König aus kultischen Gründen, nachdem diese eine bestimmte Zeit regiert hatten. Die Leichen versenkten sie möglicherweise an Grenzlinien zu anderen Königreichen. Davon gab es vermutlich viele. Irland soll zur Zeit der Kelten in 150 Reiche aufgeteilt worden sein. Die Herrschaftsgebiete dürften jedoch nicht allzu groß gewesen sein. Die gesamte irische Insel ist mit gut 80 000 Quadratkilometern nur unwesentlich größer als Bayern. Entsprechend viele Könige herrschten gleichzeitig im keltischen Irland. Sollten sie alle als Grenzposten in Mooren versenkt worden sein, wartet auf die irischen Torfstecher noch manche Überraschung.

Das Petersgrab unter dem Petersdom

Der Heilige Petrus ist gut verwahrt. Unter den Füßen des Papstes, im Petersdom, liegt das Grab des Urvaters der christlichen Kirche. Die Gebeine sind weggeschlossen in einer Krypta, genau unter dem großen Altar. Die Überreste des Himmelspförtners können von Besuchern betrachtet werden – aus einiger Entfernung und durch ein Bronzegitter. Zwischen den Stäben ist ein ziegelroter Mauerrest erkennbar, darin liegen 19 Kästchen aus Plexiglas, von denen zwei

DAS PETERSGRAB UNTER DEM PETERSDOM 209

Der Papst betet vor dem Petrusgrab. Die Andachtsstelle liegt weit vom Schrein entfernt, die Reliquie ist kaum erkennbar.

sichtbar sind. Sie enthalten Knochen, die bei Ausgrabungen unter dem Dom gefunden worden sind. Einige der Gebeine sollen die Reliquien des Petrus sein. Die Sicherheitsvorkehrungen sind

210 LEGENDÄRE LEICHNAME

enorm, doch sie halten nicht in erster Linie Vandalen und Diebe ab. Vielmehr ringen Anthropologen, Historiker und Archäologen mit Bischöfen, Kardinälen und dem Papst selbst um die Wahrheit, auf der die bedeutendste Kirche des Christentums errichtet ist.

Die Peterskirche entstand bereits im 4. Jahrhundert n. Chr., als der römische Kaiser Konstantin den Ort würdigen wollte, an dem der Heilige Petrus begraben worden sein soll. In der Renaissance entstand an derselben Stelle der Neubau, der heute täglich Pilger und Touristen anlockt. Aber obwohl das Gotteshaus seit 1600 Jahren seinen Platz als Denkmal für die Petrus-Reliquien behauptete, waren die Gebeine selbst seit der Antike verschollen. Sie kamen bei Arbeiten unter der Kirche ans Tageslicht – im Jahr 1940.

In diesem Jahr starb Papst Pius XI. Das Kirchenoberhaupt sollte der Tradition gemäß in der Papstkrypta beigesetzt werden, doch dort herrschte Raumnot. Bevor der zu Bestattende einen würdigen Platz bekommen konnte, musste die Krypta erweitert werden. Doch unter den Hieben der Bauarbeiter öffnete sich ein Grab, das nichts mit den prachtvollen Sarkophagen der Päpste gemein hatte. Herbeigerufene Archäologen identifizierten den Fund als antike Bestattung. Weitere Untersuchungen brachten immer mehr Gräber zum Vorschein, schließlich standen die Forscher auf einem großen antiken Friedhof mit vielen Mausoleen, den Grabhäusern reicher Römer. Inmitten der Sepulkralbauten aber war ein Fleck unbebaut geblieben. Hier entdeckten die Wissenschaftler einfache Erdgräber. Wie sich herausstellte, lagen sie ursprünglich auf einem noch älteren Friedhof, vermutlich mit Armengräbern, der im 2. Jahrhundert n. Chr. mit Mausoleen überbaut wurde. Dabei war jedoch ein Feld von etwa 28 Quadratmetern Fläche unbebaut geblieben. Dieses schlichte, bald „Campo b" genannte Areal lag keineswegs am Rand der Luxusgräber, sondern mitten zwischen den Marmormausoleen – bester Baugrund. Umso rätselhafter, dass dort niemand ein teures Totenhaus errichtet hatte.

Der Vatikan war entzückt. Das Grab des Petrus – seit Jahrhunderten verschollen – schien wiederentdeckt. Es schien kein Zufall zu sein, dass der große Altar in der Peterskirche exakt über jener

Stelle in der Krypta aufragte, um die sich nun Scharen von Wissenschaftlern drängten. Nur wenigen aber war ein genauer Blick auf die Ausgrabungen gestattet. Sie lasen aus den Ruinen die Geschichte des Ortes ab.

Als gesichert gilt, dass der ausgesparte kleine Platz in der Mitte des 2. Jahrhunderts n. Chr. von einer Mauer eingefasst wurde. Es ist jene Mauer, die noch heute dort sichtbar ist, und die wegen ihrer roten Verputz-Färbung „Muro rosso" (rote Mauer) genannt wird. Mit dieser Mauer hat es eine besondere Bewandtnis. Sie diente nicht nur dazu, das kleine Areal von den sie umgebenden Mausoleen abzugrenzen, sondern schien überdies ein Ort der Anbetung gewesen zu sein. So jedenfalls soll die besondere Ausstattung des Muro rosso zu erklären sein: Zwei übereinanderliegende Nischen sind in die Mauer eingelassen. Die Nischen werden von einer Marmorplatte getrennt, die auf zwei kleinen Säulen ruht. Damit nicht genug. Etwa einhundert Jahre später, in der Mitte des 3. Jahrhunderts, verkleideten die Römer das kleine Grabgebäude mit Marmordekoration und rahmten es durch zwei kleine Mauern im Norden und Süden ein. Zweifellos hatte der Ort eine besondere Bedeutung.

Petrus selbst sollte hier bestattet sein. Noch Kaiser Konstantin der Große schien um das Geheimnis der Grabstätte gewusst zu haben. Der Herrscher ließ im 4. Jahrhundert n. Chr. die erste Petersbasilika über Campo b errichten, der Muro rosso bildete das Zentrum des Presbyteriums. Die gesamte Basilika war um den Ort herumgebaut. Nach rationalen Maßstäben hätte hier niemand eine Kirche errichtet. Das Gelände wies ein Gefälle auf, die Mausoleen des alten Friedhofs mussten mühsam abgetragen werden. Es wäre einfacher gewesen, die Basilika wenige Hundert Meter zu verlegen. Aber diese Alternative war für Konstantin und die Christen Roms indiskutabel.

Als Fokus inmitten der Basilika erhielt das Petersgrab neuen Schmuck. Rückseite und Flanken bekamen eine Verkleidung aus phrygischem Marmor in Porphyrfassung. Bekrönt wurde der heilige Ort von einem Baldachin auf gewundenen Säulen. Eine Etage

212 LEGENDÄRE LEICHNAME

Eine frühe Darstellung der Apostel Petrus und Paulus aus dem 4. Jahrhundert.

höher versammelte sich die Gemeinde zum Gottesdienst. Hier standen nacheinander die großen Prunkaltäre der Christenwelt, zuletzt jener Papstaltar, der noch heute Herzstück der Peterskirche ist. Ob aber Petrus tatsächlich im Campo b bestattet wurde, ist bis heute Streitpunkt zwischen Kirche und Archäologie.

Himmelspförtner unter Tage

Noch immer gilt es als fragwürdig, ob sich Petrus jemals in Rom aufgehalten hat. Entsprechend stark wehte der Kirche der Wind der Wissenschaft ins Gesicht, als 1940 das Grab unter der Peterskirche für jenes des Apostels erklärt wurde.

Der Überlieferung nach stand Petrus nach der Himmelfahrt Christi an leitender Position der Jerusalemer Urgemeinde. Bedroht von Herodes Agrippa I. soll er nach Antiochia geflohen sein. In den folgenden Jahren missionierte Petrus die Juden, seine Frau begleitete ihn auf seinen Reisen. Spätestens Anfang der Sechzigerjahre soll Petrus dabei bis nach Rom gelangt sein. Die Belege dafür sind spärlich.

In der jüdischen Gemeinde Roms herrschten unruhige Zeiten. Der römische Schriftsteller Sueton berichtet in seinen Kaiserbiografien über den römischen Herrscher Claudius: „Er vertrieb die Juden aus Rom, die unter ihrem Anführer Chrestus ununterbrochen Unruhe stifteten." Das war um 48 oder 49 n. Chr. Laut Sueton kämpften die Juden jedoch nicht etwa gegen die andersgläubigen Römer, sondern gegeneinander. Jahwe oder Christus – der Streit um den rechten Glauben hatte die jüdische Religion erfasst. In diesem Klima mag Petrus nach Rom gekommen sein, um die Christengemeinde zu unterstützen.

Verfolgung, Aufstände, der mächtige Feind Rom – bedrängt von allen Seiten soll Petrus folgende Worte verfasst haben, die im ersten Petrusbrief der Bibel enthalten sind: „Durch Silvanus, den treuen Bruder, wie ich meine, habe ich euch wenige Worte geschrieben, zu ermahnen und zu bezeugen, dass das die rechte Gnade Gottes ist, in der ihr steht. Es grüßt euch aus Babylon die Gemeinde, die mit euch auserwählt ist, und mein Sohn Markus. Grüßt euch untereinander mit dem Kuss der Liebe. Friede sei mit euch allen, die ihr in Christus seid!" Auf diesen vier Sätzen ist die Ansicht errichtet, Petrus habe sich in Rom aufgehalten.

Unbestritten: Für die frühen Christen lag Babylon in Italien. Die alte Stadt im Zweistromland war Chiffre für den Moloch am Tiber. In späteren Texten der Bibel erscheint Babylon ganz offiziell als Symbol des Sündenpfuhls. In der Offenbarung des Johannes heißt es: „Das große Babylon, die Mutter der Hurerei und aller Gräuel auf Erden." Die Verwendung dieses Idioms gilt in der Bibelforschung als Indiz, dass der Begriff Babylon von seinem historischen Fleisch befreit und nur mehr metaphorischer Kern war, aus einer Hochkultur war das Sinnbild für Verwerflichkeit geworden. Rom war Babylon.

Der irische Althistoriker John Curran ist der Ansicht, diese Worte müsse ein Flüchtling geschrieben haben: „Der Autor dieser Zei-

214 LEGENDÄRE LEICHNAME

len schreibt wie ein Mann auf der Flucht: Er braucht einen Kurier, dem er vertrauen kann und kodiert den Aufenthaltsort seiner Familie: Babylon." Bibelforscher anderer Lager halten den Ersten Petrusbrief hingegen für nicht authentisch und schreiben ihn einem unbekannten Verfasser zu.

Zwischen den sieben Hügeln verliert sich die Spur des Apostels endgültig. Zwar weist auch der 1. Klemensbrief noch auf die Anwesenheit Petri in Rom hin, die Schrift entstand jedoch erst 30 Jahre später. Mit Sicherheit zählt der Mythos um den Tod des Apostels ins Reich der Legenden. Danach soll der hochbetagte Petrus der Christenverfolgung unter Nero zum Opfer gefallen und in den Neronischen Gärten kopfüber gekreuzigt worden sein.

Rom oder nicht Rom? Wo der Todesort des Petrus lag, ist eines der großen Geheimnisse der Geschichte. Rekonstruierbar ist ein Zirkus nahe jener Stelle, an der Konstantin die Peterskirche errichten ließ und wo heute der Nachfolgebau aus der Renaissance die Pilger anzieht. Lange vor dem Bau der Basilika lag die Rennbahn gleich nebenan. Im Oval des Zirkus' sollen die Christen scharenweise hingerichtet worden sein. Über Petrus geht die Legende, er sei an der Nordseite gekreuzigt worden. Danach ereilte den Apostel dasselbe Schicksal wie Hunderte anderer Opfer. Er wurde in einem Massengrab nahe der Zirkusmauer verscharrt, angeblich beim ersten Meilenstein an der Via Cornelia. Auch mag er das Schicksal anderer Hingerichteter geteilt haben und in den Tiber geworfen worden sein.

Noch im Tod blieb Petrus ruhelos. Die Gebeine sollen mehrfach den Ort gewechselt haben. Überliefert ist ihre Anbetung in der San-Sebastian-Katakombe, gemeinsam mit den Überresten des Paulus. An einer Stelle der Katakombe haben sich die eingeritzten Worte „Domus Petri", Haus des Petrus, erhalten. Seit dem 11. Jahrhundert ist überdies eine Legende geläufig, nach welcher die Schädel des Petrus und Paulus gemeinsam in der Kirche San Giovanni in Laterano aufbewahrt worden sein sollen. Nach einem anderen Mythos sollen die Reliquien des Petrus nie das ursprüngliche Grab auf dem Vatikan verlassen haben, sondern von Anenkletos, dem

DAS PETERSGRAB UNTER DEM PETERSDOM 215

zweiten Nachfolger des Petrus, nahe der Zirkusmauer mit einem Oratorium markiert worden sein. Auch der römische Presbyter Gaius glaubte, das Grab um 200 n. Chr. auf dem vatikanischen Hügel Roms zu kennen. Hügel oder Katakombe – der Archäologe Engelbert Kirschbaum fand eine Erklärung für diese Zweideutigkeit. Kirschbaum hielt es für möglich, „dass man nur das Haupt entnahm", um es an einem anderen Ort zu bestatten und anzubeten. Der Körper sollte laut Kirschbaum weiter auf dem Vatikanhügel bestattet bleiben.

Kopflos in der Peterskirche – kein Zustand für die Ewigkeit. Schädel und Gebein könnten 1241 wieder zusammengefunden haben. Einige Historiker halten es für möglich, dass Kaiser Friedrich II. dafür sorgte, dass die Reliquien wieder zusammenfanden. Daran war allerdings nicht herrschaftliche Frömmigkeit schuld, sondern Terror. Friedrich marschierte als Eroberer gegen Rom. Sein Feind war der Papst. Der Heilige Stuhl hatte sich in den Jahrzehnten zuvor den Unmut des Volkes zugezogen. Als die Römer sich nun wegen des Papstes auch noch belagern, aushungern und erschlagen lassen sollten, war das Maß voll. Die Stadttore sollten geöffnet werden, riefen viele. In dieser Zwickmühle kam Papst Gregor IX. eine Idee. Er ließ die Köpfe von Paulus und Petrus vom Lateran auf den Vatikan bringen, in einer spektakulären Prozession, die keinem Römer entging. Danach war Ruhe. Die Römer verbarrikadierten die Stadt, Friedrich II. biss sich an Rom die Zähne aus. Gewinner waren die Reliquien des Petrus, die bei dieser Gelegenheit wieder zusammengekommen sein könnten.

Weiterhin blies der Wind der Geschichte den Schädeln ins Gesicht. 1370 ließ Papst Urban V. die Köpfe in Edelmetall fassen. Das war üblich. Je kostbarer die Preziosen, desto intensiver der Glaube. Der Schädel Petri ruhte fortan in einer Silberbüste, die mit Juwelen besetzt war. Was als luxuriöser Knochenschoner gedacht war, entpuppte sich rasch als Magnet für Diebe. Ende des 15. Jahrhunderts war das Reliquiar der meisten Edelsteine beraubt. Die Langfinger sollen hingerichtet worden sein. Ob die Silberbüste mitsamt Schädel zu Schaden kam, ist nicht überliefert.

216 LEGENDÄRE LEICHNAME

Noch einmal kam der Krieg: 1799 langten Soldaten Napoleons nach dem heiligen Kopf, pflückten die mittlerweile ersetzten Edelsteine von der Büste und ließen das Silber stehen – angeblich. Der Vatikan berichtet, dass das Siegel des Kopfschutzes unangetastet vorgefunden wurde, nachdem die Franzosen wieder abgezogen waren. Spurlos aber sind die Ereignisse nicht an Petri Schädel vorbeigezogen. Heute sind ein Kieferknochen, einige Zähne und ein Stück des Schädeldaches erhalten, ausgestellt sind die Reliquien wieder in der Lateransbasilika, wo sie zusammen mit dem Paulusschädel über dem dortigen Papstaltar thronen.

Für einen Toten erlebte Petrus eine bewegte Geschichte. Entsprechend groß war das Aufsehen, als die angeblichen Gebeine des Apostelfürsten 1940 auf dem Vatikan wiederentdeckt wurden.

Schon als die Renaissancekirche im 16. und 17. Jahrhundert errichtet wurde, waren antike Reste entdeckt worden, fanden allerdings keine Freunde. Das Erdreich hatte den Sarkophag eines Mannes namens Flavius Agricola preisgegeben. In das Grabbehältnis waren die Worte gemeißelt: „Misch den Wein, trink viel und verwehre nicht den schönen Mädchen die Süße der Liebe, denn wenn der Tod kommt, verschlingen Erde und Feuer alles." Weltlicher Frevel unter den Füßen der Kirche – der entrüstete Papst Urban VII. ließ den Sarkophag 1626 in Stücke schlagen und die Überreste in den Tiber werfen. Über die antiken Mauern unter der Peterskirche legte sich der päpstliche Bann des Schweigens.

Bis 1940 die Vergangenheit Wiederentdeckung feierte. Bei der Eintiefung der Papstkrypta unter der Kirche um einen Meter tauchten die antiken Überreste wieder auf. Diesmal tauschte der Heilige Stuhl den Vorschlaghammer mit dem Sezierbesteck. Neun Jahre arbeitete ein Team an der Freilegung, Dokumentation und Deutung des Grabes. Über die Gebeine beugte sich eine illustre Mannschaft, darunter der Archäologen Enrico Josi, der Architekt Bruno Apollini-Ghetti, der christliche Archäologe Antonio Ferrura, der Kunstgeschichtler Engelbert Kirschbaum und der Prälat Ludwig Kaas, der noch 1933 deutscher Politiker gewesen war und als Fraktionsvorsitzender der Zentrumspartei für das Ermächtigungsgesetz gestimmt hatte. Ferrura und Kirschbaum gehörten dem Jesuitenorden an. Auftraggeber der Untersuchung war der Papst.

Am Tag vor Weihnachten 1950 war es so weit. Pius XII. verkündete das Ergebnis der Ausgrabung in seiner Weihnachtsansprache. Die katholische Öffentlichkeit horchte auf, als das Kirchenoberhaupt im Radio das Ergebnis der „sehr genauen Forschung" präsentierte und die „höchste Reichhaltigkeit und Bedeutung" des Resultats lobte. „Auf die wesentliche Frage, die Frage, ob man wirklich das Grab des heiligen Petrus wiedergefunden hat, antwortet das Schlussergebnis der Arbeiten und Studien mit einem klaren Ja. Das Grab des Apostelfürsten ist wiedergefunden worden."

Die frohe Botschaft hielt nicht lange. Schon im folgenden Jahr schrieb das katholische Blatt „Herder-Korrespondenz", dass die Stelle des Petersgrabes zwar gefunden worden sei, vom Apostel selbst aber fehle jede Spur. Mit dieser diplomatischen Formulierung blieb der Papst zwar unfehlbar, das Grab jedoch leer.

Was die fast zehn Jahre während Untersuchung tatsächlich zutage brachte, ist bis heute Stein mehrerer Anstöße. Gewiss ist: In der Antike lag in der Nähe der Peterskirche ein Heiligtum, das der Göttin Kybele geweiht war, einer Mutter- und Vegetationsgottheit. In der Nähe dieser Anlage waren 22 Mausoleen und zwei Friedhöfe mit herkömmlichen Gräbern entdeckt worden. Fast alle Gräber waren heidnisch. Nur eines wies ein christliches Bildprogramm auf. Zu wenig, um den Friedhof als „frühchristlich" zu bezeichnen. Mit dieser Kritik konfrontiert, ruderte Engelbert Kirschbaum zurück und relativierte: „Wurde also das Petrusgrab gefunden? Wir antworten: Das Tropaion aus der Mitte des zweiten Jahrhunderts wurde gefunden, aber das dazugehörige Apostelgrab wurde nicht im gleichen Sinne ‚gefunden', sondern bewiesen, das heißt, durch eine Kette von Indizien wurde seine Existenz festgestellt, obwohl ‚materielle Teile' dieses ursprünglichen Grabes nicht mehr vorhanden sind."

218 LEGENDÄRE LEICHNAME

Verwirrspiel unter der Peterskirche: Die Knochen selbst ent-
puppten sich zum Teil als nicht menschlich. Der Archäologe Luigi
Cardini identifizierte 1965 Teile der Knochen aus dem vermeintlichen Petersgrab als Überreste von Schweinen, Schafen, Kühen und
einem Huhn. Anderes Gebein hingegen stammte unzweifelhaft von
Homo sapiens. Petrus aber offenbarte sich nicht darin.

Zwar erkannte der Leibarzt des Papstes, Riccardo Galeazzi-Lisi,
die Knochen als Überreste eines alten, kräftigen Mannes im Alter
zwischen fünfundsechzig und siebzig Jahren, und auch Engelbert
Kirschbaum attestierte, dass das „Häuflein Gebeine der gleichen
Person" gehöre und die „ärztliche Prüfung ergab [...], dass es tat-
sächlich die eines alten Mannes sind. Und Petrus war bei seinem
Tod ein alter Mann". Solch verblüffenden Beweisen zogen For-
scherkollegen jedoch den Teppich unter den Füßen weg. 1956 be-
gutachtete der italienische Anthropologe Venerando Correnti die
Knochen noch einmal, auch er im Auftrag des Papstes, der um
Gewissheit bemüht war. Correntis Untersuchungsergebnis: Im
Panzerschrank des Vatikan lagen nicht die Knochen eines einzigen
Menschen, sondern die Überreste von drei Toten, eine davon war
eine etwa siebzig Jahre alte Frau.

Heute ist die Debatte um das Petersgrab leiser geworden. „Einen positiven Petrusbeweis wird man nie führen können", meint
Achim Arbeiter, Professor für christliche Archäologie an der Universität Göttingen. Arbeiter hält viele Vermutungen für die Existenz des Grabes für nicht stichhaltig, darunter die Interpretation
der freien Fläche des Campo b: „Warum dieses Feld frei blieb, ist
schwer zu sagen; vielleicht nur, weil die armen Leute, die sich dort
bestatten ließen, kein Mausoleum bezahlen konnten und vielleicht
auch sozial gar nicht zusammengehörten". Die Mauerreste gelten
heute als Überbleibsel eines Tropaions, einer antiken Siegesge-
denkstätte, die dort spätestens um 200 n. Chr. für Petrus errichtet
wurde, in Form einer eher ärmlichen Ädikula. Achim Arbeiter:
„Mag sein, dass man das freie Feld vor dem Baubeginn der konstantinischen Alten Peterskirche (319/22), also im 2./3. Jahrhundert, als einen heiligen Bezirk betrachtete – eben im Zusammen-

hang mit dem dort befindlichen ‚Tropaion' Petri –, aber bewahrt wurde im konstantinischen Gedächtniskirchenbau wirklich nur das ‚Tropaion' selbst." Zu dieser frühen Zeit scheinen die Knochen nicht vorhanden gewesen zu sein und St. Peter auf einem Mythos errichtet – ein Luftschloss des Christentums.

LITERATUR

Die Bibelpassagen folgen der Lutherbibel von 1912

Die Neandertaler
Arsuaga, Juan L.: Der Schmuck des Neandertalers. Hamburg 2003
Auffermann, B., Orschiedt, J.: Die Neandertaler. Eine Spurensuche. Stuttgart 2003
Husemann, D.: Die Neandertaler. Genies der Eiszeit. Frankfurt am Main 2006
Königswald, W.: Lebendige Eiszeit. Klima und Tierwelt im Wandel. Darmstadt 2002
Krause, E.-B. (Hg.): Die Neandertaler. Feuer im Eis. Gelsenkirchen-Schwelm 1999
Kuckenburg, M.: Lag Eden im Neandertal? Düsseldorf 1997
Narr, K.-J. (Hg.): Der Neanderthaler und sein Entdecker: Johann Carl Fuhlrott und die Forschungsgeschichte. Mettmann 2001
Probst, E.: Deutschland in der Steinzeit. München 1991
Schmitz, R.-W., Thissen, J.: Neandertal. Die Geschichte geht weiter. Stuttgart 2000
Tattersall, I.: Puzzle Menschwerdung. Auf der Spur der menschlichen Evolution. Berlin/Heidelberg 1997
Tattersall, I.: Neanderthaler. Der Streit um unsere Ahnen. Basel 1999

Der Kennewick-Mann
Adler, J.: A 9000-Year-Old Secret. New York: Newsweek. 25. Juli 2005
Chatters, J. C.: Ancient Encounters. Kennewick Man and the First Americans. New York 2001
Chatters, J. C.: The Recovery and First Analysis of an Early Holocene Human Skeleton from Kennewick. In: Washington American Antiquity 65/2, S. 291–316, Seattle 2000
Dewar, E.: Bones. Discovering the First Americans. New York 2002

222 LITERATUR

Hurst, T. D.: Skull Wars: Kennewick Man, Archaeology, and the Battle for Native American Identity. New York 2000

Jones, P.: Respect for the Ancestors: American Indian Cultural Affiliation in the American West. Boulder, Colorado 2005

Der Ötztal-Mann

Binsteiner, A.: Der Fall Ötzi. Raubmord am Similaun. Linzer Archäologische Forschungen, Sonderheft 38. Linz 2007

Fleckinger, A.: Faszination Jungsteinzeit. Wien 2003

Fleckinger, A.: Ötzi. Der Mann aus dem Eis. Wien 2002

Fleckinger, A. (Hg.): Ötzi 2.0. Stuttgart 2011

Mündl, K.: Der Ötztalmann und seine Welt. Graz 1999

Rollo, F.: Ötzi's last meals. DNA analysis of the intestinal content of the Neolithic glacier mummy from the alps. In: Proceedings of the national academy of sciences 99, 2002

Samadelli, M.: Iceman photoscan. München 2009

Sulzenbacher, G.: Die Gletschermumie. Wien 2000

Die Etrusker

Thomson de Grummond, N.: Etruscan Myth. Sacred History and Legend. Baltimore 2006

Aigner-Foresti, L.: Die Etrusker und das frühe Rom. Darmstadt 2003

Aigner-Foresti, L., Siewert, P. (Hg.): Entstehung von Staat und Stadt bei den Etruskern. Probleme und Möglichkeiten der Erforschung früher Gemeinschaften in Etrurien im Vergleich zu anderen mittelmeerischen Kulturen. Wien 2006

Ampolo, C.: Early Rome and the Etruscans. London 2004

Andreae, B., Spielmann, H. (Hg.): Die Etrusker. München 2004

Camporeale, G.: Die Etrusker. Geschichte und Kultur. Düsseldorf 2003

Steiner, D.: Jenseitsreise und Unterwelt bei den Etruskern. Untersuchung zur Ikonographie und Bedeutung. München 2004

Thuillier, J.-P.: Les Étrusques. Paris 2006

Jericho

Bieberstein, K.: Josua – Jordan – Jericho. Archäologie, Geschichte und Theologie der Landnahmeerzählungen Josua 1–6. Freiburg/Schweiz 1995

Finkelstein, I., Silberman, A. et al.: Keine Posaunen vor Jericho. Die archäologische Wahrheit über die Bibel. München 2006

Kenyon, K. M.: Archäologie im Heiligen Land. Neukirchen 1976

Kenyon, K. M.: Excavations at Jericho, 2 Bde. London 1960–65

Schwienhorst, L.: Die Eroberung Jerichos. Stuttgart 1986

Matthiae, P. (Hg.): Proceedings of the 6th International Congress of the Archaeology of the Ancient Near East. Wiesbaden 2010

Nur, A.: The catastrophic end of the bronze age: Earthquakes or sea people. Seismological Research Letters, Vol. 79, Nr. 2, S. 288 ff. Annual Meeting Abstracts for Seismological Society of America, 2008

Troja

Behr, H.-J. (Hg.): Troia, Traum und Wirklichkeit: Ein Mythos in Geschichte und Rezeption. Braunschweig 2003
Flügge, M.: Heinrich Schliemanns Weg nach Troia. München 2003
Homer: Ilias. Übersetzt von Johann Heinrich Voss. München 1960
Korfmann, M.: Troia. Archäologie eines Siedlungshügels und seiner Landschaft. Mainz 2006
Latacz, J.: Troia und Homer. Leipzig 2005
Schliemann, H.: Ithaka, der Peloponnes und Troja: Archäologische Forschungen. Leipzig 1869
Schliemann, H.: Bericht über die Ausgrabungen in Troja im Jahre 1890. Leipzig 1891
Schrott, R.: Homers Heimat. Der Kampf um Troia und seine realen Hintergründe. Frankfurt am Main 2010
Ulf, Chr., Rollinger, R. (Hg.): Lag Troia in Kilikien? Der aktuelle Streit um Homers Ilias. Darmstadt 2011

Die Gründung Roms

Alföldi, M. R., Formigli, E. et al.: Die römische Wölfin. Ein antikes Monument stürzt von seinem Sockel. Stuttgart 2011
Carruba, A. M.: La Lupa Capitolina. Un bronzo medievale. Rom 2006
Coarelli, F.: Rom. Ein archäologischer Führer. Mainz 2000
Hillen, H.-J.: Von Aeneas zu Romulus. Die Legenden von der Gründung Roms. Düsseldorf 2003
Kolb, F.: Rom. Geschichte der Stadt in der Antike. München 2002
Titus Livius: Ab urbe condita. Stuttgart 2010

Die Schlacht am Little Bighorn River

Brown, D.: Begrabt mein Herz an der Biegung des Flusses. München 2005
Phillips, P.: Cannibalism, Combat and Post Battle Mutilation: Observed Similarities Between Cannibalism Criteria and Human Remains From Custer Battlefield. Master of Arts Thesis, Department of Anthropology. Lincoln, Nebraska 1987.
Saul, D.: Die größten Fehlschläge der Militärgeschichte. München 2001
Scott, D.: Context Delicti: Archaeological Context in Forensic Work. In: Haglund, W. D., Sorg, M. H. (Hg.): Forensic Taphonomy: The Postmortem Fate of Human Remains, S: 27–38; Boca Raton 1997.
Scott, D.: Archeological Mitigation of the Federal Lands Highway Program Plan to Rehabilitate Tour Road, Route 10, Little Bighorn Battlefield Nati-

224 LITERATUR

onal Monument, Montana. Midwest Archeological Center Technical Report No. 94. Lincoln, Nebraska 2006

Die Varusschlacht

Bendikowski, T., Derks, H.: Texte, Tinte, Tacitus. Bramsche 2007
Berger, F.: Kalkriese 1 – die Römischen Fundmünzen. Mainz 1996
Brepohl, W.: Neue Überlegungen zur Varusschlacht. Münster 2004
Clunn, T.: Auf der Suche nach den verlorenen Legionen. Bramsche 1998
Derks, H.: Kalkriese – 15 Jahre Archäologie. Bramsche 2005
Harnecker, J., Tolksdorf-Lienemann, E.: Kalkriese 2 – Sondierungen in der Kalkriese-Niewedder Senke. Mainz 2004
Husemann, D.: Der Sturz des römischen Adlers. 2000 Jahre Varusschlacht. Frankfurt am Main 2008
Künzl, E.: Die Germanen. Stuttgart 2006
Mommsen, T.: Die Örtlichkeit der Varusschlacht. Berlin 1885
Wiegels, R., Woesler, W. (Hg): Arminius und die Varusschlacht. Geschichte – Mythos – Literatur. Paderborn 2003
Rost, A., Wilbers-Rost, S.: Überlieferungsprobleme von Schlachtfeldern – das Beispiel „Kalkriese". In: Local Land & Soil News 20/21. Osnabrück 2007
P. Cornelius Tacitus: Annalen I–VI. Stuttgart 2003
Schlüter, W. (Hg.): Kalkriese – Römer im Osnabrücker Land. Archäologische Forschungen zur Varusschlacht. Bramsche 1993
Wells, P. S.: Die Schlacht im Teutoburger Wald. Düsseldorf/Zürich 2005
Wilbers-Rost, S. u. a.: Kalkriese 3. Interdisziplinäre Untersuchungen auf dem Oberesch in Kalkriese. Mainz 2007

Schädelnester in der Großen Ofnethöhle

Conard, N.: Vom Neandertaler zum modernen Menschen. Ostfildern 2005
Henschen, F.: Der menschliche Schädel in der Kulturgeschichte. Berlin 1966
Jensen, A.: Mythos und Kult bei Naturvölkern. Wiesbaden 1960
Orschiedt, J.: Ofnet. In: Manipulationen an menschlichen Skelettresten, Taphonomische Prozesse, Sekundärbestattungen oder Kannibalismus? Urgeschichtliche Materialhefte 13, S. 136–151, Tübingen 1999
Probst, E.: Deutschland in der Steinzeit. München 1999
Schmidt, R. R.: Die spätpaläolithischen Bestattungen der Ofnet. Würzburg 1910
Wieczorek, A., Rosendahl, W.: Schädelkult. Kopf und Schädel in der Kulturgeschichte des Menschen. Regensburg 2011

Die Kulte der Druiden

Biel, J.: Der Keltenfürst von Hochdorf. Köln 1986
Krause, A.: Die Welt der Kelten. Frankfurt am Main 2004
Kuckenburg, M.: Siedlungen der Vorgeschichte in Deutschland. Köln 1993

Kuckenburg, M.: Die Kelten. Stuttgart 2011
Maier, B.: Die Druiden. München 2009
Wieland, G.: Keltische Viereckschanzen. Stuttgart 1999

Der Opferplatz in Herxheim
Burenhult, G. (Hg.): Die Menschen der Steinzeit. Jäger, Sammler und frühe Bauern. Hamburg 1994
Franz, A.: Das Mysterium der reisenden Toten. In: Die Zeit. Zeit-Wissen. Hamburg 2005.
Zeeb-Lanz, A. et al.: Die bandkeramische Siedlung mit „Grubenanlage" von Herxheim bei Landau (Pfalz), erste Ergebnisse des DFG-Projektes. In: Varia neolithica, Langenweißbach 2006
Seewald, B.: Kult statt Massaker. Archäologen deuten Schädelfund neu. In: Die Welt, 6.10.2009, Berlin 2009

Der Garten Eden
Klauser, T., Dölger, F. J. u. Nf. (Hg.): Reallexikon für Antike und Christentum. Stuttgart 1950 bis 2010
Gigon, O.: Die antike Kultur und das Christentum. Darmstadt 1966
Hunger, H.: Lexikon der griechischen und römischen Mythologie. Wien 1988
Martin, J.: Christen und Nichtchristen in Spätantike. Neuzeit und Gegenwart. Cambridge 2001
Schmidt, K.: Sie bauten die ersten Tempel. Die archäologische Entdeckung am Göbekli Tepe. München 2008.
Tubach, J., Drost-Abgarjan, A. und Vashalomidze, S. G. (Hg.): Sehnsucht nach dem Paradies: Paradiesvorstellungen in Judentum, Christentum, Manichäismus und Islam. Studies in Oriental Religions 59. Wiesbaden 2010

Die Arche Noah und die Sintflut
Buchner, N., Buchner, E.: Klima und Kulturen. Die Geschichte von Paradies und Sintflut. Remshalden 2005
Gruppe, O.: Geschichte der klassischen Mythologie und Religionsgeschichte während des Mittelalters im Abendland und während der Neuzeit, Leipzig 1921
Haarmann, H.: Geschichte der Sintflut. Auf den Spuren der frühen Zivilisationen. München 2005
Hiltbrunner, O.: Kleines Lexikon der Antike, München 1995
Kurth, R.: Die Arche Noah und Utnapischtims Arche. Seetauglich und symbolträchtig. Norderstedt 2003
Notter, V.: Biblischer Schöpfungsbericht und ägyptische Schöpfungsmythen. Stuttgart 1974
Pitman, W., Ryan, W.: Die Sintflut. Ein Rätsel wird entschlüsselt. Bergisch-Gladbach 1999

226 LITERATUR

Yanko-Hombach, V.: The Black Sea flood question. Changes in coastline, climate and human settlement. Dordrecht 2007

Dimitrov, P., Dimitrov, D.: The Black Sea, the flood, and the ancient myths. Varna 2004

Das Grabtuch von Turin

Badde, P.: Das Grabtuch von Turin oder das Geheimnis der heiligen Bilder. München 2010

Kollmann, B.: Das Grabtuch von Turin – ein Porträt Jesu? Mythen und Fakten. Basel 2010

Lindner, E.: Das Turiner Grabtuch und die Auferstehung. Karlsruhe 2011

Lübker, F.: Reallexikon des klassischen Altertums. Waltrop 2005

Waldstein, W.: Neueste Erkenntnisse über das Turiner Grabtuch. Stein am Rhein 2010

Die Schriftrollen von Qumran

Baigent, M., Leigh, R.: Verschlusssache Jesus. Bergisch-Gladbach 2009

Berger, K.: Qumran. Funde, Texte, Geschichten. Stuttgart 2011

Betz, O.: Verschwörung um Qumran. München 2007

Cockburn, A.: Das Judasevangelium. In: National Geographic Deutschland. April 2006

Frey, J. (Hg.): Qumran und die Archäologie. Texte und Kontexte. Tübingen 2011

Galor, K., Humbert. J.-P. (Hg.): Qumran. The Site of the Dead Sea Scrolls. Archaeological Interpretations and Debates. Boston 2006

Hirschfeld, Y.: Qumran – die ganze Wahrheit. Die Funde der Archäologie neu bewertet. Gütersloh 2006

Steudel, A.: Die Texte aus Qumran. Darmstadt 2010

Teißen, G.: Soziologie der Jesusbewegung, München 1997

Moorleichen

Both, F. et al.: Faszination Moorleichen. Darmstadt 2011

Fischer, Chr.: Der Tollund-Mann und die Elling-Frau. Silkeborg 1980

Gebühr, M.: Moorleichen in Schleswig-Holstein. Neumünster 2005

Glob, P.: Die Schläfer im Moor. München 1966

Das Petersgrab unter dem Petersdom

Curran, J.: The Bones of Saint Peter? In: Classics Ireland 1996, Vol.3

Gnilka, Chr. et al: Blutzeuge. Tod und Grab des Petrus in Rom. Regensburg 2010

Hesemann, M.: Der erste Papst. Archäologen auf der Spur des historischen Petrus. München 2003

DANKSAGUNG

Für viel Geduld mit endlosen Fragen dankt der Autor
Prof. Dr. Albrecht Jockenhövel, Universität Münster
Prof. Israel Finkelstein, Universität Tel Aviv
Prof. em. Dr. Joachim Latacz, Universität Basel
Prof. Christopher Stringer, Natural History Museum, London
Prof. Ian Tattersall, American Museum of Natural History, New York
Prof. Dr. Ernst Pernicka, Universität Tübingen
Prof. Dr. Christoph Ulf, Universität Innsbruck

BILDNACHWEIS

akg-images/picture-alliance, dpa: 48, 61, 64, 99; Archäologisches Museum Südtirol: 37; bpk: 50, 86 (oben und unten), 145, 151; corbis: 52; panoramio/Antonio Caputo: 154; picture-alliance, dpa: 24, 49, 51, 55, 88, 92, 94, 96, 111, 139, 163, 176, 199, 209, 212; Ullsteinbild: 11, 17, 121, 129, 167; Wikimedia: 72, 73, 89, 117, 160, 188 (A. Sobkowski), 194